LA REBELIÓN DEL CHARNA

Nicolás Boullosa

ISBN: 0996032746.
ISBN-13: 978-0-9960327-4-2.

faircompanies

A los protagonistas del documental de Kirsten Dirksen:
Summer of (family) love: tiny home VW-roadtrip
Enero de 2014

"Cada uno de nosotros es más rico de lo que se imagina; sin embargo, se nos amaestra en el arte de pedir prestado y mendigar; nos enseñan a servirnos de los otros más que de nosotros mismos."

Michel de Montaigne

ÍNDICE

1

LA REBELIÓN DEL CHARNA

Subía corriendo a diario hasta la Carretera de las Aguas para respirar aire puro. Lo precisaba tanto como el salmón de piscifactoría necesita sacar la cabeza y buscar un salto de río inexistente.

Collserola siempre había sido su montaña. Treinta años atrás, un embobado niño de seis años con una retirada a Tito de *Verano Azul*, no respondía a la llamada de su "señu". Escuela Mestre Esteve, Primero de Educación General Básica, EGB, Grupo A. Delante de él, sobre la mesa de contrachapado y superficie de melamina blanca, un dibujo mostraba las colinas que se extendían como un diorama tras los generosos ventanales del aula. Desde el altozano del colegio, destacaba la montaña de Santa Creu d'Olorda, la más alta desde allí. Hacia el naciente, detrás de las colinas de pinos, encinas, algarrobos, almendros y matojos reverdecidos por las lluvias, se levantaba el mayor pico de Collserola: el Tibidabo, con quinientos doce metros de altura, invisible desde la mesa de Nicolás Boullosa y ajeno a su universo. “Nicolás”. Nicolás era un nombre de gente mayor, repetía a su madre casi a diario; qué nombre más aburrido y rimbombante.

- Nadie tiene ese nombre, mamá. No conozco a nadie que se llame Nicolás. Puaj. -muecas y enfado histriónico, digno de ópera verdiana-. Yo lo que quiero es llamarme Juanito. “El” Juanito de mi clase es mi mejor amigo y juega bien al fútbol -seriedad y enfado contenido, ante la sonrisa dulce de su madre-. ¿Por qué no me pusiste Juanito, mamá?

La "señu" había explicado unos días antes que los árboles de Collserola eran como la decoración de un vestido que acababa con un bordado urbano con sus edificios más singulares como broches; la ciudad de Barcelona y sus obras modernistas. La urbe, gris, industrial y todavía de espaldas al mar, se escabullía inalcanzable detrás de las montañas de su infancia. El mundo a su alcance, el universo conocido en expansión, estaba en el lado inoportuno de Collserola. En su mundo, las plantas sufrían el mismo tratamiento estético que las ensaimadas, sustituyendo el fino azúcar en polvo por el aún más fino hollín espolvoreado en la falda de poniente del macizo desde la fábrica Sanson de cemento Portland. Allí, en la suave pendiente entre las montañas que separaban Sant Feliu de Barcelona y el valle del Llobregat, colegios públicos, huertos de domingueros, naves industriales y edificios arquitectónicos posmodernos (como Walden 7 de Ricardo Bofill, el marciano bloque de baldosas rojas que se veía a lo lejos, sobre el collado que se convertía en Sant Just Desvern), ganaban terreno a masías engullidas hacía décadas por una nueva realidad.

Sísifo no había podido con la maldición, pero él lo había logrado en tres décadas. Se había echado a hombros el pedrusco de su existencia y, sin más ayuda que su herencia genética y fuerza de voluntad, había llegado a la cima de Santa Creu, subido desde allí al Tibidabo y descendido por la decoración de la falda de la metáfora ideada por la maestra, superviviente en su memoria; el rostro y el nombre de aquella competente y motivada docente de primaria, por el contrario, se habían esfumado. Una vez en el Tibidabo, su trayectoria pseudo-mitológica seguía el mismo recorrido que su actual rutina diaria de corredor de fondo, diez kilómetros en total; cinco de subida y cinco de bajada. La bajada o vuelta a casa consistía en reiterar su triunfo personal: Carretera de las Aguas, Mirablau, Avenida Tibidabo, Paseo de San Gervasio, calles Craywinckel y Hurtado, Parque del Putxet, Homero y Ballester y, finalmente, Avenida República Argentina. Había llegado al otro lado y ritualizado la pertenencia de su existencia a Collserola. Por el camino, el pedrusco se había deshecho como la arenisca horneada en la cementera de la falda humilde de la colina hermana del Tibidabo, Santa Creu d'Olorda, cuyo bordado estaba compuesto por el entramado de Sant Feliu de Llobregat. Como una enorme sortija de vestido de señorita burguesa descrita por Tolstói en una de sus novelas, la colina del Putxet, a medio camino entre su casa y el Tibidabo, se levantaba lo suficiente como para asomarse a toda la ciudad. Allí se había gestado la victoria de la voluntad. El niño que treinta años antes había dibujado, en Babia ante el ventanal de un colegio público encaramado a la montaña, una vía férrea -con locomotora de chimenea humeante- entre las colinas del Collserola del Baix Llobregat, otorgaba a sus tres hijos un regalo que ni siquiera había formulado conscientemente: el derecho a sentarse en una mesa de una escuela igualmente luminosa desde donde completar, tres décadas después, los bastidores del dibujo de su padre. Las mismas colinas, vistas desde su reverso. Sant Feliu era un territorio desconocido para su familia. No se arrepentía de ello.

Divagaba. Ni bloqueo ni síndrome de hoja en blanco, pensó. Simplemente no ha llegado el momento de empezar. Evitaba el portátil, un ThinkPad Linux con varias teclas gastadas; vistas al trasluz, le sugerían las arrugas de la experiencia, el equivalente para un bloguero con vocación de escritor a unos tejanos cuidadosamente raídos. La "A" carecía del pie derecho; la "S" tenía la cola seccionada; la parte izquierda de la tecla "espacio" brillaba al haber perdido su opaca rugosidad; lo mismo ocurría con "borrar". Pese a todo, era el teclado más cómodo que había usado y conservaba una delicada resistencia a la presión. Su estado podía analizarse con el método deductivo: bombardeo indiscriminado sobre la "A" y la "S"; martilleo industrial con el pulgar izquierdo sobre "espacio" -equivalente, en términos futbolísticos, al pelotazo para que corra alguien, garantía de pérdida de la iniciativa en el juego-; y abuso de la tecla de la autocrítica, "borrar", el ángel de la muerte de las letras, testigo de haber destruido tanto como creado. El teclado mantenía el característico controlador de cursor patentado por IBM -y conservado por Lenovo al comprar la división informática de la primera-, un botón rojo encastrado entre las teclas "G", "H" y "V", algo así como un punto G con más tecnosensualidad que utilidad; su intacta superficie de goma, con una impoluta maraña de protuberancias, contrastaba con el deterioro del panel táctil, con una ajada circunferencia en su centro que evocaba las superficies de linóleo y melamina de una oficina de atención a desempleados. El portátil era el testimonio de las filias y fobias de un zurdo de 36 años obsesionado con la perfección que nunca había dominado el arte de percutir las teclas con el tempo allegro vivace de los administrativos versados en mecanografía.

Perfeccionista obsesivo, se había identificado con la compleja personalidad de personajes como el Steve Jobs de la biografía por Walter Isaacson. Apartando la genialidad del californiano y el contexto que había permitido que floreciera, se había identificado con las referencias a su detallismo, intuición, carácter abusivo, exigencia propia y ajena. Descifraba rasgos de su personalidad leyendo sobre otros o estudiando el estado de aquel teclado al trasluz de media tarde de principios de octubre, como si las teclas fueran los huesos lanzados al piso de barro apelmazado del chozo de un hechicero. Teclear un Thinkpad, con su gloriosa y resistente mediocridad utilitaria, alejada de los diseños de Apple, era una muestra más, pensaba, de madurez. La edad de los símbolos, la necesidad de describirse ante el mundo, quedaba atrás. Las canas del siglo XXI eran la renuncia a los blasones de estatus de la primera juventud. Diez años antes, al conocer a Kirsten una noche otoñal de lluvia fina a las puertas de la catedral de Barcelona, había descubierto saber más del lugar de procedencia de la desconocida de lo que ambos esperaban. El lugar cognitivo común llenó con un aura de solvencia homologable el vacío entre ambos. Habían quedado a través de un foro de intercambio de idiomas. Ella, alta, desgarbada y con pronunciadas facciones nórdicas, iba envuelta en un largo abrigo de lana azul que le otorgaba el aspecto de ex alumna de la añeja Ivy League que no se ha dado cuenta de que la facultad acabó hace más de una década. Sus pómulos y mandíbula, prominentes y con un cierto aspecto a lo familia Kennedy o quizá a lo John Kerry, la apartaban de aquel punto del Mediterráneo. Él había sido percibido como un chico europeo, quizá algo distorsionado, al ser en realidad tan ajeno a la ciudad que les acogía como ella misma; un solitario veinteañero de extrarradio amoldado al personaje que él mismo se había creado un año antes, en 2002, al acabar su única relación importante hasta entonces, consistente en un noviazgo de seis años y convivencia de dos con un resultado mediocre, conveniente y prescindible que le había dejado la fría sensación de haber desaprendido, perdido el tiempo mirando a las musarañas. Al conocer a Kirsten, sobrevivía esa pátina de jovenzuelo barcelonés impostado, criado en Sant Feliu de Llobregat, hijo de extremeña y gallego, ex rubio de ojos verdes, facciones marcadas y frente prominente. El mismo gamberrillo de los años del colegio público de la era LOGSE en las faldas de las mismas montañas de Collserola que le volvían a cobijar, ahora en la vertiente de gente bien de Barcelona. Los años del cole, una sólida y funcional escuela de ladrillo blanco construida en los primeros años de la democracia, marcaban la casilla de salida. Su actitud ante la vida había conservado las rentas de saberse la versión adulta de niño solvente en clase y en el patio, el primero en ser elegido al fútbol, el niño travieso, seco y con buen fondo del que las niñas cuchicheaban y que, pese a sentarse en las mesas del final y acabar en ocasiones fuera de clase por provocador o payaso, aprendía sin despeinarse y desentonaba en el lugar. El día que había conocido a Kirsten, el niño permanecía bajo la ropa del profesional educado que seguía el guión del buen cosmopolita con la rigidez de los descastados en tierra de nadie. Ya no pertenecía al mundo de sus padres, el de sus amigos de la infancia y primera juventud; carecía de lugar natural en los barrios obreros ni tenía plaza de abolengo en la gran urbe. Quería ser visto como el personaje que había creado, un soltero bohemio viviendo en una buhardilla de alquiler todavía más estereotípicamente bohemia del número seis la calle Boters. Vestía en consecuencia, con la formalidad casual de una cita después del trabajo. Trabajaba entonces como director de contenidos de una editorial de prensa técnica con sede en el Paseo de Gracia. Una década después de conocer a Kirsten, se sentía más barcelonés y californiano que sanfeliuense. En Sant Feliu no quedaba nada; no era la localidad de sus antepasados y hacía años que sus padres habían vendido el apartamento donde se crió con sus hermanos. Allí vivían amigos que ya no veía, algunos de los cuales habían estudiado con él en la Autónoma. Otros amigos, conocidos y saludados, abandonaban sin hacer ruido la memoria consciente. Menos mal que bajé aquel día, el de la primera cita, pensó. Había llegado cansado del trabajo y le tentó el no presentarse, pero finalmente acudió a la escalinata de la catedral -a doscientos metros de Boters- para no amodorrarse en casa con la sucia sensación de haber actuado como un caradura sin palabra ni escrúpulos.

Habían compartido muchas aventuras desde aquel encuentro entre zurdos solitarios, que derivó en un paseo nocturno por las estrechas calles del barrio Gótico, con café en un bar atestado de modernos en una de las cuestas del antes menestral y burgués y ahora bohemio barrio de Sant Just, en pleno corazón de la antigua ciudad romana.

Un antro con olor a humo e incienso que podía teletransportarse al Village de Nueva York, donde entonces vivía Kirsten, sin desentonar. Kirsten se había criado en Los Altos. ¿Al lado del centro de investigación Xerox PARC, el Palo Alto Research Center?, había apuntado él. Recordaba el dato al haber indagado en la historia de la informática personal, en su calidad de periodista tecnológico para pequeñas revistas nicho y, durante un par de años, para la mediocre edición española de *PlayBoy*. El mismo lugar, el Xerox PARC, donde Steve Jobs y Bill Gates verían la primera interfaz gráfica de usuario moderna funcionando en una computadora. Kirsten había mostrado una genuina excitación; de pronto, aquel bar del Gótico de Barcelona estaba más cerca de su apartamento en Waverly Place, junto al arco de mármol de Washington Square que aparece en las películas de Woody Allen y, sobre todo, más próximo a una infancia con cierta dicha en el otro extremo de su país, la California suburbial, luminosa y optimista como una buganvilla florecida de los años ochenta que había cobijado a su extensa familia (de nueve, si no más: sus padres, ella y sus cinco hermanos y la abuela materna, una menuda y delicada anciana que había sido niña bien en Nueva Inglaterra hasta que la Gran Depresión les había obligado a vivir en una fría casa de campo de Nuevo Hampshire; además de varios estudiantes europeos de intercambio, amigos enfermos o en mala racha; etc.). Aquel chico de Barcelona, europeo de facciones marcadas que movía sus manos al son de las pausadas palabras, le había evocado algo familiar. No era sólo la mención del laboratorio tecnológico, un discreto edificio en el paisaje de su infancia y adolescencia que jugaba a ocultarse entre los árboles de su calle de Los Altos; uno de esos edificios tan familiares que desaparecen de la atención cognitiva. Era la impresión de que aquel chico tenía algo de sus hermanos, algo de ella, que había seguido desde entonces su propia trayectoria desde el suburbio a la gran ciudad: instituto en Palo Alto, Universidad de Harvard, televisión de San Francisco y, entonces, profesional televisiva freelance en Nueva York. La luminosidad de los suburbios de Barcelona y San Francisco había permanecido en ambos. Habían sido niños de barrio. Barrios distintos, sí, pero con energía similar, intercambiables niños traviesos jugando a prevalecer entre árboles frutales con un aroma a intemperie sana y perfumada y sabor a optimismo. Él supo leer, tras aquella conexión, que Kirsten era una chica de extrarradio tan perdida en Nueva York y en su existencia como él lo estaba en Barcelona.

La última década había cundido tanto como los veintiséis años anteriores. Diez años en que había interiorizado, y aborrecido, el atropellado centro de la ciudad, que moría de éxito turístico y le empachaba con su batiburrillo de imágenes, sabores, olores y tics de ciudad turística a lo Florencia, Marsella, el París dieciochesco o Marrakech, según el lugar o el estado de ánimo. Se habían sucedido las visitas a Nueva York y California, una o incluso dos veces al año. La relación se había consolidado desde el primer día, con Kirsten viviendo al principio temporadas en Barcelona y acudiendo de vez en cuando a Nueva York para presentar algún encargo televisivo o recoger más material. La tecnología había ayudado: los portátiles y los discos duros evolucionaban y, por primera vez, era posible editar en Barcelona imágenes grabadas en Nueva York o cualquier otro lugar. Los acontecimientos posteriores, vistos en retrospectiva, se habían sucedido con la determinación de las existencias que buscan de cara su propósito hasta conseguirlo: cambio de piso desde la buhardilla de Boters -con el alias para la pareja de "The Cave"-, a un pequeño cuchitril -alias "The Castle"- de la calle Bou de Sant Pere; planes de boda y piso nuevo en pleno Gótico, esta vez comprado por Kirsten. Este último, un espacioso apartamento con una terraza de setenta metros cuadrados que habría hecho las delicias de Rimbaud, había perdido su alias. Ya no había picaderos de soltero y ambos "bachelors" fundarían una familia. Se convertía en "casa". Así, a secas. Una semana antes de casarse en junio de 2006, dejó su trabajo. El mismo día de la boda -ceremonia en el Salón de Ciento del Ayuntamiento de Barcelona, banquete bajo el esqueleto de ballena de la sala principal del Museo Zoológico, entonces en el Castillo de los Tres Dragones de Lluís Domènech i Montaner, en el Parque de la Ciudadela-, recibía la noticia con una llamada de Kirsten: iban a ser padres. Inés nacía 8 meses después, en febrero de 2007, coincidiendo con los inicios de la página web, que debía convertirse, si todo iba bien, en un proyecto conjunto que les diera sustento a largo plazo. Innumerables viajes, nacimiento de Ximena en 2009, consolidación de la página, lecturas provechosas, finalización de la primera novela después de casi un año de dedicación de al menos dos días semanales, más lecturas y trabajo de introspección, nacimiento de Nicolás en 2012. En la primavera de 2013, la familia dejaba el bohemio piso decimonónico del Gótico y se trasladaba a la colina del Putxet, en la falda del anfiteatro montañoso que rodeaba Barcelona. ¿Mudanza natural o movimiento tectónico? Prefería considerarlo una oportunidad: un piso con estancias a dos calles literalmente rodeado luminosas ventanas y espacios de trabajo diferenciados para Kirsten y él.

Se había distanciado de lo que le había atraído del centro de la ciudad, pero no ocurría lo mismo con su relación con Kirsten, más sólida a medida que la conocía más a fondo. Su espíritu competitivo, su genuina bondad, su capacidad para razonar sin mostrar debilidad, su devoción por el trabajo y los niños. Hasta conocerla, pensaba que personas como ella eran meros personajes literarios idealizados, presentes sólo en una novela realista del siglo XIX; no por falta de humanidad de su mujer, sino por la ausencia de muecas degradantes, del esperpento cuyas liendres incuban en el hedonismo inconsciente, la procrastinación y la falta de valor para afrontar la realidad. Los resquicios de la conciencia que a él le incomodaban de sí mismo.

Algo habrían hecho bien para crear en un entorno de -casi siempre-sana competencia, exprimir los días al máximo y extraer suficientes momentos de calidad introspectiva. Kirsten era capaz de concentrarse con una orquesta de niños aporreando cachivaches a su alrededor. Él era más tiquismiquis y gruñón, capaz de mostrar en ocasiones una mueca facial -de matón de barrio, señor Hyde o criatura Gollum, según el día- que veía también en su hija mayor. Se preguntaba si su hija había adquirido su carácter veleidoso observándole y reaccionando a sus periódicos achaques, o existía cierto determinismo genético a ostentar mal genio. En su caso, estaba convencido de que sobre su personalidad había influido el carácter difícil de su padre, un hijo único de madre soltera en una aldea gallega de la posguerra que conservó su buen fondo pese a criarse en un entorno abusivo; no obstante, su padre había carecido de la formación y la ambición para explotar su potencial racional -sí conservaba una mente aguda, con facilidad memorística y matemática- y, pese a haber mejorado con los años, no mostró el tacto y la paciencia que, quizá, habrían revertido en una autoconfianza de la que sus hijos carecían. Una familia de cinco miembros, dos padres atractivos y herencia genética favorable, dado el contexto; tres hijos sanos, altos, sin problemas en la escuela; un pequeño piso pagado en Sant Feliu. Lo que para una familia ambiciosa habría sido un mero comienzo para mayores aspiraciones, decayó en la narcoléptica semidepresión de una madre con dificultades para gestionar un hogar con hijos basculando entre la adolescencia y la juventud con la misma solvencia de los primeros años. La compra de una segunda residencia en la vertiente tarraconense del Penedès acudiría al rescate y se convertiría en el gran proyecto de sus padres, hasta que lograron convertirla en el placentero centro neurálgico de esporádicos encuentros familiares.

Le gustaba pensar que su voluntad racional se impondría a los impulsos, que su señor Hyde particular podía ser desterrado con perseverancia; se proponía mejorar, aprender hasta que las aristas de su personalidad, ya pulidas, reforzaran una virtud surgida del propósito vital de ser mejor consigo mismo, con Kirsten y sus hijos; hasta que llegaba otro momento en que no podía evitar el enfado, y vuelta a empezar... No desfallecía y creía hallar consejos de importancia vital en reseñas biográficas y citas de filósofos clásicos, en personajes de Ayn Rand, en los hombres de *Guerra y Paz*, en Thoreau y Emerson... De momento, no era más que una crisálida eudemonista, un estoico de pose, un socrático ibérico... o todo lo racional que puede un descendiente -urbanita, cosmopolita y todos los "ita" que se quieran excepto selenita- de la Iberia rural. Un charnego homologable que, se suponía, debía seguir la senda de la "normalización": la eugenesia del catalanista converso… que nunca se había producido. Un celtíbero criado en el Mediterráneo sin la vocación epicúrea y verbenera cantada por Serrat. Un trozo de vieja piedra ibérica, con ecos familiares en las leyendas atlánticas de Álvaro Cunqueiro y los ocres cantos, evocadores de un frío seco y antiguo, de Miguel Delibes y otros testigos del devenir de los hijos del páramo de la Meseta.

El Thinkpad pesaba mucho los jueves. Sentarse al escritorio a mediados de semana suponía enfrentarse a su cometido paralelo, mitad afición, mitad oficio impagado: novelista. Así, "novelista", con la boca pequeña y sin sobreanalizar la indiferencia suscitada por su primer libro, presentado a varios premios sin obtener a cambio siquiera acuse de recibo. Se arrepentía del dinero y la cantidad de papel malgastados en los envíos: los premios literarios debían adaptarse a los tiempos y permitir la presentación telemática. Al no obtener respuesta, había decidido autopublicar la novela en la tienda de libros electrónicos de Amazon; si realmente merecía la pena, pensó, ya encontraría algún día al lector que le diera una oportunidad. Paradojas de una nueva era en que muchos consumidores de cultura eran también creadores. Cualquiera podía publicar su manuscrito y ponerlo a la venta al instante en todo el mundo sin más coste que unas horas de gestión. Encontrar lectores era otro cantar, el mundo parecía carecer de tiempo para leer textos que requirieran más de quince minutos de atención exclusiva. De lunes a miércoles escribía artículos y atendía la página web. Las visitas al sitio habían crecido y Kirsten había convertido su página personal de YouTube en una sensación "indie" gracias a la popularidad de sus pequeños documentales. Sus vídeos tenían un fresco y desenfadado estilo "direct cinema", con una retirada a la manera de rodar de John Huston, más que al efectista movimiento Dogma 95. La cámara había grabado las escenas y, por tanto, había un punto de vista subjetivo, pero éste había desaparecido gracias a la habilidad de quien muestra y edita las imágenes. Se congratulaba de haber contribuido con sus sugerencias al "desaprendizaje" de Kirsten, más influida hasta entonces por la moda de grabar a golpe de movimiento brusco de cámara que se había extendido en televisión durante los años de gloria, ya lejanos, de MTV, canal donde había colaborado al llegar a Nueva York. Los vídeos para el sitio y YouTube eran historias de entre diez y treinta minutos sobre las experiencias de constructores aficionados, inventores de garaje, arquitectos, diseñadores industriales y creadores en general. Estaban grabadas con la cámara al hombro, ocultando el punto de vista del periodista, y editadas con oficio de buen narrador artesanal que sabe retirar con prestancia las capas de cebolla que conforman la elusiva huella de lo ya acontecido. Los vídeos sobre gente construyendo y viviendo en casas pequeñas se habían convertido, con diferencia, en la temática más popular del canal de Kirsten en YouTube. Había incluso un supuesto "movimiento de las casas pequeñas" y ellos habían respondido al interés con un documental sobre el fenómeno, que él había contribuido a urdir conceptualmente. Si la Constitución de Estados Unidos había inmortalizado la expresión "We the people", a él se le había ocurrido un título para el documental que agradó a Kirsten al instante: *We the tiny house people.*

De lunes a miércoles, trabajo: escritura periodística para Internet, un medio que instaba a ir al grano, evitar las metáforas literarias, seducir con un texto oxigenado y ligero que evitara el abandono del lector; había estudiado las nuevas técnicas usando libros de expertos en eso que ahora llamaban "usabilidad", como Jakob Nielsen; y se lo pasaba bien intentando escribir con la precisión lógica y la economía de palabras observadas sobre todo en sus lecturas en inglés. De miércoles por la noche a domingo, tocaba escritura novelística. En teoría. El momento de escribir con mayúsculas llegaba a partir del jueves. También en teoría. En la segunda mitad de la semana, había tiempo y frescura, excepto los ratos de obligaciones cotidianas; tres hijos no era lo mismo -había comprobado- que uno, ni siquiera que dos. Kirsten llevaba el peso de las trivialidades que requerían más paciencia y energía positiva, como acudir al colegio o actuar como resorte racional ante los constantes gritos, rencillas y disputas. Pero con la vuelta a la normalidad rutinaria de los meses de otoño, había llegado el momento de sincerarse consigo mismo: un año y medio después de haber finalizado la novela histórica que nadie había leído, no había escrito ni una sola línea más ajena a la web, ni había decidido lo básico de la segunda novela. Era la hora y su yo ambicioso y concienzudo, el que casi siempre había prevalecido en los momentos duros, reivindicaba el propósito vital de hacerse escritor escribiendo... y no evitando la escritura por miedo a manchar la pantalla con amorfas proposiciones. Debía obligarse a ello.

El "destructor", ese oscuro personaje de la novela filosófica de Ayn

Rand *La rebelión de Atlas* que acude en busca de los creadores extorsionados por una distópica sociedad totalitaria para que dejen de trabajar para el colectivo gregario y sin rostro que les detesta pero que depende de su solvencia y dedicación para sobrevivir, venía en su busca a decirle que escribiera.

- Ya es hora...

Se le habían acabado los proyectos de bricolaje para perfeccionar detalles anodinos del nuevo piso. También se había esfumado la urgencia perentoria de leer algún clásico después de un año de lectura consistente, que para él significaba sólo libros considerados imprescindibles. Le daba vueltas a posibles temáticas, sin encontrar un camino despejado. Había ambientado el primer libro en la España y América de finales del siglo XVIII para poder hablar de sí mismo y sus relaciones con la suficiente distancia, y de nuevo acabaría haciendo lo mismo -intuía-, esta vez enviando la historia al futuro. ¿Qué tal una novela de acción situada en un futuro distópico, con guiños a la cultura "pulp" y una narrativa precisa y evocadora a lo Ray Bradbury? Bradbury había dedicado también un ensayo al arte de escribir, que había tomado prestado en la biblioteca pública. La síntesis: salta al vacío, que ya averiguarás en la trayectoria hasta el suelo cómo ingeniártelas para no pegarte el tortazo de tu vida. O, si te lo pegas, utiliza el tiempo restante en recomponerte de la manera más digna y acorde a tu propósito creativo.

Escribir era lo suyo, como le habían sugerido varias personas desde que apenas era un púber. Su abuela, la primera, con esos ejemplares de novela picaresca, ediciones de tapa dura de Julio Verne, Pérez Galdós y Dickens que leía a trozos en las noches calurosas de verano en un pueblo del norte de Cáceres, de esos en que los mayores averiguaban la familia del muchacho forastero mirándole al rostro mientras paseaba en agosto por sus callejas, atacado sin compasión por los moscardones y tábanos que componían el aura de los burros, mulos y cabras. También sus padres, que quisieron que sus hijos leyeran y escribieran más de lo que ellos habían podido. Su madre había gozado de una peor educación que su abuela, escolarizada durante los años de la República; algo habría funcionado de aquella aventura institucional, si muchos abuelos de familias del campo habían aprovechado más la escuela que sus hijos. En su casa siempre había habido libros, y también hubo en el piso de Sant Feliu. Un *Buscón*, un *Cien años de soledad* que leyó antes del instituto, un *Yo, Claudio* de edición setentera que siempre miró con respeto hasta que lo había leído recientemente, bajo la excusa de ambientar su novela en la Corduba de Séneca o similar, para lo cual necesitaría adentrarse en la sociedad romana de la época. Un libro de Séneca, *De vita beata*, jugaba un papel primordial en su novela histórica, de modo que una continuación del primer libro le ofrecía la posibilidad de retroceder en el tiempo usando al filósofo estoico de señuelo para el lector. Pero, ¿qué sentido tenía continuar una novela histórica con tintes filosóficos que nadie había leído?

A los libros de sus padres se fueron uniendo en su formación literaria los cómics, revistas y libros que traía a casa su hermano, dos años y medio mayor que él, un alto, lánguido y desgarbado niño que siempre había mostrado más interés en la introspección que en el deporte o las travesuras viscerales de los muchachos sanos y atléticos. A través de su hermano y los amigos de éste habían caído en sus manos los cómics de la colección Bruguera, fanzines, semanarios de humor, revistas musicales y otra literatura ecléctica. Cuando él y su hermana, un año y medio menor que él, tuvieron edad para leer solos, priorizaron textos y cómics introducidos en casa por el hermano mayor, ninguneando los libros de reputadas colecciones infantiles que su madre compraba con esfuerzo a través del Círculo de Lectores: un señor con bigote a lo José María Íñigo picaba a la puerta, se presentaba como el comercial de Círculo de Lectores y allí, ante la puerta, mostraba a su madre -mientras ésta se secaba las manos en el trapo de la cocina y el olor a croquetas inundaba el rellano- las novedades infantiles. En la siguiente visita, llegarían *Jim botón y lucas el Maquinista* de Michael Ende, *Los secuestradores de burros*, *Los cinco y el rubí de Akbar*... La selección darwinista funcionaba en un seno familiar más culturizado de lo que a simple vista se podía sospechar. Cómics y fanzines demostraban la supervivencia de los mejor adaptados, con música de fondo (en cintas de casete de cromo) de Pink Floyd.

"Tengo que llamar a la abuela..."

Era uno de los recordatorios mentales recurrentes en los últimos meses. Se levantó del escritorio, dispuesto contra el ventanal del despacho, en la fachada del edificio. Frente a él, al otro lado de la transitada calle, se erigía una casa burguesa de principios del siglo XX con un impersonal estilo neoclásico italianizante. Sus contraventanas habían permanecido cerradas desde el primer día que habían dormido en el piso; la casa era lo primero y último que veía del día. Su fachada, de un marrón agrisado por el tráfico, se dividía en tres cuerpos de anchura equivalente: el central, con tres plantas coronadas por un tejado a dos aguas, se elevada sobre los laterales, con dos plantas y tejado a tres aguas construido contra la pared medianera del cuerpo central. Ahora era la sede de un moderno geriátrico, rodeada por un pequeño y cuidado jardín que combinaba árboles y plantas ornamentales. A lo lejos, tras el moderno y sobrio edificio residencial del geriátrico con sus racionales balconeras y parasoles a modo de puertas correderas, se elevaba el promontorio coronado por las cruces del Calvario en la cúspide del Parque Güell, punto de fuga habitual cuando apartaba la atención del portátil. Dirigió allí la mirada antes de salir del despacho. Iba descalzo, se había puesto los tejanos largos por primera vez desde que habían vuelto a Barcelona y conservaba la camiseta de algodón azul de los últimos días.

Su abuela materna todavía vivía. Nunca habían mantenido una relación especialmente fluida, pero existía entre ellos la conexión de los libros y, quizá, la vocación del cuentacuentos. La abuela siempre había escrito a su manera, usando un extremeño atestado de giros del leonés. El abuelo materno, Nicolás como él, había muerto hacía unos años. El abuelo y la abuela nunca se llevaron bien. Les recordaba siempre discutiendo, sin ceder siquiera ante nimiedades ni firmar apenas treguas cuando la casa se llenaba de nietos.

La abuela paterna había muerto hacía seis años, unos días antes del nacimiento de Inés, su hija mayor. Madre soltera en una aldea pontevedresa de la posguerra, Anceu, careció de referentes para crear un núcleo familiar, lo que explicaba que hubiera escapado de un entorno opresivo que la madre y el niño compartían con una hermana viuda y un hermano soltero, un alcohólico que espantaba sus frustraciones gritando al rapaz hasta que la madre lo envió a trabajar a Vigo y, desde allí, se escabulló a Barcelona a los quince años. Más que acercarle a la España oscura, las vacaciones a ambos pueblos, dos semanas a cada uno de ellos en el mes de agosto, como mandaban los cánones, le habían abierto el mundo. El secarral de Cambroncino era Macondo, con la librería de clásicos de su abuela incluida, y la verde parroquia de Anceu había sido una Arcadia para él y sus hermanos, en la que fructificaron sanas amistades.

Siendo un bebé no mucho mayor que el tercer Nicolás -su hijo- y al nacer su hermana, había vivido una temporada con los abuelos maternos. Eran finales de los setenta y Cataluña y España eran una olla a presión, aunque sus padres se dedicaban a trabajar para seguir adelante, sin planes que fueran más allá de cumplir con la letra del piso y comprar algo de leche materna para el bebé, su hermana pequeña. Su hermano mayor y su hermana habían permanecido en Sant Feliu, en una época difícil para sus padres de la que nunca se había hablado demasiado. Y el segundo de los tres hermanos, un gritón con una gran cabeza rubia de frente prominente y ojos redondos, acabó viviendo una temporada con los abuelos en "el pueblo". De aquella aventura extremeña primigenia le quedaban olores, sabores y una sensación de familiaridad con el aire y el impasible vacío de Cambroncino. La historia familiar, repetida hasta la saciedad, decía que meses después, al volver sus padres a recogerlo, les había tratado como a desconocidos. Durante aquellos meses en Macondo, papá se había convertido en el abuelo y mamá era la abuela; los hermanos más jóvenes de su madre todavía vivían en casa durante su estancia y él se había convertido en uno más, el más pequeño. Sólo el rugir del motor del coche de su padre, un Renault 12 amarillo con matrícula B-1930-AH -no sabía el nuevo número de teléfono del apartamento donde vivía y trabajaba, pero la matrícula del Renault 12 estaba grabada a fuego-, le había seducido para volver a Barcelona. Los primeros días habían sido complicados, según su madre. Él carecía de memorias del momento. Se pasaba el día dando patadas a la puerta del pequeño piso de Sant Feliu de Llobregat, con unas pequeñas botas de piel y caña alta que sí recordaba. Quería salir a "la calle". Pero "la calle" de Cambroncino había desaparecido para siempre, sólo evocada -aunque con menor intensidad- durante el verano, dos semanas al año.

- Novelista... -suspiró mirando al cielo; había cambiado la presión atmosférica y por fin habría algo de lluvia-. Lo único que hay es una evocación deformada de mi vida. No sé siquiera cuál es mi voz.

Cogió el libro electrónico del dormitorio, junto al despacho y el lavabo principal. Avanzó hasta el recibidor, donde descolgó del armario, blanco y sin puertas, una fina chaqueta impermeable que se vistió mirando hacia la puerta de entrada. Todavía en el espacio central del apartamento, se asomó a la habitación de los niños, dispuesta hacia la fachada de la calle lateral. Ahora permanecía durmiente, a la espera del torbellino que estaba a punto de llegar. El espacio central se fundía sin separaciones en la gran sala de estar que incluía el comedor, en el centro, con el despacho de Kirsten a la derecha; y la la izquierda un segundo lavabo -el único espacio cerrado desde el recibidor hasta la trasera del edificio- y, detrás, contra la pared medianera entre edificios, la espaciosa cocina abierta. Las ventanas de la doble fachada inundaban el interior, diáfano y luminoso -paredes y techo blanco, suelo de un claro color arcilla- con la luz natural del atardecer. Al fondo, el enorme ventanal y las puertas correderas del balcón conectaban el interior con la parte trasera de la finca.

Las cosas no estaban saliendo a la primera pero, ¿no sucedía así siempre? De nada había servido echar un vistazo a consejos de escritores de masas, empezando por lo que Cervantes tenía que decir en *El Quijote*; y acabando por autores prolíficos y populares más actuales, desde el mencionado Ray Bradbury a Stephen King y su ensayo *Mientras escribo*. King estaba entre los autores que el entorno progre en que se había educado enseñaba a despreciar; veía su consideración como un síntoma más de madurez y racionalidad, una pequeña victoria personal contra los prejuicios heredados en un lugar del mundo que había convertido este fenómeno en aspiración platónica deseable, acaso exigible. En la facultad de Ciencias de la Comunicación de la Universidad Autónoma de Barcelona, donde había estudiado periodismo gracias a una buena nota de acceso que nadie le había regalado, el realismo mágico de la semántica oficialista de la Cataluña democrática lograba su máximo esplendor. Allí había conocido el intrincado significado paralelo de vocablos como "normalización" o "inmersión". Había aprendido poco en aquel yermo, pero sí leído algo, no tanto por influencia de amigos de la facultad como por pose. Incluso había codirigido un magacín radiofónico músico-cultural en una emisora pirata barcelonesa. *Una hora cualquiera* se emitía en directo los sábados por la mañana desde el confín nordeste de Barcelona, en el despeñadero de Roquetes, un barrio popular colgado de angostas colinas de Collserola. El cofundador del programa había decidido un buen día hacer carrera en la oficialidad cultural catalana, lo que dio carpetazo al proyecto de continuación del programa en Radio Sant Feliu bajo el nombre de *El escarabajo de oro*. Su amigo de facultad se dedicó a leer y ensalzar a personajes como Joan Perucho, Manuel de Pedrolo y promesas de la literatura catalana como Sebastià Alzamora, mientras él asistía perplejo a su desgajamiento no premeditado del régimen político-cultural de Barcelona y Cataluña; aquellos autores le producían arcadas. Algo habían tenido que ver, pensaba, los libros que había leído en casa de la abuela y un instinto visceral para separar el grano de la paja. Era ya mayorcito para reconocer que leía menos de lo deseable y había una enorme pila de clásicos imprescindibles con prioridad, antes de dedicar tiempo a ojear modas pasajeras, librejos que había que enseñar en el currículo de catalanidad y demás coyunturas en una nación que quería normalizarse a costa de "orientar activamente" -y con dinero público, claro- las preferencias individuales de su población. Había optado por buscar una voz propia, en lugar de impostarla. Le había faltado el canto de un duro para ir por el que consideraba el mal camino, el de los padrinos y las prebendas, cuando uno de sus profesores, alto cargo de la CiU de Pujol -ex director de *Avui*, el sumidero de dinero público catalogado como diario, ex conseller de Cultura en la última etapa del prócer nacionalista, "escritor"-, le puso un excelente en la asignatura que impartía, que llevaba el nombre surrealista de "géneros de opinión", como si hubiera habido otra cosa en el monocultivo de comunicación de Cerdanyola del Vallès. Al llamarle al despacho para felicitarle, le recomendó que siguiera escribiendo, que perseverara e intentara conocer a la gente oportuna. Él no supo buscar a esa gente y cuando ésta llamó a la puerta, después de que publicara un aplaudido reportaje en un diario catalán sobre el desastre petrolero del Prestige en las costas gallegas, él simplemente no contestó. Le habían invitado a ir a las fallas de Valencia en un coche con dos próceres del Aparato mediático-cultural del país, pero se quedó en casa. Así, sin más.

Antes, durante sus años en la Autónoma desde 1995 a 1999, había asistido a lo que consideraba un desfile de mediocridad de alumnos, docentes y clases, un monocultivo que incentivaba a los pocos individuos que apuntaban voz propia a leer autores menores endiosados por la parroquia, teorías marxistas impepinables que ya nadie podía sostener y panfletillos sobre comunicación firmados por los propios profesores, todo de una mediocridad indescriptible. Los mismos docentes que saltaban a la política catalana y volvían a la docencia a su antojo, asegurándose de desacreditar lo poco que se salvara de lo producido en Cataluña y España en las últimas décadas. Había ilustres excepciones, la mayoría con un pie fuera por edad o incapacidad para mirar hacia otro lado; también acabaron echando a algún que otro díscolo y/o provocador, como un tal Ivan Tubau, un libertario epicúreo y con simpatías jacobinas que se había criado en Francia -de ahí el distinto son de su tambor-. El coco para el Aparato, en definitiva. Tubau le puso matrícula de honor, algo así como ser condecorado por un hereje capaz de exhalar más azufre que Giordano Bruno y Miguel Servet combinados. El otro alumno que salió de la clase con matrícula, un tal Jaime Rubio, había resultado tener una fina pluma humorística, implacable, y maneras para hacer algo en algún sitio; nadie le había hecho ni caso y se había convertido en una especie de ídolo en Twitter del humor punzante en castellano. El monocultivo intelectual explicaba por qué Josep Pla tenía menos peso en aquella atalaya de Cerdanyola del Vallès que los estudios y refritos sobre "mauletismo" tutelado, omnipresente en la Universidad Autónoma; o sobre interpretaciones mal digeridas de ideas de la

Escuela de Fráncfort, con el resto del bestiario habitual en un centro de estas características: Chomsky, McLuhan, Günter Wallraff, el Nuevo Periodismo, Ignacio Ramonet y vuelta a empezar. Truman Capote, Tom Wolfe y Hunter S. Thompson seguían siendo los *enfant terrible* en boca de los docentes en 1999, su último año de carrera. Intuía que no había habido cambios radicales. Los mismos cerebros de la facultad que ahora celebraba el diario *Ara* como el mayor logro del periodismo catalán desde *La Publicitat*. Para *Ara*, el significado de "privado" también había sido adaptado a las circunstancias. Significaba maquillar las subvenciones con una pátina de concurso público semi-amañado. En un contexto de implosión de los modelos tradicionales de periodismo, cuando el fundador de la mayor librería electrónica compraba *The Washington Post* a precio de saldo y *The New York Times* malvivía alquilando la mayor parte de su flamante nueva sede y vendiendo acciones a millonarios mexicanos, la endeudada economía catalana mimaba y financiaba aventuras periodísticas que dieran trabajo a los descendientes del engendro cultural propio urdido desde inicios de los ochenta. Consistía en negar lo incómodo, ridiculizar lo que se apartara de la ortodoxia (una lengua, una bandera, un partido, un equipo de fútbol, una caja de ahorros, un arquitecto universal), idealizar -hasta pasarse de azúcar- los logros de la vanguardia catalanista de todos los tiempos y mirar para otro lado cuando alguien se escabullía del guión y lograba crear algo digno de mención en el mundo. Para estos últimos, el precio era la negación, la ocultación premeditada. Ni siquiera la crítica hiriente. Quizá la Gran Recesión, como ya se conocía a la crisis financiera de 2008 y sus consecuencias, expuestas con toda su crudeza en España, también había roto el dique de contención en las universidades. El catalanismo se había transformado en una amalgama de facciones demandando sin reservas la independencia, fuera a través de un referéndum o, si no era posible, recurriendo -como Lluís Companys- a la declaración unilateral; el equipo de fútbol ya no era la máquina bien engrasada de hacer fútbol de la era Guardiola; la caja de ahorros había sido obligada a transformarse en Banco pese a su solvencia, en medio de los ataques financieros a la deuda soberana que España había padecido entre 2010 y 2013. Quizá la Gran Recesión, originada al relajarse los mecanismos de control sobre el riesgo, había levantado las vergüenzas al oficialismo, pero más que dar entrada a otras opciones, el independentismo había aumentado su preponderancia y protección institucional en las universidades y todos los estamentos intelectuales. Menuda coyuntura, pensaba. Como para ambientar una nueva novela en el presente y este lugar.

Si no era escritor, ¿cómo podía definirse? A cuatro años de la cuarentena, estaba más cerca del cénit de su carrera, fuera cual fuese, que del inicio. ¿Acaso no escribía para la página web que había fundado hacía siete años ya, un año antes de que naciera su primera hija? ¿No era la tarea en la página igual de compleja y autoexigente que urdir su segundo relato largo? Los artículos eran más bien filosofeos, un refrito de referencias cruzadas y enlaces a fuentes -de Internet, nada de buscar fuentes de primera mano- que desembocaban en conclusiones propias enlazadas a artículos escritos con anterioridad y entradas de Wikipedia. Cierto, le leían, y bastante, en Barcelona, Madrid, Nueva York, California y toda Latinoamérica, como comprobaba mes tras mes en la aplicación de análisis de visitas instalada en el sitio web. Hasta le habían entrevistado desde la radio estatal uruguaya para charlar sobre... masías, algo sólo posible en un mundo interconectado que daba voz a quien quisiera crear y compartir algo, casi siempre de dudosa calidad. En eso se había convertido, en un profesional del amateurismo. Afortunadamente. El oficialismo cultural, representado en Cataluña y España por muchos de sus amigos, le revolvía el estómago.

Algo había constatado desde la equidistancia. El oficialismo catalán era tan anémico y corporativista como el español. Había criado alguna cana más al observar la misma confluencia entre instituciones e intereses de la llamada "sociedad civil" -ese grupo del que nunca forma parte quienes cuidan con celo su aspiración librepensadora- en lugares poco sospechosos de clientelismo endémico como California y Estados Unidos en general. California le había cogido el gusto a vetar sistemáticamente -a través de enmiendas que se decidían por sufragio adicional en cada elección estatal-, todo lo que no gustase al pueblecito, el grupo de presión o el barrio de turno; de manera que no se hacía nada. Remanentes de la famosa Proposition 13, una enmienda de 1978 sobre impuestos a la vivienda que había derivado en cachondeo legislativo. No quería ni imaginarse en qué se convertiría un lugar como Cataluña, o España, si el ciudadano fuera interpelado cada dos por tres, como demandaban los indignados de días (los que no sabían por dónde iban los tiros pero se apuntaban a lo que fuera, ya fuera prohibir los toros o pedir la independencia), semanas (éstos eran algo más peligrosos, con grupúsculos de afectados por distintas cuestiones que querían, en resumen, obtener algo sin haberlo merecido, fuera la condonación de una hipoteca "injusta" o un sueldo vitalicio y una casa por tener "derecho" a ello), años (gente que se creía y alimentaba movimientos algo más tectónicos, con un trasfondo algo menos populista, que habían convertido su posición en carrera profesional y existencial)... y finalmente estaban los fastidiados de décadas o autodeclarados representantes de los cabreos de siglos, los que creían -con el ciego beatismo que criticaban de la Iglesia- en la independencia de Cataluña y relacionaban su felicidad individual con este supuesto derecho colectivo. Estos estados anímicos colectivos no eran estancos, tenían vasos comunicantes y experimentaban, en un momento tan difícil, el fenómeno de los que se apuntaban a todas las causas y apoyaban movimientos como Democracia Real Ya, el 15M -versión ibérica pata negra del movimiento subversivo estadounidense Occupy, que se había inspirado en la experiencia española-, la Plataforma de Afectados por la Hipoteca y, pasando al "sentimiento diferencial", la clase política catalana apoyaba a la "sociedad civil" catalana, que "por mayoría aplastante" quería la independencia, como decían asociaciones e intelectuales. Cómo temía el gregarismo...

La efervescencia de la gente se había confirmado el 11 de septiembre de 2012 y, de nuevo, el 11 de septiembre de 2013. En 2014 se cumplían los tres siglos de la Derrota, la Piedra Filosofal del oficialismo catalán. Abrir un diario, sintonizar una emisora o conectarse a un medio electrónico "sensato" para la supuesta mayoría aplastante independentista, suponía someterse a sesiones de cábala sobre el supuesto futuro Estado dentro de la Unión Europea. Le daban grima los perros salchicha con esteladas -banderas del independentismo catalán-, abuelos con esteladas en la solapa, niños que explicaban a sus hijas que Cataluña sería pronto "libre"... Había visto otras fotografías con calles orgullosas engalanadas con poderoso sentimiento gregario, aglutinador. Le preocupaban las muestras de patriotismo exacerbado con intención de incompatibilizar catalanidad y españolidad. ¿Era reversible?

En ocasiones, fantaseaba con el supuesto de una Cataluña independiente. Me iría a Estados Unidos o a Madrid, pensaba, para desdecirse poco después. En Madrid sería y se sentiría catalán, más allá del acento, ahora más pronunciado al hablar con sus hijas sobre todo en la lengua de Pla (en una reciente visita a Madrid, había salido del coche de alquiler en una calle de Boadilla del Monte para preguntar por un supermercado. Al final de la conversación con un hombre alto y de mediana edad, éste le había preguntado sin tapujos si era catalán. A su sí le había seguido una actitud amable del desconocido). En su opinión, no había soluciones mágicas sin destruir la seguridad jurídica sobre la que se construían los estados más poderosos de la Unión Europea y, en Cataluña, el sueño de unos -su aspiración de felicidad colectiva, su equivalente de la búsqueda de felicidad de la Declaración de Independencia de Estados Unidos-, se convertiría en la infelicidad de otros tantos. Ortega y Gasset había intuido la solución, que nunca podría constituir el maximalismo de unos, porque significaría la represión de los otros. Para Ortega, "el problema catalán, como todos los parejos a él, que han existido y existen en otras naciones, es un problema que no se puede resolver; sólo se puede conllevar. Y al decir esto, conste que significo con ello, no sólo que los demás españoles tenemos que conllevarnos con los catalanes, sino que los catalanes también tienen que conllevarse con los demás españoles". La situación económica y el descrédito de la política habían vuelto a animar a los catalanes a sacrificar la individualidad, el "yo soy yo y mis circunstancias" de Ortega, por lo colectivo. Conocía a más de uno que rehogaba sus miserias personales en el objetivo colectivo más elevado, según las supuestas vanguardias intelectuales del momento: la independencia. Eterno retorno ibérico. Se volvían a ensalzar los maximalismos y se recuperaban las palabras de Companys, por un lado; y los ecos de los discursos de José Antonio en el Parlamento de la II República

Española con su aspiración de una España castellana.

Confiaba en que una mejora económica paulatina y el afán de conciliación de los funcionarios menos heroicos y más versados en el iberismo encontraran el modo de ir enfriando los sentimientos más viscerales con suficiente habilidad como para no declarar ganadores y perdedores oficiales. Mientras tanto, él llevaba meses desconectado de diarios locales y tertulias radiofónicas. La independencia de Cataluña era para él tan surrealista como el cantón de Cartagena -por cierto, la aventura federalista cantonista que más había durado en la I República española-. Kirsten y él nunca habían tenido televisión en casa. Habían instalado un proyector en el nuevo apartamento, conectado sólo a Internet y ajeno al mundo televisivo español y catalán. Su humor había mejorado, aunque la situación de efervescencia se notaba en la calle. En un achaque de sinceridad que podía salir caro en Cataluña, si algún día quería volver a trabajar para la prensa periodística barcelonesa, había escrito esa misma mañana en su página de Facebook: "Palabros con semántica dudosa de los que uno debería, como poco, sospechar: libertad, felicidad, normalización, inmersión, proceso, minorías." Sólo un amigo, un antiguo compañero de trabajo en una editorial tecnológica que había tenido sede en el World Trade Center de Barcelona justo antes del estallido de la burbuja puntocom en 2001, había pulsado sobre el botón "Me gusta". Vivía ahora en una ciudad del Pacífico mexicano, donde trabajaba como director de diseño en un periódico local. Un mexicano norteño con antepasados alemanes y propósito vital individual, un autodidacta que no dependía de las opiniones de otros. Quizá por eso hacía mucho tiempo que no vivía en Barcelona, ciudad que no manchaba irreparablemente siempre que uno se mantuviera escrupulosamente en el limbo de "expat". El universo paralelo de expatriados vivía ajeno a los tics y miserias de tanto la vida a pie de calle como de la oficialidad catalanas.

Casarse con una periodista estadounidense mayor que él, criada en una familia de seis hermanos en la Bahía de San Francisco, zurda como él, graduada en economía por Harvard y ex reportera televisiva en Nueva York, le había permitido conocer la cultura estadounidense por dentro, desde el punto de vista del ciudadano blanco, de clase media y educado. A través de esta experiencia había confirmado la sospecha de que Cataluña y España no eran La Anomalía y le habían despejado el camino para pensar en sí mismo, dedicarse a metas que dependieran lo mínimo posible de terceros. "Las circunstancias" a las que se refería Ortega y Gasset, las presiones o acontecimientos indeseables, debían permanecer como lo que eran, un molesto ruido de fondo que sólo se podía combatir dedicando la mejor energía a otra cosa. Quienes supeditaban su vida personal a metas colectivas, o ahogaban frustraciones personales en el calor del abrazo gregario, no podían convertirse en su problema; seguiría el consejo de los filósofos clásicos que citaba en sus artículos para la página. Su constelación familiar y relacional en Estados Unidos había contribuido más a su acervo librepensante en una década que la combinación de sus relaciones y educación anteriores en el monocultivo ibérico en general y catalán en particular. Internet también le había acercado a personas e ideas de otros lugares, y ahora devolvía lo aprendido escribiendo artículos para la página que eran leídos sobre todo en Latinoamérica y el resto de España, mientras los vídeos de Kirsten triunfaban en Estados Unidos y el resto de Europa.

La familia creada y la naturaleza libertaria y descentralizada de Internet, pensaba, le habían salvado de la queja existencial. Ello explicaba, quizá, su exploración del individualismo ilustrado de raíces clásicas. La lectura, casi compulsiva, de ensayos y referencias sobre estoicismo, socratismo, eudemonismo aristotélico, atomistas. Y, de ahí, había saltado al panteísmo individualista de la filosofía oriental -taoísmo, confucianismo, primeros libertarios de la historia-; también Giordano Bruno, Montaigne. Artículos, entradas de Wikipedia, compendios de citas, y libros no colmaban su interés; seguía indagando. El trascendentalismo americano de Thoreau y Emerson le habían conducido a uno de los admiradores del individualismo y autosuficiencia vital e intelectual de ambos autores: León Tolstói. Y sí, había devorado tanto *Guerra y Paz* como *Anna Karénina*, anotando con la meticulosidad usada por Michel de Montaigne para escribir encima de su copia del poema epicúreo y atomista *De rerum natura*, de Lucrecio. Acabar ambos libros había supuesto una pérdida angustiosa: el miedo a no encontrar nada a la altura nunca más. El mismo pavor paralizante padecido por Michel de Montaigne al devorar *De rerum natura*. Y del panteísmo ilustrado había saltado al individualismo políticamente incorrecto, el objetivismo de Ayn Rand, un universo encorsetado quizá no tan rico como el matizado universo de León Tolstói, capaz de adelantarse él solito a la teoría de juegos con sus constelaciones de personajes, contextos y acontecimientos interrelacionados. Pero las carencias de Rand no habían reducido un ápice el atractivo de *The Fountainhead -El manantial-* y *Atlas Shrugged -La rebelión de Atlas-*, ambas novelas filosóficas leídas en inglés. Para un individuo educado en la universidad catalana de los noventa, las ideas objetivistas de Rand eran lo más cercano al sacrilegio cultural percibido por Poggio, Bruno y Montaigne al abrir *De rerum natura*. En un universo dominado por el pensamiento platónico y marxista, cualquier ridiculización del oficialismo intelectual era un paso peligroso para la carrera de cualquiera. No para él. Al fin y al cabo, había descubierto las mieles de la sutil protesta contra el gregarismo de proximidad. Trabajaba en una oscura web visitada sobre todo desde el resto del mundo, fundada por él mismo. Nadie podía quitarle lo que nadie le había dado. Sin dinero público ni conexiones en ninguna entidad ni administración, ni entre la autoproclamada "sociedad civil". Se sentía como el maestro Zhuangzi, un taoísta chino del siglo IV a.C. precursor de las ideas libertarias, que había profundizado en la relatividad de las cosas y los puntos de vista.

La independencia económica y la autoconfianza a las que había contribuido Kirsten le permitían soñar con un futuro de creación propia, ajeno a las modas y sutiles obligaciones corporativistas del laberinto de filias y fobias la pequeña Barcelona y el pequeño Madrid. Ni siquiera la perspectiva del fracaso volvían a situar el acantilado ante él. El peor de los desastres consistía en un porvenir de lecturas ensayísticas, bricolaje doméstico minimalista, asesoramiento creativo a Kirsten y obligaciones de papá joven capaz de mirar al largo plazo, una vez descubiertas las mieles de una relativa prosperidad de clase media-alta. Un horizonte alejado de las obligaciones del mes entrante, con puestas de sol dignas de las novelas del Oeste que su padre había devorado cuando tenía la misma edad que él ahora y que él mismo, de chico, había corrido a cambiar por otras en la papelería de la esquina. El señor Ángel de las canicas de colores, los palos duros -"palo dur" o "palodú"-, los helados "flash", los yo-yo y peonzas...

Le gustaba sentir con los pies desnudos la fría superficie del pavimento hidráulico hexagonal de color arcilla con tonalidades rosáceas, restaurado y pulido en la reciente reforma. Ya al final del apartamento, cerró la gran ventana que asomaba al patio de luces trasero, dominado por la frondosa copa de dos árboles caducifolios de los que desconocía la especie; ya lo averiguaré, pensó. Siempre y cuando la inseguridad jurídica de una posible independencia le obligara a marcharse de Cataluña por escrúpulos morales. Ahora estás exagerando, meditó. A partir de las seis de la tarde, justo antes de que las niñas llegaran del colegio, el patio trasero de las fincas de la Avenida República Argentina barcelonesa entre las calles de Padua y Ballester se impregnaba de un intenso olor a tubo de escape y a horno de cerámica del taller familiar que seguía funcionando en la casa contigua de Ballester, acompañado por el runrún del enjambre de motocicletas de pequeña cilindrada que descendía desde la montaña hasta la plaza de Lesseps. Había transcurrido la jornada y le invadía la necesidad de hacer algo productivo.

Recapitulaba. Por la mañana, después de llegar de correr, su mujer había salido al colegio con las dos niñas, de seis y cuatro, mientras él y el bebé desayunaban, intercambiaban monosílabos y disfrutaban de la luz y los sonidos cotidianos matutinos. El día no había cambiado en esencia desde entonces. Su mujer había vuelto del gimnasio, reemplazándole con el pelón, mientras él se había arrastrado rumbo al despacho, la habitación más grande y luminosa del apartamento, un primer piso -con ventanales a República Argentina y Ballester- de un edificio de los años cuarenta en el Putxet, antiguo barrio de torres de veraneo de la burguesía barcelonesa reconvertido en zona residencial del naciente del distrito de Sarrià-Sant Gervasi. Se había perdido entre bitácoras, largas reseñas de temáticas variadas y servicios que no venía al cuento usar. Las once de la mañana. Mientras el bebé lloraba en el pasillo, rumbo a la cuna a brazos de su madre, se pasó la mano izquierda por el pelo. Jueves, tres de octubre de 2013, decía en la pantalla.

- El pequeño llora todavía. En diez minutos, me pongo.

De sopetón, las doce del mediodía.

Su pelo, algo descuidado, contrastaba con su estado físico, consecuencia de la hora diaria, cinco días a la semana, de carrera de fondo; antes por el litoral de Barcelona, cuando vivían en el Gótico; ahora por el reverso del Collserola de su infancia. Comidas y horarios se habían simplificado y adaptado al horario californiano de Kirsten, así como al mandato biológico de los peques, que había adelantado todavía un poco más la hora de la cena. Vegetariano de facto, aunque con la boca pequeña, sobre todo cuando tocaba ir a casa de los abuelos. ¿Cómo le vas a decir a un ama de casa española que cocine vegetariano para su hijo?

"Tengo que cortarme el pelo". La última vez había sido en junio, antes de volar a California. Su autoestima había mejorado en los últimos años, hasta el punto de que su conciencia tolerara un corte de pelo hecho por él mismo sin más ayuda que unas tijeras mal afiladas. Le reconfortaba saberse un papá maduro, ajeno a los vaivenes hedonistas de años anteriores. Le gustaba lo que veía en el espejo, sin estridencias, e incluso le serenaba cortarse el pelo. El rostro, más estirado y huesudo que una década atrás, cuando vivía con otra chica en Sant Feliu de Llobregat, era el testimonio de una victoria personal que debía a su mujer. El pelo había aguantado mirando de frente, pero empezaba a notar una coronilla menos tupida.

"Ni una puta cana."

Se había apartado del espejo tras mirarse a los ojos. Las órbitas tenían un blanco sano, carente de venas rojizas. Las ojeras, siempre sutiles, se habían reducido desde que, en marzo, se habían acabado las obras y la mudanza al nuevo piso. Se lo había tomado todavía más en serio que el albañil y el arquitecto técnico (este último, familiar, no le había cobrado) para reconvertir la antigua oficina de una respetable fundación -en suspensión de pagos, al bajar suscripciones y subvenciones-, en el nuevo hogar de la familia. La página web funcionaba relativamente bien y hacía ya dos años que no vivían de ahorros. Mientras los oficios profesionales de amigos y conocidos desaparecían en una España con más del 25% de paro total y un paro juvenil de más de un 50%, el oficio de la pareja, creadores de contenido en primera persona por Internet, daba suficientes frutos -al menos en Estados Unidos- como para llevar una vida confortable. Carecían de coche, no compraban ropa ni salían: la escuela y el comedor de las dos niñas, así como las clases de canto y música para ambas, eran los principales gastos, más allá de la comida -sana, económica, sobre todo de temporada y comprada a granel cuando era posible.

El calor y la humedad alimentaban la mala leche reinante entre la ciudad que él veía o -pensaba en ocasiones- interpretaba, tan poco acostumbrado como estaba de abandonar el retiro voluntario del despacho: conductores de autobús, señoras mayores arrastrándose por las transitadas República Argentina y Ballester, titulares esperpénticos de *La Vanguardia* de un vecino que dejaban en la portería a primera hora de la mañana. Los pelos de mechones recién cortados que se habían escurrido entre la camiseta y el ligero sudor le estaban sacando de quicio. Ducha y a cambiarse de camiseta antes de que lleguen los monstruos.

"Tengo que leer estos artículos" -procrastinación: se las ingenió para evitar el editor de texto. "Compraré también la versión para Kindle del último ensayo de Malcolm Gladwell. Dicen en *Kottke* y *Marginal Revolution* que no está mal."

La hora de comer había llegado sin esperar, anunciada por el lloro del pequeño Nicolás, un calvo gritón de ojos azules, cabeza generosa y voz portentosa, en el momento de desarrollo de los gritos de frustración de los niños que han sobrepasado el año de edad y no pronuncian todavía las palabras que les acercarán sus objetos más preciados. Kirsten había salido a las cuatro y media a recoger a las niñas y él se las había ingeniado para retrasar el momento ineludible:

la deliciosa tortura de abrir el editor, reducirlo hasta que ocupara una quinta parte de la pantalla del portátil, situarlo en el extremo derecho y, tras abrir al lado el navegador con varias pestañas, iniciar la nueva novela.

La primera había gustado a los únicos tres lectores que sabía a ciencia cierta que la habían acabado: su mujer, su madre y un buen amigo, un antiguo compañero de trabajo que había vuelto a su país y con el que mantenía una afable relación a distancia, con correos esporádicos y algún "me gusta" de Facebook. En qué se había convertido la función fática de la comunicación.

Asomado al patio trasero desde el ventanal de la cocina, sintió que había llegado el momento. Optaría por la novela distópica, una historia alejada en el tiempo que le permitiera volver a hablar de él mismo con comodidad. Respiró aliviado; había una misión. Un momento: necesitaba café. Rellenó el termo de acero que guardaba junto a la cafetera americana. Su antigua cafetera espresso se había roto coincidiendo con el final de la primera novela, después de 5 años de uso continuado. No la había reemplazado, como si quisiera demostrarse a sí mismo que su voluntad estaba por encima de los pequeños placeres irrenunciables. El largo plazo se imponía a los mandatos del placer inmediato. Le quedaba media hora para esbozar algo en el papel o en Gedit, el oscuro y básico editor de textos que usaba. Un día de posposición de obligaciones quemaba menos la conciencia con un sprint de última hora. Agarró el bolígrafo y una cartulina, donde apuntó un par de frases que marchitaron hasta convertirse en un dibujo. Otra vez no...

- Escribe algo, maldito seas.

Puso las manos sobre el teclado, la pantalla se iluminó e introdujo la contraseña. El fondo blanco del editor ocupó toda la pantalla. Desconectó Internet y trató de dar con su principio memorable, su lugar de La Mancha o su pelotón de fusilamiento de su Aureliano Buendía particular. Pero allí no se presentaba nadie. Conocía el significado de un silencio creativo que surgía del miedo, más que de la procrastinación: por alguna razón, la primera novela seguía en su cabeza. La había finalizado abruptamente, al entender que se le estaba yendo de las manos: aceleró el final en tres capítulos cuando, quizá, lo que quería contar habría requerido 500 páginas más. Aún así, la versión electrónica final disponible en Amazon tenía una extensión equivalente a 620 páginas en papel. No podía ir por la vida, había pensado entonces, presentando una primera novela con la extensión de *Anna Karénina.* No era León Tolstói ni había aspirado a ello.

Ahora, la historia acelerada regurgitaba después de haberse macerado en el buche durante un año y medio. De acuerdo, se rendía. Era el momento de recuperar todo lo descartado, quizá dando vida a una serie "pulp". Quizá podía transportar la historia, acaecida entre 1771 y 1775 y con referencias a épocas anteriores, a un universo de ciencia ficción. Dejó el teclado y apuntó en la tarjeta: lectura en profundidad de *La máquina del tiempo* de H.G. Wells. Al menos ahora, a diferencia de la primera lectura del libro durante los años de facultad, podía leerlo en inglés.

El timbre del interfono interrupció su breve ensoñación. Ya están aquí, pensó. El reloj del portátil marcaba las 18:34. Se levantó y acudió corriendo a abrir, extrañado de que Kirsten picara en lugar de subir directamente. Quizá iba más cargada que de costumbre, además de traer a las niñas y a Nicolás, este último en el carrito.

- ¿Quién? ¿Kirsten?
- No... disculpe...

Una pesarosa voz de hombre auguraba una inconveniencia del nuevo apartamento, ya cotidiana. El piso había sido la sede de la organización de consumidores de Cataluña y había despistados que seguían acudiendo a la oficina que recordaban.

- ¿Viene usted a OCUC?
- ¿Qué? No... mire... yo pregunto por el autor de *Triskelion.*

Debía ser una broma. ¿Había oído la voz pesarosa de un

desconocido mencionar el nombre de... su novela? ¿La misma novela publicada sólo en versión digital al ser rechazada por un puñado de premios literarios y descargada, pues llevaba la cuenta, por apenas tres decenas de personas en España y las Américas? Tenía que ser una broma.

- ¿Quién es el gracioso? -por un momento, pensó en su hermano, siempre ocupado viajando por trabajo de consultor, pero no se le ocurría nadie; carecía de amistades de diario que se permitieran la licencia de perder el tiempo con bromitas-. ¿Eres tú, Manolo?
- ¿Manolo? No, no... Mire usted, yo pregunto por el autor de un libro, una novela histórica...

Oyó una tos carraspeante y el sonido de fondo del tráfico, siempre intenso, de la Avenida República Argentina. Esperó unos segundos.

- ¿Sigue ahí? ¿Con quién hablo?

La tos del extraño, no fingida, sonaba ahora a flema, a miseria y tuberculosis, a posguerra española.

- ...Oiga, llevo todo el día buscando esta dirección. Ya no estoy acostumbrado a andar por la ciudad, ¿sabe? Yo querría hablar con el señor don... -hizo una pausa, como si leyera- Bonllosa.
- Se refiere a Nicolás Boullosa. Sí, soy yo mismo. No me ha dicho qué quiere. Ah, sí, preguntaba por mi libro -rió nerviosamente-. No es un libro popular. Me sorprende que alguien se acuerde del nombre, exceptuando a mi madre, mi mujer y yo mismo. Ya me ent...
- No me ha entendido... -la voz sonaba ahora nerviosa, suplicante-. ¿Puedo subir a verle?

Por un instante, cruzó su mente el flash de una conversación mantenida con Kirsten unos meses atrás. Charlaban sobre conservar una cierta privacidad, al menos respecto a la dirección de casa. De vez en cuando recibían comentarios comprometidos en los vídeos que Kirsten colgaba en YouTube o en los contenidos de la página.

- Déjeme, pensar. Dice que quiere hablar conmigo. Mi mujer y mis hijos están a punto de v... -pensó en que quizá era mala idea dar detalles sobre su familia-. Deme un segundo y bajo.

Se calzó a trompicones y descendió de dos en dos los escalones de los dos tramos de escaleras que le separaban de la portería. Todavía desde dentro, observó al desconocido que había preguntado por su libro. Un hombre de cabello gris ceniza tirando a amarillento, delgado, la piel macilenta y la mirada muy triste, como una caricatura de Tristón, el perro de los anuncios navideños de cuando era niño; o acaso de las expresiones de los rostros alargados pintados por El Greco. La puerta, como de costumbre, estaba cerrada con llave por decisión de los celosos miembros de la comunidad de propietarios de la finca. Saludó con la mirada mientras giraba la llave, sorprendido por la situación.

Abrió la puerta y extendió la mano al tiempo que decía un "hola" cortante y reservado, esperando una explicación.

- ¿Y? Ya me tiene aquí.

El desconocido se dispuso a hablar, mientras metía la mano izquierda en el bolsillo interior de su chaqueta de lana.

LA REBELIÓN DEL CHARNA

- Hola... ¿Es usted quien hablaba conmigo por el interfono? Entre en la portería; no hay manera con el ruido del tráfico -invitó al extraño con la mano derecha, mientras la izquierda sostenía la puerta de hierro de forja y cristal-. De lo contrario, hablaríamos como si estuviéramos en una manifest... discoteca.

Por un atavismo invisible, pero tan real como el individuo ante él, evitó el uso de "manifestación" en su figura retórica. Detestaba la efervescente mala leche contenida en la calle, tanto entre los sospechosos habituales (estudiantes reivindicando lo que para ellos significaba "progreso": contra la supuesta mercantilización de la educación; contra Franco y lo que representa -cuándo se acabará el rollo de Franco, pensaba, a estas alturas era como reivindicar a Mocedades-; supuestos excluidos quejándose no sabían muy bien de qué ni sobre quién; etc.); como en los gestos y acciones de los transeúntes de la Avenida República Argentina en el tramo comprendido entre la iglesia de los Josepets y el puente de Vallcarca, epicentro de su nuevo paisaje urbano.

Niños bien del instituto privado de educación secundaria Súnion, mayores cuyo aspecto variaba entre la severidad de un impostado abolengo, la desesperación ante dificultades no confesadas y la rendición ante un aburrimiento antiguo, implacable, con olor a posguerra y a novela de Mercè Rodoreda. La palabra "manifestación" y lo que representaba le incomodaban tanto como un insulto personal; imaginaba los rostros, repetidos como una hilera de siluetas de papel, de la vanguardia de cada una de las marchas reivindicativas que habían pasado por la calle Ferran y aledaños durante su época de vecino del Gótico. Había huido de esas hileras de gritonas siluetas de papel, conectadas por un inacabable pliegue, como de la sarna. De todas, excepto de una: de la congregación en la plaza de Sant Jaume, en torno a la puerta del Ayuntamiento, antes y después de la ceremonia de su boda, formalizada en el Salón de Ciento de la casa consistorial. La única vez que el centro de la ciudad le había visto congregado en la década que allí había vivido. No era para ponerse una medalla, ni buscar el mérito de una postura entre indiferente y atemorizada por lo que cualquiera es capaz de hacer cuando forma parte de un grupo enfervorecido. No eran sólo los pogromos de la historia, muchos de los cuales conocía por algunas de las lecturas más placenteras que recordaba: las manifestaciones de Rosa Luxemburgo durante el Berlín de la inflación de *Una princesa en Berlín*; las memorias sobre la grandiosidad de las congregaciones nazi explicadas por Albert Speer, el arquitecto y ministro de Armamento del III Reich, en su autobiografía escrita años después desde la cárcel; sus propias experiencias acudiendo a conciertos o a alguna discoteca. Recordaba haber liderado él mismo dos explosiones de júbilo zombi: individuos afectados por la energía gregaria de las concentraciones, donde la conciencia pierde por un instante su individualidad. La primera: concierto de Pearl Jam en el palacio de deportes Vall d'Hebron de Barcelona. Con un público ya entregado, el grupo se toma un descanso de unos segundos; todavía quedan muchas canciones y el cantante, Eddie Vedder, decide dar un largo trago a una botella de vino tinto. Empieza otra canción y, mientras finaliza, a él, un chaval más entre el público, se le ocurre gritar: "Eddie, Eddie". Su voceo se contagia a su amigo; luego al anillo de personas más próximas a ellos, quizá unas decenas; en dos segundos, centenares de almas gritan el mismo "Eddie, Eddie"; a los tres segundos, todo el estadio lo corea. El cantante se emociona al oír corear su nombre. El mismo cantante que poco después lamentaría que el mismo fenómeno gregario, una energía prestada e irresistible, produjera una avalancha humana con varios muertos en uno de los conciertos de la banda en el norte de Europa. Tenía la certeza de haber empezado él con aquel canto, como también su acompañante, un amigo del instituto del que a duras penas recordaba el nombre. El segundo momento en que tenía la certeza de haber inoculado la rabia contenida, convertida en hedonismo sensorial directo a la espina dorsal, también había acaecido a finales de los noventa en una pequeña discoteca de un callejón del centro de Barcelona. Trabajaba en un restaurante italiano de Sant Feliu o, mejor dicho, "el" restaurante italiano de esta aburrida localidad metropolitana, regentado por un barcelonés que no tenía nada que ver con el país transalpino. Trabajaba allí los viernes, sábados y algún domingo, desde las ocho de la tarde a la una y media o dos de la mañana. Aquel día, al acabar el trabajo, había compartido alguna droga química con otro de los estudiantes que trabajaba en la "trattoria" los fines de semana. Tras retirar mesas, secar copas y cubiertos y preparar el restaurante para el día siguiente, cenaron -en su caso, lo habitual: calzone con doble de atún y cebolla y sin champiñones- y bebieron algo del vino que había quedado abierto, como también era costumbre; quizá les había caído un poco de René Barbier, un poco de Mateus Rosé, un culo de Sangre de Toro y, aunque no lo recordaba, quién sabe, quizá un poco de Paternina Banda Azul: además del vino de garrafa de la casa, apenas servían ese puñado de vinos. Acto seguido, cogieron el autobús nocturno y se plantaron en Barcelona, con el córtex en plena eclosión sensorial. Optaron por aquella pequeña discoteca por sus modestas dimensiones y precio asequible. El techno con cierta aspiración musical fue calando en los dos jóvenes, interesados en bailar más que en buscar receptividad femenina. Luego llegó el "clic": una de las canciones se sincronizó con su conciencia, o era así como lo recordaba. En el momento álgido de la canción, gritó y alzó las manos. Todos los congregados acabaron haciendo lo mismo en cuestión de segundos. ¿Les había ocurrido algo parecido? ¿Habían sentido también la necesidad imperiosa de expresarse? Si era así, ¿por qué no habían reaccionado ellos primero? Tras aquellos acontecimientos, relacionó el borreguismo con una celebración visceral de la existencia, con un espasmo muscular, con el frío existencial de un joven de aspiraciones intelectuales enquistado en un entorno dominado por el hedonismo inconsciente y autodestructivo de los príncipes de extrarradio de la segunda mitad de los noventa, en la época inmediatamente anterior al fenómeno de la inmigración foránea.

La Barcelona metropolitana de su primera juventud había sido más homogénea, predecible y estereotipable, donde catalanes y charnegos hablaban castellano con deje de extrarradio -aspiración de "s" al final de palabra; pobreza de vocabulario; profusión de neologismos, coloquialismos e insultos- y un catañol igual de pobre y flexible a neologismos, coloquialismos e insultos que el "castellano" charna. Una escala de grises que ya no tenía en uno de sus extremos a delincuentes callejeros como el Vaquilla y en el otro a malandros catalanes aprendices de revolucionario a lo Salvador Puig Antich viviendo en casas insalubres de algún casco histórico, sino cabezas rapadas y chavales de distinto percal, muchos de ellos con un miedo profundo y una actitud resignada heredada de la existencia familiar en lugares ajenos a su vida. Una samfaina de hijos sobreprotegidos de la inmigración a Barcelona desde el resto de España, niños de papá, catalanes castellanizados para hacerse los duros, hijos de familias desestructuradas y distinta procedencia que no necesitaban hacerse los duros porque lo llevaban en la existencia; y el "yo" antagónico de esta normalidad, compuesto por los "esquines" de extrarradio -de nuevo, niños de papá, castellanos catalanizados para integrarse en el grupo, y otros subgrupos-. Él nunca había formado parte de ningún extremo, con el desarraigo que ello provocaba. Ni catalán militante, ni español orgulloso -¿quién había sido español orgulloso desde hacía décadas?-. Ni quillo de ciudad dormitorio, ni niño bien de gran ciudad, ni izquierdoso con tendencia a alcoholizarse en algún "casal de joves", ni adolescente sociopático. Siempre popular o, al menos, respetado por amigos, conocidos y saludados, si había pertenecido a alguna tribu urbana ésta era la de los universitarios tímidos y enterados, con aspecto y maneras "indie", como había sido su hermano mayor, uno de aquellos larguiruchos que acudían con un pequeño grupo de iguales a comprar vinilos de segunda mano a la calle Ferran de Barcelona, empezando por discos Jesús y acudiendo después a discos Castelló por si acaso había algo. Los universitarios se decantaban por lo independiente, lo alternativo, mientras sus amigos del barrio, la mayoría ajenos a la educación superior, preferían la música máquina, el heavy metal o -también los había- el death metal, una especie de tortura que recurría al doble bombo y los berridos guturales de algún aprendiz de vikingo con vocación racista y homófoba. Después de la compra, los flacuchos y delicados "indie", volvían a casa en tren de cercanías con la pomposidad de un Oscar Wilde de los suburbios, sin haber tomado nada ni hecho más gasto que el vinilo y el billete de tren. El viaje de vuelta -en su caso, veinte minutos en tren- se convertía en una celebración de la jornada, con una meticulosa adoración del vinilo: estado de la portada y los surcos del propio disco, detalles del sello, la edición y cualquier otra curiosidad, etc. Eran años sin teléfono móvil ni consumo financiado con tarjetas de crédito y préstamos personales.

El extraño se situó frente a él, mirando hacia el suelo. Se había rendido ante alguien o de algo. Medía un metro setenta y el pliegue del cuello de la chaqueta de lona beige lucía una marcada mancha permanente, humedecida por el sudor del día; hacía demasiado calor para tanta ropa. Le evocó uno de los pobres profesionales que rondaban por los barrios populares de Sant Feliu en los ochenta, tan parecidos a los señoritos venidos a menos que arrastraban sus huesudas canillas por las calles más ruidosas y contaminadas de la zona alta de la ciudad, no muy lejos de su nueva residencia. Picaban a la puerta de los vecinos más necesitados, ya que sabían por experiencia que el necesitado daba más y con mayor frecuencia, demostrando su hipotética mejor situación en progresión estratificada de la necesidad. Eran los años más duros de la reconversión industrial y los cierres de factorías históricas tras enormes manifestaciones sindicalistas. Era fácil describir una situación familiar a la desesperada para vender unos pañuelos, mecheros o lo que fuere por la voluntad. "Mañana le puede pasar a usted, señora"; "me he atrevido por mis hijos... no tenía otra salida". A diferencia de los traperos, que se ganaban el sueldo con los trastos escamoteados aquí y allá, muchos pedigüeños habituales carecían de ética del trabajo ante sus ojos infantiles. Cuando él iba a quinto o sexto de EGB, abrió la puerta de casa al oír el timbre una tarde de otoño similar a la que disfrutaba con el extraño. Un hombre de mediana edad preguntó, con tristeza solemne, por su padre o madre. Abrió la puerta de la cocina, junto al pequeño recibidor del piso de setenta metros cuadrados; su madre, que cocinaba con la radio encendida, se asomó a la puerta. No tenemos dinero, dijo, pero nos encantaría ayudarle. Así que su madre preparó al extraño el mejor bocadillo del mundo: media barra de pan de medio, de cuando el pan de panadería se hacía todavía con masa madre, y lo que fuere en su interior: quizá morcilla o chorizo frito, quizá salchichón, queso o similar. Por supuesto, el pan llevaba incluía el esencial tomate restregado, el chorro de aceite de oliva y la punta de sal. Se sintió orgulloso de su madre durante aquel pequeño triunfo cotidiano a la necesidad. A los diez minutos, un amigo picó al timbre. Bajó. Antes de salir de la portería, descubrió el bocadillo tirado en el suelo con su interior intacto. Algo había herido su conciencia aquel día. También en aquella época, murió uno de los pedigüeños más activos en la zona, un pillo con don de gentes y facilidad para recordar nombres y detalles que le reportaran réditos entre las agradecidas familias de la zona. Al parecer, el hombre había legado bastante dinero y un piso a sus familiares.

Por su olor, que se lograba sólo durmiendo con la ropa puesta y visitando lugares lúgubres de ambiente cargado, pensó que podía haberle visto de niño en uno de los numerosos bares de su barrio, los únicos negocios boyantes de la zona, que sobrevivieron incluso cuando con los años fueron cerrando, una tras otra, la bodega -con el vino del Priorato en bota y la gaseosa para llenar el sifón en primer plano-, la frutería, la panadería-charcutería, la tienda de tejanos de la esquina. Eran tabernas ibéricas, de las de antes: sólo hombres; una barra alargada contra una de las paredes principales del local, con su reposapiés reglamentario y el surco de líquidos y jugos que pudieran arrastrarse por un suelo que, en función de su grado de suciedad, atestiguaba el éxito del lugar (servilletas de papel, palillos, colillas, serrín sobre algún chato de vino o alguna caña, quinto o mediana de cerveza derramados); más allá de la barra, el espacio central albergaba varias mesas, en función del tamaño del local, donde se practicaban juegos de mesa (dominaban el dominó y la baraja española, pero no eran raras las damas y algún ajedrez esporádico, entre el humo del Ducados o el Gitanes). Los mejor regentados estaban atestados de hombres de mediana edad exponiendo sus códigos secretos mientras en sus casas había -en el mejor de los casos- silencio, incomunicación, desatención. Rondas gratis, partidas con corrillos y susurros, tapa gratis por aquí, a éste le invito yo, éste la tiene pagada, aquél que salió me dijo que os pusiera otra, otro chato, toma cinco duros y dile a tu madre que en media hora subo. El olor a un tipo particular de bar y sus parroquianos, tan perceptible por un niño sano como lo era un rayo de sol: miradas tristes, risas animadas, gritos en todos los acentos de España, puños en la mesa con la baza ganadora o la ficha de dominó adecuada, boinas ladeadas, llaveros futboleros colgando del bolsillo del pantalón de pinzas, impolutamente planchado por un ama de casa que iría a limpiar a Barcelona para comprar algún mueble nuevo o pagar la ortodoncia del niño-príncipe. ¿Existían todavía esos bares? ¿Qué harían los antiguos amigos del barrio que no tuvieran trabajo? Los "barícolas", o habitantes de los bares, como sus hermanos y él habían bautizado a esas hordas compuestas por hombres tristes que desertaban de la vida sin luchar, eran una especie extraterrestre similar a la humana, pero que necesitaba grandes cantidades de alcohol y nicotina para sobrevivir en la atmósfera enrarecida de la tierra. A diferencia de los personajes de la serie televisiva *V*, comedores de ratas, los barícolas eran tan patrios como el vino de bota a granel del Priorato y *Verano azul*.

El extraño levantó el rostro. El último afeitado, quizá hacía un par de días, no había apurado en torno a nariz, patillas y cuello. Una pequeña herida, entre corte y quemadura, denotaba el uso de una hojilla agotada sobre la piel sensible de un barbilampiño. Los ojos ojerosos, redondos, saltones y con un azul amarillento le miraban ahora con un pequeño suspiro vital, que hasta un estornudo podía apagar para siempre.

- Así que usted es el autor de *Triskelion*...
- ¿Cómo decía usted que había conocido mi... -en efecto, era una novela; autopublicada, pero novela al fin y al cabo- novela?

El extraño había depositado toda su energía en estudiarle con la atención de alguien que nunca ha visto un hombre sano, delgado y más bien alto, con cabeza grande y despejada, facciones anchas, ropa y ademanes de deportista habitual. Movía sus labios de manera imperceptible al observar los de su interlocutor, como si hubiera bebido el elixir amoroso de Tristán o el castellano se hubiera convertido de repente en un bello e indescifrable idioma élfico.

- Yo le creía mayor... Algo así como una especie de José Luis Sampedro, o Fernando Fernán Gómez o aquél que había hecho de Don Quijote, el tal Vicente Rey. Pero no, usted no se parece al mago Merlín.

No había contestado a su pregunta. Quizá ni siquiera la hubiera escuchado, pensó. El extraño sonrió, esperando una justificación racional o, como mínimo, interesante; sus ojos voltearon con nerviosismo, adelantándose a una tos espasmódica.

- ¿Está bien? ¿Quiere que subamos y le doy un vaso de agua?

El extraño percibió la incomodidad de la cortesía y declinó la oferta con la cabeza.

- Sí, soy el autor de la "novela" -pronunció la palabra de puntillas, sintiendo vergüenza-. Yo mismo la guisé y yo mismo me la comí, porque lo que se dice repercusión, no ha tenido demasiada -se acercó al extraño, buscando complicidad y preparándose para el próximo movimiento, invitarle a un paseo por el parque; tenía que salir de la portería para no coincidir con la vuelta de su mujer y los niños-. Le voy a confesar algo: sé los nombres y apellidos de todos los lectores de la novela -esperó una sonrisa cómplice que no llegó; el extraño seguía con el escrutinio, quizá intentando destapar a un impostor, o reconocer el parentesco del joven ante él-. Y ya me entiende: no es que tenga memoria de elefante. Es que dejarían hueco en el cuadro de la Santa Cena... Se cuentan con los dedos de las manos de un leproso.

El extraño se miró los zapatos -Sebago o imitación, suela de goma, conocedores de zapatero y fuente probable de un sutil olor a betún en la portería-, incomodado por el torpe humor de su anfitrión, propio de quien nunca ha tenido que recurrir a la socarronería para abrirse paso.

- Le confirmo que no conoce a "todos" sus lectores. Se presenta ante usted un especialista de la novela que ha escrito... Y un soldado de su causa.

El extraño se esforzó para evitar otro ataque de tos. Se peinó nerviosamente mientras le guiñaba el ojo, en busca de una condescendencia que partía de su convicción de que ambos comprendían el universo. Su cabello, liso y canoso, solemnizado con el surco agrandado de una raya al lado presente desde la escuela. ¿Se encontraba ante un desequilibrado?

- He tenido que venir a verle porque los acontecimientos se están desencadenando -prosiguió el extraño-. Usted no puede permanecer al margen. Necesitamos su acceso a las fuentes.

No había reparado hasta ese momento en el acento. Un deje gallego, o quizá asturiano o berciano. La pronunciación de "acceso" le delató, convertido en "aceso". El deje denotaba el uso del castellano como su primera lengua, que en Galicia significaba una infancia de clase media en la ciudad, único entorno de preponderancia cotidiana del español en la región que Manuel Rivas había bautizado como el bonsái atlántico. En el campo y entre las clases populares se imponían el acento y la lengua gallegas, una hipótesis observada por él mismo a través de las amistades y entresijos familiares de su complejo imaginario ibérico, un rico compendio cognitivo que había despertado durante la escritura de su novela histórica y no había abandonado su conciencia desde entonces, bloqueando cualquier otra saga creativa.

- Discúlpeme. No sé de qué me está hablando -volvió a reparar en la situación. Más valía largarse de allí cuanto antes-. Cuéntemelo por el camino. ¿Me acompaña? Tengo que hacer un recado en la calle Hurtado, en la ladera norte de la colina. Acortaremos y evitaremos el tráfico de República Argentina yendo por el parque; el trayecto es un poco empinado, pero tiene vistas de la ciudad y podremos respirar un poco de aire puro, que a usted le irá bien. ¿Puede caminar? ¿Le apetece?
- Por supuesto que me apetece. Le acompaño si no le importa que vayamos despacio... Habrá notado que mis pulmones no andan finos. Pero mírese usted: yo esperando encontrar la simbiosis de Pere Gimferrer y Fernando Fernán Gómez, y me encuentro con un joven en plena forma y sin ninguna tara, algo que no abunda en el libre pensamiento y la novela histórica. No es usted bizco, ni lleva gafas gruesas, ni huele usted a cerrado, ni tiene dificultades para pronunciar las "s" o las "r"...

Después de tocarse el bolsillo interior de la chaqueta ante el estanco para cerciorarse de que llevaba tabaco, el extraño le tomó el antebrazo. Podían faltar el agua y la comida, pero cualquier trayecto vital, por corto que fuera, requería la dosis de tabaco prescrita por su ansiedad.

- Me habla de un parque con vistas de la ciudad, señor Bonllosa -le corrigió-. Boullosa, disculpe. Dígame: ¿tanto se me nota que soy forastero?

Prefirió no preguntar, de momento, por la procedencia del extraño; le bastaba con su intuición. Pasaron bajo los voladizos de su apartamento, se adentraron en Ballester y cruzaron un paso de cebra hacia Ferran Puig. La tranquilidad de la calle alimentó una charla apacible; ante ellos, una suave pendiente flanqueada por edificios acomodados y alguna que otra casa burguesa superviviente de la época de las torres de veraneo descritas por la desaparecida vecina Elvira Farreras en su crónica sobre el barrio.

- Usted dice que ha leído mi... digamos... "novela"; y se ha tomado la molestia de venir a verme, pero sigue llamándome Bonllosa. Olvida mi apellido pero, por otro lado, al parecer conoce muchas cosas sobre mí.
- Cierto. No tiene usted un apellido corriente. Y eso que uno de los personajes de su libro lleva su mismo apellido -abrió los labios, pronunciando sin voz, que finalmente se impuso-: Mingo. Nuestro querido Domingo Antonio Boullosa Nogueira, ese chico alto y paliducho que habla como un bachiller y tiene la nobleza de un caballero andante... Sabiéndolo todo sobre él y su árbol genealógico, debería ser capaz de pronunciar el apellido con propiedad. Quizá me cueste todavía creer que sea usted un descendiente del personaje...

Sólo Kirsten y su madre, los seres allegados que habían tenido la deferencia -¿las agallas?- de leerse el libro, sabían que Domingo Antonio Boullosa, "Mingo", así como el resto de la saga Boullosa que aparecía en la novela, eran antepasados auténticos del autor. Un vecino de la aldea de su padre, profesor de historia en Santiago de Compostela, les había regalado hacía unos años una investigación genealógica de la rama Boullosa que había recalado en la parroquia de Santo André (San Andrés), concretamente en el caserío de Os Casás, aldea de Anceu, concejo de Pontecaldelas, Pontevedra.

- ¿Puede repetir lo que acaba de decir?

- ¿Qué parte? -El extraño cruzó los brazos en la espalda y retrasó la respuesta-. Primero, permítame presentarme, ¿no le parece? Me llamo Pedro Losada y sí, soy gallego -observó la reacción del joven escritor, que confirmaba su conjetura no confesada-. Ya sé, ya sé: no ha insinuado nada al respecto, pero lo ha notado. Conozco su... digamos... vocación atlántica. Tiene usted la frente y el aura de Álvaro Cunqueiro, Camilo José Cela o Manuel Vázquez Montalbán, si quiere que evitemos referencias a otros personajes de origen galaico con ademanes todavía más parecidos a los suyos, como el republicano convencido Alfonso Rodríguez Castelao o incluso Manuel Fraga -era la primera vez que alguien comparaba su físico con toda aquella gente-. Porque convendrá conmigo que en Iberia hay tres vocaciones existenciales: la atlántica, la mesetaria y la mediterránea. En lugares como España y Estados Unidos, ya que conoce muy bien ambos, hay un centro imaginario en el que las cuencas fluviales se decantan hacia un lado u otro. En España, esta división continental marca, creo yo, la personalidad y la historia de la gente y los territorios. En Estados Unidos, lo que ellos llaman "división continental" es más bien una constatación geológica. No hay lugar a explicaciones antropológicas, ni menos aún espirituales, sobre estos hitos geográficos. Por algo será. Lo de la división continental es para ellos un mero accidente que importa en lo que afecta a la distribución del regadío y los derechos sobre el agua... Pero ahí entraríamos en una temática técnica para la que hay que haber visto in situ la zona, que pasa por Yellowstone como sabe bien, entre otros lugares.

Observó el creciente nerviosismo en el rostro del joven ante él. Sacó un cigarrillo y volvió a introducirlo en la cajetilla. Preguntó a su interlocutor si le importaba. Estaban en la calle, así que no debía preocuparse. Si es así, gracias por dejarme complicarme la salud a gusto, masculló el tal Losada:

- Pero me estoy yendo por las ramas... Cualquier lector concienzudo de su novela histórica aprenderá mucho sobre el momento previo a la independencia de las Trece Colonias y la Revolución Francesa. Pocos recaerán en el hecho de que la historia, si bien fantástica, podía haber sucedido... Es totalmente plausible. Sobre todo teniendo en cuenta un detalle que habrá pasado por alto al puñado de lectores que ha tenido esa... "novela" que le hace tanto dudar que usted mismo no sabe si calificarla como tal. Ya sé, todo esto no se dice así, al tuntún, en una charla con un desconocido... Pero es que usted no es un desconocido para mí. Tengo la convicción de que pronto yo no seré un desconocido para usted.

Pedro Losada alzó la mano, pidiendo un pequeño alto en el cruce de Ferran Puig con la calle Manacor, que acto seguido tomaron para entrar por la puerta sur del parque del Putxet, en la confluencia de las calles Manacor y Homero. El autor de *Triskelion* le dejó seguir, intrigado por la diatriba. Quizá fuera coincidencia. "No te precipites", pensó. "Déjale que se explaye. Habrá sido una coincidencia. Es materialmente imposible que sepa que has estado en el hito de la división continental de Estados Unidos a su paso por Yellowstone". Tampoco podía saber que él hubiera dedicado un verano, el mismo en que se fotografió junto al cartel donde se leía "Continental Divide", a escrudiñar una materia tan polémica como la relación entre ecologismo y mercados, algo así como la combinación entre libertad individual (respetar la propiedad privada, aspirar al máximo beneficio legítimo personal) y responsabilidad: los recursos naturales tienen un límite y el comportamiento individual racional se convierte en irracional si todo el mundo busca su máximo beneficio acaparando recursos. Era lo que los expertos habían bautizado como "tragedia de los comunes". Entre otras especialidades, había discutido con el resto de alumnos -emprendedores medioambientales, jóvenes docentes especializados en temáticas ecologistas, altos cargos de ONG- y profesores sobre la gestión privada de derechos del agua como alternativa de mercado a la explotación centralizada en cuencas fluviales como la del río Colorado, donde durante los años secos había más derechos de explotación que agua para explotar; el curso, destinado a un puñado de "emprendedores medioambientales" de todo el mundo con proyectos prometedores, buscaba modos de proteger el medio ambiente a través de la gestión privada, y en él se recogían dilemas como el uso individual racional de un recurso común finito (el agua de una cuenca fluvial), que derivaba en una consecuencia indeseada por quienes obtenían el recurso por su cuenta: su agotamiento. Había estudiado esta y otras cuestiones en un curso en el verano de 2008 al que había acudido, además, con los estipendios pagados por la organización. Los organizadores de la experiencia, un think tank de Bozeman, Montana, le habían invitado en calidad de fundador del sitio web sobre desarrollo sostenible que todavía dirigía, aunque *faircompanies (así, en minúscula y con asterisco, le gustaba puntualizar) había abandonado la vocación del ecologismo tradicional. Más que la denuncia, les interesaba la celebración de la escasez, la perseverancia del espíritu humano. El cambio de orientación surtió efecto a la larga, pero entonces, durante su estancia de dos semanas en Bozeman, *faircompanies apenas era conocido, los vídeos de Kirsten conseguían a lo sumo centenares de visitas y él desconocía por cuánto tiempo podría mantener la farsa de empresario escribiendo para un sitio que nadie visita ni da beneficios. En Montana, en la pintoresca inmensidad con estética de película del Oeste del rancho Flying D, al que habían sido invitados por su propietario, ni más ni menos que el magnate Ted Turner, se conjuró para seguir escribiendo, pasara lo que pasara con el sitio. Quizá debía volver a trabajar para otros a medio plazo; o quizá la necesidad económica les llevara a Nueva York, donde Kirsten podía encontrar trabajo como freelance para el sector televisivo. No había sido necesario, pero entonces, mientras miraba las estrellas del inmenso cielo de Montana durmiendo en un saco junto a los cobertizos del Flying D Ranch, en un llano verde rodeado de montañas moteadas con manadas de bisontes que le transportaban a una escena de *Bailando con lobos*, era consciente de que habían trabajado en informaciones y vídeos rígidos, acartonados, esterilizados al tratar de agradar a una audiencia que no existía. Unos años después, los vídeos de Kirsten eran rabiosamente independientes y conseguían millones de visitas; hablaban de experimentos de individuos desconocidos sobre vida sencilla, casas pequeñas, pequeños inventos y otras pruebas del individualismo libertario de quienes, enfrentados a serias dificultades económicas, preferían perseverar para labrar su propio futuro a quejarse tras una pancarta en una manifestación. Los artículos escritos por él también se habían transformado, pasando del medioambientalismo sesudo a temas como filosofía aplicada a la vida diaria, los efectos del deporte en cualquiera y otras temáticas prácticas que, en su opinión, no eran tratadas en la prensa y bitácoras generalistas.

- Verá: me he tomado la molestia... digo, nos hemos tomado la molestia de cotejar su novela desde una perspectiva científica. Y hemos comprobado que el árbol genealógico de Domingo Antonio Boullosa, Mingo, es el suyo. Así lo atestiguan las actas parroquiales de nacimiento y defunción de sus antepasados.
- ¿Que ha hecho qué? Mire, esto está yendo demasiado lejos. ¿Con qué permiso...?

Nicolás dejó de hablar en seco. Había oído a lo lejos la voz inconfundible de su segunda hija, Ximena, que corría colina abajo por el camino principal del parque, flanqueado por árboles. Inés, su hija mayor, la perseguía de cerca con algo en su mano. Aprovechó la distancia para salir de la entrada principal y sugerir que el paseo prosiguiera por una nueva adición del parque, coronada por un área de juego infantil a la que nunca acudían, al carecer de grandes árboles para sentarse a la sombra. La nueva zona, también con entrada desde Manacor, tenía acceso al sendero que conducía a la salida norte del parque, junto al nuevo polideportivo municipal del Putxet. Subiendo por las escaleras que conectaban ambos espacios verdes, podía oír el vocerío de Inés y Ximena, así como algunas palabras de Kirsten, ininteligibles pero con el inconfundible deje estadounidense, una enérgica entonación, con una bipolaridad más acusada que la personalidad de un niño.

- Si no le importa, deberíamos apresurarnos. Estamos todavía a medio camino y no debería ausentarme de casa demasiado. Tengo obligaciones familiares. Siento ser brusco.

Se adelantó unos pasos. Volvió a parar en el siguiente descansillo, cuando observó que Pedro Losada no podía aumentar su ritmo. Un ataque de tos le obligó a parar en un banco "neorromántico" de Santa & Cole, una de esas empresas barcelonesas que subsistían gracias a su sólida relación con la política local. El libre mercado era una utopía en aquel rincón del mundo, todo el mundo lo sabía y a nadie parecía molestarle, ni siquiera a las legiones de jóvenes creativos que preferían calentar la silla de la terraza de una bar a montar por su cuenta una empresa de diseño industrial. Las cosas se empezaban por arriba, creían muchos, y quienes dominaban los distintos sectores ratificaban el argumento.

- Creo que me voy a quedar aquí un rato. Permítame robarle sólo dos minutos. Luego le dejaré marchar... por hoy. Primero, antes de proseguir, prométame que comerá conmigo mañana. Usted elige sitio y hora.

- ¿Por qué debería comer con usted? ¿Cómo sé que...?

- ¿Cómo sabe que no estoy loco o que no quiero hacerle daño a usted o a su familia? Si no se conforma con responderse usted mismo mirando mi estado físico, le explicaré con razones... después de que confirme nuestra cita de mañana. ¿Conoce algún lugar cercano donde sirvan un buen menú?

- Tengo una vida ajetreada. Mi mujer trabaja bastante duro y yo suelo encargarme de hacer la cena, recoger algo en casa y estar con los niños cuando es necesario. No es un horario estricto per se, pero suelo comer en casa, después paseo un rato a mi hijo pequeño y luego aprovecho de cuatro a seis y media de la tarde para tareas de la página web, antes de preparar la cena. De hecho, este momento con usted está causando cierto desequilibrio; mi mujer habrá llegado a casa y no habrá cena preparada, con lo que ello supone cuando hay niños revoloteando alrededor como mochuelos hambrientos... el pequeño todavía toma el pecho...

- Entiendo... Pero es que, más que excusarse para mañana, me está diciendo que lo vaya olvidando, pues cualquier día será igual de difícil -puso la mano en el espacio libre del banco a su derecha, invitando a su ajetreado contertulio a sentarse-. Venga, siéntese un instante. Creo que ya no es necesario que siga con lo del recado. Sea como fuere, supongo que podrá hacerlo cualquier otro día.

Anochecía. Una farola lejana confundida entre los árboles reivindicó su posición con su luz repentina.

- Se está bien aquí; ha hado el sol y el banco retuvo parte de la radiación -encendió un cigarrillo y lo sostuvo con la izquierda, para evitar que el humo molestara al escritor, ya sentado-. Si no le importa, puedo acompañarles a usted y a su bebé mañana después de comer. No hace falta que diga nada a su mujer. Le prometo que la conversación valdrá la pena. Al fin y al cabo, a estas alturas no se puede quedar tan pancho sin averiguar nada de mí ni de mis motivos.

- Dígame dónde comerá y espéreme. Me excusaré de casa después de comer y le acompañaré tomando el café. Le recomiendo el bar de menús del final de la calle Gran de Gràcia, en frente de una droguería Schlecker. Fui con mi contable sólo en una ocasión y tienen una cocina solvente. No es el Comerç 24, pero se come a gusto y no hay efectos secundarios para estómagos delicados. Su nombre coincide con el número donde se ubica, así que no hay pérdida. Es el doscientos y algo, impar, al ser el lado derecho de la calle si uno mira hacia el mar.

- Ya veo. Tiene sentido... Las ciudades con mar pueden orientarse hacia éste, como hace la vida... y así seguir la misma norma en la numeración del callejero. Supongo que las ciudades de interior como Madrid se orientan en torno al centro de la población, ¿verdad? Pero, dígame, ¿qué le hace pensar que yo tengo un estómago delicado? -Sonrió con ternura paternal-. Tengo vocación de tuberculoso, siguiendo los pasos de mi padre y mi abuelo. Agradezco la sugerencia; allí le espero a las dos y media de la tarde. ¿No sabe cómo se llama el restaurante?

- Es más bien un bar con tragaperras en la entrada y comedor sin ventilación natural al fondo, pero ofrece menús a profesionales de la zona; no es el típico sitio donde los alimentos caduquen. Ya lo verá.

- ¿Le parece que intercambiemos el número de móvil? Deme el número y le hago una llamada perdida para que pueda apunt...

- No es necesario. Estaré allí a las dos y media. Ya habré comido, pero acepto la invitación del café.

Nicolás Boullosa giró el cuerpo hacia Pedro Losada. Cruzó los dedos y se esforzó por no fruncir el ceño. Se miraron a los ojos.

- Ahora explíqueme sin miramientos por qué ha picado a la puerta de casa, por qué sabe tanto de mí y por qué cree que usted y yo estamos en una especie de... misión.
- Mañana le enseñaré algo que he venido a buscar a Barcelona. Todo será mucho más fácil de comprender después. Ha dado la coincidencia de que la historia que explica en *Triskelion* tiene más partes...
- Eso es lo que pensó el tal Avellaneda de *El Quijote*. Pero ni *Triskelion* es *El Quijote*, ni nadie estará interesado en escribir *El Quijote de Avellaneda*.
- ¿Por qué la segunda parte, y la tercera si la hubiere, deberían ser escritas por otro? ¿Es que acaso el autor de *Triskelion* ha sufrido una repentina parálisis cerebral? O mucho me engaña, o no es el caso.
- El autor de *Triskelion* está hasta las narices de hablar de *Triskelion* con un desconocido que ha picado a su casa...

Nicolás se levantó repentinamente. Losada dio una fuerte calada a su cigarro, esforzándose por mostrar cierta serenidad. El sudor del cuello de la chaqueta se había secado. Empezaba a refrescar y una suave brisa acercaba un sutil aroma a aceites esenciales del humus otoñal, las hojas y la corteza de los árboles. Le dio la sensación de que el extraño sobreactuaba, quizá influido por algún personaje de novela negra más próximo al universo de Manolo Vázquez Montalbán, de Paco González Ledesma o el tal Lorenzo Silva, ganador del premio Planeta 2012, al que él mismo se había presentado con la novela de ficción histórica y fondo filosófico por la que le preguntaba el elemento ante él, a medio camino entre el Cassen de *Plácido* de Berlanga y el actor "noir" Robert Ryan.

- ¿Me creería si le digo que su libro es más un reportaje novelado que una obra de ficción? Bien mirado, es algo que usted mismo me debería explicar a mí, y con más propiedad -sonrió-. Le prometo que la cita de mañana merecerá la pena. Ahora le dejo que vuelva a casa. Creo que me quedaré aquí sentado hasta que me echen. Espero que no me cierren la puerta sin avisar, que uno no está para saltos.

- Le veo mañana a las dos y media.

Nicolás Boullosa le estrechó la mano y subió el tramo de escaleras que le separaban de la cima del parque. Recordó que ya no era necesario apartar al extraño de casa. Prefirió, de todos modos, adentrarse en el parque viejo y salir por la otra puerta de la calle Manacor un poco más abajo, aunque fuera por darle consistencia a la coartada del recado imaginario en la calle Hurtado. Se alejó rápido del lugar, con una sensación fría y los remordimientos de quien hace una travesura que contradice su filosofía de vida. La charla con Pedro Losada le había causado una leve cefalea y revuelto el estómago. Cruzó los brazos mientras descendía por Homero. Quien hubiera decidido el callejero del Putxet, se había dejado de monsergas, reconociendo a ilustres antiguos por doquier. Al llegar a la calle Escipión, se fijó en la puerta lateral por la que se accedía a la escuela de música a la que acudían sus hijas. Habían empezado unas semanas atrás. Se sentía frágil. Cualquier pirado podía recopilar información sobre él, Kirsten y sus hijos. Había artículos, fotografías, vídeos, dirección postal, relaciones, aspiraciones e infinidad de detalles. El mundo padecía un repentino achaque de exhibicionismo por la influencia de las redes sociales, repositorios que concentraban sin pudor los tics de la sociedad contemporánea. Predominaban la repetición, el caramelo informativo, el gesto, el numerito, la broma y la peligrosa opinión, por su mediocridad y superficialidad, de millones de personas. Durante más de una década, había mejorado sus técnicas de filtrado y concentración para encontrar información y personas solventes en el guirigay del mundo interconectado. Las redes sociales revivían la falta de pudor de las letrinas públicas instaladas en las populosas plazas de las ciudades europeas de la Edad Moderna, donde hombres y mujeres aligeraban el vientre o la vejiga y, de paso, manoseaban lo que fuera menester sin que nadie se escandalizara por ello.

Giró a la izquierda por Ballester. A cien metros, en la confluencia con República Argentina, la silueta de su edificio se recortaba con el fondo ajardinado de la residencia de ancianos, al otro lado de la calle, y la vertiente del monte Carmelo que miraba al mar, coronada por el promontorio de El Calvario del parque Güell. Las numerosas ventajas del lateral del edificio tenían las persianas bajadas, a excepción del primer piso, el suyo, el único iluminado. Observó desde abajo la sombra de sus hijos proyectada en el techo, con un ventilador con aspas de acero y estética industrial en el centro de una moldura de escayola con un perímetro de motivos florales. La actividad en el apartamento agudizó su sensación de vulnerabilidad. Todo es frágil, pensó. Un paso en falso en la acera, un semáforo en rojo no visto por los niños, un motorista apurando un semáforo, una caída en la escuela. Una enfermedad que se llevara a Kirsten o a él mismo. O un loco picando al timbre de casa para rendir cuentas con alguna obsesión. El calor incómodo inducido por una repentina ansiedad invadió su cuerpo. Su corazón se aceleró mientras abría la puerta del edificio y subía las escaleras. Sacó el móvil del bolsillo con cremallera la fina chaqueta deportiva impermeable: en una hora, su conciencia había dado un vuelco. El reconfortante sosiego del final de una jornada percibido antes de contestar al timbre se había transformado en una sensación de fragilidad que le devolvía a momentos casi olvidados de baja autoestima en una época pretérita. Mascullaba dos hipótesis: "o me acaba de visitar un loco del que debería proteger a mi familia, quizá explicando a la policía lo ocurrido; o alguien me está gastando una broma." Al principio, no había dado credibilidad a la segunda especulación, pero la primera era tan inverosímil como la posibilidad de que alguno de los amigos que había desatendido hasta la negligencia recuperaran el contacto contratando a un figurante que, si no era en realidad valleinclanesco, poco le faltaba. Ahora que lo pensaba, llevaba toda la vida sorprendiéndose por la riqueza del vocabulario en castellano de los gallegos leídos, como si su singularidad (geográfica -"finis terrae"-, topográfica -montañas graníticas-, cultural -galaicismo-, territorial -dispersión poblacional y minifundismo-), les instigara a aprender el castellano más académico. Quizá era una distorsión de la realidad causada por el origen y formación de sus amigos gallegos más urbanitas, miembros de una cierta élite intelectual fácilmente estereotipable por sus filias y fobias políticas y culturales. Pedro Losada carecía de la pátina profesional y pudiente de esos otros gallegos profesionales de ciudad que él había conocido, pero compartía su exquisita competencia lingüística en castellano. Él mismo, le daba la sensación, jamás había logrado acomodar el castellano a los matices de su pensamiento, por mucho que se había esforzado. Su catalán era todavía más deficiente, rígido como el almidón y tan descolorido como un prospecto médico pese a usarlo con sus hijos, alejado del catalán que sabía los nombres de insectos, hierbas, pequeños accidentes geográficos, usos y tecnologías populares. Tenía a lo sumo tres herramientas poco afiladas que debían asistirle en su oficio de bloguero y escritor: un castellano que no sabía a pan; un catalán que carecía del nombre exacto de las cosas; y un inglés que no dominaba lo suficiente como para usarlo en sus artículos. Abrió la puerta. Sus dos hijas y el bebé vinieron corriendo a saludarle. Eran casi las ocho, pero todavía no habían empezado a cenar.

Su hola sonó como el avistamiento de tierra de Rodrigo de Triana. Kirsten respondió con su hola optimista y musical desde la cocina abierta. "No se ha enfadado por haber salido sin dejar la cena lista", pensó mientras abrazaba a sus tres hijos, que le miraron como si sintieran la genuina atención que su padre les había prestado durante el saludo. Al haber visualizado la frágil textura de su bienestar cotidiano, se sentía con el deber de celebrar hasta los más pequeños acontecimientos de su existencia, la de su mujer y la de los seres que habían traído al mundo.

- ¿Dónde estabas? Ellas habían merendado, así que aguantarán hasta que la cena esté lista. Estoy haciendo brócoli y ensalada. También he picado cebolla y ajo para el sofrito, por si quisieras preparar rápidamente algo de pasta.
- Me lavo las manos y me pongo.

Los detalles que conformaban la realidad tenían ahora la clarividente textura que les concede una conciencia bajo los efectos de una potente droga psicotrópica que actuara como interfaz aumentadora de la realidad. Empujó las dos puertas batientes del aseo del comedor, cogió el jabón, abrió el grifo y se lavó las manos con el interés de quienes aceptan la liturgia de un templo al entrar en él. En el pequeño trecho del lavabo al mostrador de la cocina, donde el agua para la pasta ya había entrado en ebullición, abrió una aplicación del teléfono móvil desde la que podía poner en marcha el estéreo, conectado a la red informática doméstica y a una aplicación musical que almacenaba las canciones en Internet, sin necesidad de descargarlas ni manipular su copia física. Reguló el volumen al mínimo audible propio de un hilo musical y eligió la versión que más le gustaba del *Che gelida manina* que canta el poeta Rodolfo de *La bohème* de Puccini. Para muchos, la versión de 1949 de Mario Lanza era insuperable. Él tenía otra opinión: prefería las primeras versiones registradas tanto por el aristocrático Alfredo Kraus como por el que más la sentía y la hacía sentir al cantarla, por su comprensión llana y visceral del libretto: el Luciano Pavarotti de la actuación de 1964 en el Moscú de la Guerra Fría. Tanto las primeras versiones del racional y metódico Kraus como las del sentimental Pavarotti revivían a Rodolfo, que en la canción se pregunta quién és. Sí, es un poeta. Y qué hace. Escribe. Y cómo vive un poeta bohemio... Vive, a secas. El propósito, racional y aristotélico, de crear por encima de las comodidades más apremiantes le atraía como parte del arquetipo individualista de autorrealizarse con el oficio que uno ama: esta necesidad racional era expresada con mayor perfección por Kraus. La fuerza, mística y platónica, del pillo caballeresco, del bohemio irredento con la vocación de poeta maldito que compone versos de amor para ir tirando, aparece con las fuerzas desatadas de la caja torácica de Pavarotti. Aristóteles y Platón. Le atraía el individualismo racional del primero, pero formaba parte de una realidad cultural obsesionada con el espíritu y el idealismo alemán, basada en las ideas del segundo. Cuando se trataba de una canción, disfrutaba de los matices que evocaban ambas corrientes del pensamiento occidental. En la vida, el proceso de los últimos años era un viaje desde los confines inconscientes de Platón hasta el epicentro de la autorrealización del individuo consciente y autosuficiente de Aristóteles. Quizá el cantautor argentino Facundo Cabral, anarquista que citaba tanto a Herbert Spencer como a la Madre Teresa sin que rechinara, era el único capaz de atisbar el equilibrio poético entre lo racional y lo místico, con su canto panteísta, presocrático y a la vez estoico *Vengo de todas las cosas.*

Dio un beso a su mujer, agarró la sartén de hierro colado -nada de Teflón en casa- y la puso al fuego. Le siguió el reglamentario chorro de aceite de oliva virgen. El resto llegó con la naturalidad de una danza antigua. A Pavarotti le siguió la versión en directo acústico de la balada *Boots of Spanish Leather* registrada por Bob Dylan en los sesenta para su primer sello discográfico. La letra se amoldaba como un guante a la actualidad: cuando la amada emprende un largo viaje hacia España, le pregunta si quiere algo precioso de las tierras que visitará: oro, joyas, plata. No, no quiere nada; sólo que vuelva y que mantenga su sencillez. Ah, se acuerda al final, quizá me puedas traer unas botas de cuero español:

"Ya sean de las montañas de Madrid,
o de la costa de Barcelona".

Inés y Ximena bailaban al son de la canción dando círculos sobre la gran alfombra de lana y motivos bereber que, en 2006, habían intercambiado por 100 euros y un teléfono móvil Sony en un pequeño pueblo de las montañas junto a Marrakech. Kirsten viajaba embarazada de Inés; pese a ello, había sido él quien había enfermado del estómago al tomar un helado en mal estado. La fiebre padecida en las montañas le ayudó para comprar algo que usarían toda la vida; hacerlo en la ciudad era imposible, ya que era difícil encontrar alfombras económicas hechas a mano y teñidas a la antigua usanza; los nuevos procesos eran más industriales y, en ocasiones, el tejido y los colores eran sintéticos y la fabricación -decían algunos tenderos del Atlas- asiática. Recordaba lo apenado que el vendedor se había sentido al desprenderse de las dos viejas alfombras que les había vendido, no sólo usadas, sino con las esquinas medio raídas. Asimismo, habían desprendido desde su llegada a Barcelona arena del desierto que debían barrer a menudo. La historia fascinaba a las niñas, que otorgaban el valor merecido a semejante anécdota. La voz áspera del joven Dylan sonaba triste en la grabación, pese a empezar con una risa y unas palabras: "...Esto impone un problema real... ¿Impone? ¿Es ese el término correcto -pregunta a alguien de los congregados-? ¡Supone! ...Esto supone un problema real...". Qué más daba si las viejas y solventes botas de cuero español venían de Madrid o Barcelona, si retienen su valor intrínseco. Una canción de Dylan que a él le servía para reivindicar su compleja identidad, ahora puesta en entredicho por los dos extremos identitarios, aspirantes al esencialismo exclusivo de su opción nacional. La pasta estaba en el escurridor y el sofrito listo cuando la canción de Dylan dio paso a la versión, mucho más melosa y armónica, de Joan Baez, ex pareja de Dylan (y de Steve Jobs), musa probable de la letra.

Sirvió los platos de las niñas y el bebé, ya habituado a lo que comía la familia: macarrones sin salsa y con queso recién rallado, así como brócoli, ensalada y embutido. Acabó de rehogar en el sofrito la pasta para Kirsten y él y se sentó a la mesa. Ximena estaba cansada y demandaba atención; mientras tanto, el bebé se desgañitaba para pedir algo que los padres no descifraban.

- ¿Es agua, Nico? ¿Quieres embutido? ¿Queso?

Depositaron varios trozos de brócoli, pasta y embutido en la bandeja de la silla del calvo de catorce meses, que los envió al suelo de un aspaviento. Había que cambiarle; acababa de hacerse caca. Mientras Kirsten cambiaba al pequeño Nicolás, Ximena se quejaba ahora de una pupa imaginaria. Inés explicaba los deberes que, como niña de primero, tenía que hacer en el curso entrante. Kirsten volvió a la mesa y él aprovechó para dar la palabra a Inés, que con seis años ya seguía conversaciones e imponía temáticas que le interesaban. A diferencia de otros días a la hora de cenar, no sentía la fatiga de otras cenas. Constituían una familia joven en toda su complejidad y sentía dicha por ello gracias a la mirada fresca otorgada por el miedo a que algo o alguien perturbaran su rutina cotidiana.

Kirsten parecía cansada. Con el pelo recogido, de mechas rubias siempre descuidadas y pequeños ojos azules, con una morfología nórdica que no había heredado ninguno de sus tres hijos. Sus pómulos, marcados, mostraban sin pudor las arrugas que morían en el vértice de los ojos; el exceso de sol sin protección que había tomado en su casa familiar del norte de California y el alta montaña absorbido en el resort de invierno de Sun Valley, refugio de la familia Hemingway y donde los Dirksen habían vivido de manera intermitente, otorgaban a la piel de su rostro la rugosidad de un suave melocotón. Su hija Inés, siendo muy pequeña, lo había constatado, dirigiéndose en inglés a la madre: "mamá, ¿por qué papá tiene la piel más suave que tú?". El comentario había adquirido tintes antológicos en la joven familia. Observar a Kirsten en la calle con los niños, enérgica, atlética y algo desgarbada, con aspecto siempre casual, era un espectáculo conocido por los anónimos transeúntes de dos barrios de Barcelona: el Gótico y el Putxet. El bebé en el carro; la hija mayor a un lado, avanzando a base de pequeños saltos sincronizados; y la hija menor sobre un triciclo que la madre empujaba con depurada técnica con el frontal del carrito de bebé. Las conversaciones, casi siempre en inglés, recogían todas las entonaciones posibles en la voz humana, y a las frustraciones seguían las expresiones de júbilo, las rencillas entre ambas niñas, o la sobreatención del bebé: cuando menos se lo esperaba, el pequeño tenía que aplacar el cariñoso achuchón de alguna de sus hermanas. Algunos amigos habían bromeado con ellos, sugiriendo que los tres niños rubios, con grandes y profundos ojos azules, parecían la rama no reconocida de los descendientes del rey. Pero la gente no estaba desde hacía tiempo ni para bromas con la casa real, ni para piropear a una extraña familia trilingüe que parecía salida de la combinación de *Sonrisas y lágrimas* y *Pipi Calzaslargas*. Kirsten era una Pipi ya madura, con su inseparable excentricidad y las mismas facciones y garbo que la actriz que encarnó el personaje en la televisión alemana; y los tres niños habían saltado desde la dimensión de *Sonrisas y lágrimas*, miembros de una hipotética familia del tirol austríaco emigrada a Estados Unidos; aunque su genética salía de la Iberia atlántica, y no de los Alpes. Cuando se mostraba cansada y algo errática, pero todavía conservaba una chispa de energía para bañar a sus hijos y leerles una historia, los ademanes de Kirsten le recordaban a la madura pero todavía en la plenitud Gena Rowlands de *A Woman Under the Influence*, traducida al español como *Una mujer bajo la influencia*, película de John Cassavetes donde encarna a una mujer y madre que venera a su familia pero batalla los tics de un carácter poco convencional.

- No me habías dicho que ibas a salir -espetó Kirsten sin que sonara a reprimenda encubierta-. Dudaba si ponerme con la pasta o esperarte. Menos mal que he esperado: sabes que me gusta tu pasta.

- Nada, salí un momento a la ferretería de Paseo de Gracia, aquella donde tienen de todo, para comprar un poco de yeso. Quiero tapar las grietas que han salido en el techo falso una vez se ha secado todo el trabajo de la obra que hicimos.

Kirsten negó maternalmente con la cabeza:

- Siempre con tus detalles... bueno, si tienes tiempo y no te importa hacerlo... Intenta salir y llegar antes a casa. Ya sabes que entre semana llegan muertos a casa y quieren cenar cuanto antes.

Asintió con la cabeza. Había preferido ocultar a su mujer el encuentro con el extraño. ¿Para qué preocuparla?, pensó. Ya tenían bastante con la intensidad de sus días, como para encima aguantar la historia de un loco obsesionado con una novela, "su" novela. El libro que nadie había leído con hambre, excepto la mujer ante él y su madre. Lo normal, cuando se trata de aprendices de escritor. La pareja y la mamá, siempre dispuestas a adentrarse en los callejones fabuladores del marido y el hijo.

- Papa, papa, "saps què"...?

Sus hijas le hablaban en catalán, al haber elegido él esta lengua para comunicarse con ellas desde que eran bebés. Un modo, había pensado entonces, de incluir el catalán en una familia que usaba el inglés (Kirsten, al dirigirse a ellas) y el castellano (cuando el matrimonio se dirigía la palabra). El castellano era también su lengua materna; durante su primera juventud, sólo había usado el catalán académicamente y de manera muy esporádica, debido al dominio de esta lengua en Sant Feliu y a la flexible convivencia de ambos idiomas: quien lo quería usar oralmente, lo hacía; quien no, simplemente hablaba en castellano, un comportamiento tan interiorizado que uno siempre hablaba en la lengua usada con cada persona. En las mesas del bar universitario y, después, los bares barceloneses, al mudarse al centro, convivían como mínimo castellano y catalán, cuando no inglés o incluso alguna otra lengua. Una convivencia y cosmopolitismo que, creía, podía saltar por los aires con el intento del gobierno catalán de Artur Mas, en minoría y apoyado por los independentistas de ERC, de celebrar una consulta de autodeterminación en 2014, coincidiendo con la efeméride nacional por antonomasia: los 300 años de la derrota catalana en la Guerra de Sucesión.

La enérgica Ximena, la mediana, de cuatro años, pelo liso rubio y la cara más alegre que había visto jamás, le contaba un anécdota a trompicones, corregida con cierto fraternalismo puntilloso por su hermana mayor, Inés, hermosa y delicada como la versión infantil de Lauren Bacall, bromeaba con Kirsten en ocasiones. El bebé, mientras tanto, balbuceaba, como calentando motores para ampliar pronto su vocabulario desde los básicos "papa", "mama", "boob" (teta), "allá" (cuando señalaba algo o a alguien), "pasta" (cualquier alimento) y poco más.

La música de fondo atrajo la atención de las niñas cuando escucharon los primeros sonidos de *Cumpleaños feliz* de Parchís, el grupo español infantil de los 70. Por alguna razón, Parchís superaba en capacidad empática a Rosa León y cualquiera de las restantes listas de reproducción de música infantil en inglés, catalán o castellano. Inés y Ximena volvieron a seguir la música en círculos cuando *Cumpleaños feliz* dio paso a *Hola amigos*. Mientras comían los yogures caseros -los hacía él mismo cada noche antes de acostarse, una especie de punto y final simbólico de la jornada-, comentó con Kirsten las últimas novedades. El vídeo que editaba para la semana marchaba bien, aunque el portátil le estaba dando problemas para digitalizar las imágenes de la cinta de casete HD. El portátil, el mejor MacBook Pro de 2008, hacía tiempo que no daba más de sí debido al exigente uso al que había sido sometido durante todo este tiempo, dedicado a manipular grandes archivos de vídeo y a comprimirlos para que se vieran con la mejor calidad en *faircompanies y en el canal de YouTube de Kirsten. Acababa de salir un nuevo modelo de

MacBook y aprovecharían la próxima visita de la madre de Kirsten desde Estados Unidos para encargarle el nuevo modelo. Comprar en dólares, más débil que el euro, era mucho más económico.

Las niñas se sentaron a tomar el yogurt y la insistencia de Nicky, que caminaba hacia el lavabo insistentemente, les convenció de que había llegado la hora del baño: al final del día, los tres jugaban en la bañera durante quince minutos, antes del pijama, la hora de la lectura y, al fin, las historias orales que Kirsten y él inventaban a diario; últimamente, Inés pedía historias de misterio, mientras Ximena se conformaba con asistir a la escenificación de las rapsodas improvisadas, junto antes de que llegara el "good night" que implicaba en final del día, seguido siempre de las quejas de los tres niños, poco a poco silenciadas por la respiración del primero que se quedaba dormido. En unos minutos, Inés, Ximena y Nicky dormían profundamente. Valía la pena proteger con toda su energía el mundo mágico que había creado con su Pipi "Longstocking", su "Woman Under the Influence".

Ambos volvieron a la rutina que habían creado desde el nacimiento de Inés. A partir de las nueve y media de la noche, aprovechaban para trabajar un rato, alejados de demandas familiares. Kirsten editaba y respondía a algún correo electrónico, mientras él trabajaba en el enésimo artículo sobre filosofías de vida clásicas. El tema le fascinaba desde que leyera el ensayo de un profesor de filosofía estadounidense, William B. Irvine, que acercaba los consejos vigentes del estoicismo al lector actual no iniciado en su *Guía de la buena vida*, que había leído en inglés. Básicamente, Irvine exponía que el estoicismo era una doctrina filosófica que no demandaba una exigente liturgia a quienes la practicaran, adornada con extraños ejercicios místicos que la alejaran de la realidad. El estoicismo reconocía las limitaciones y mortalidad de nuestro ser, pero ofrecía consejos para lograr el bienestar duradero. No era una felicidad exultante, surgida de la satisfacción de caprichos, sino una autorrealización que surgía de aprender a apreciar lo que uno tenía -nuestro cerebro está programado para buscar cosas que apetecen a su núcleo de lagarto- evocando su fragilidad; controlar los impulsos en lugar de reprimirlos; y actuar de manera racional y de acuerdo con la naturaleza, como ya habían aconsejado Sócrates y Aristóteles. Aprendía escribiendo aquellos artículos y se sentía cada vez más estoico, o quizá eudemónico. Su novela histórica había sido una excusa para profundizar en la misma temática y conducir a tres chicos españoles de finales del XVIII, sin oficio ni beneficio y carne de cañón, al conocimiento de la fuente de la felicidad que parte del cultivo de uno mismo. El trabajo introspectivo por el que abogaban las filosofías clásicas occidentales y orientales (taoísmo, confucianismo, sintoísmo, budismo), debía ser recuperado y popularizado de nuevo. Las religiones abrahámicas, con sus cuentos fantásticos de guerra, castigo, arrepentimiento y la promesa de una vida plena en el más allá se habían impuesto, con su inferioridad conceptual y hechicerismo, a una filosofía de vida racional tan asentada en los últimos siglos de Roma como el estoicismo, y personas como él estaban todavía padeciendo las consecuencias de esta pérdida. Se sentía con el deber de explicar con qué facilidad uno podía integrar en su vida cotidiana los sencillos preceptos de Séneca o Marco Aurelio, cuyos consejos no engañaban ni se ganaban la atención de nadie con promesas ni amenazas viscerales.

Poco antes de las once y media, acudió al salón-cocina a comprobar si el friegaplatos había finalizado el programa largo de bajo consumo. De camino a la cocina, se acercó a Kirsten y le masajeó los hombros. Todavía editaba, aunque estaba a punto de ir a dormir.

- ¿Demasiado tarde para empezar una peli, aunque sea algo de YouTube? -espetó él.

- Demasiado tarde -Kirsten sonrió y puso su mano izquierda sobre la mano que masajeaba su hombro.

Preparó los yogures mientras Kirsten apagaba el ordenador.

Apenas pudo dormir. Su mente daba vueltas al encuentro con el extraño. ¿Quién era Pedro Losada? ¿Por qué había leído su libro? ¿Por qué relacionaba el libro con una supuesta "misión" y qué tenía él que ver con todo aquello? ¿Cabía la posibilidad de que Losada no fuera un loco?

LA REBELIÓN DEL CHARNA

Un sueño trepidante y, a la vez, apacible, con infinidad de conexiones entre mundos e ideas que sólo los niños y los locos urden en plena consciencia, se esfumó como una pompa de jabón cuando el lloro de Nicky le despertó. Ya son las seis, pensó. El pequeño, de catorce meses, ya no demandaba varias tomas de leche nocturnas, pero se acordaba de su madre con la primera luz del día. Trató en vano de volver al sueño anterior, del que sólo quedaba una estela de serenidad cognitiva, el vacío dejado por conceptos y sus representaciones, con total sentido hacía un instante y ahora desvanecidos en el deshielo de la realidad, dejando al descubierto el hueco con humus mohoso y filamentos de micelios que aparece al levantar una piedra en medio del bosque. Pensó en la autocaravana Volkswagen Vanagon modelo Westfalia de 1981 (dos camas -una de ellas en el techo elevable-, cocina y nevera, ambas de propano y con posibilidad de conexión eléctrica) que habían usado el último verano en un viaje familiar de quince días: 2.000 millas por la región Noroeste del Pacífico de Estados Unidos. Habían pasado dos meses desde el fin del periplo y el recuerdo era fresco, sin los matices de evocaciones más lejanas. Su perspectiva era la de una cámara lista para grabar una secuencia cinematográfica con efecto "travelling", siguiendo el movimiento de la furgoneta a través de una sinuosa carretera de acantilados como la de la persecución del prescindible filme *Instinto básico*, del que se salvaban el cruce de piernas más famoso de la historia y la mencionada escena de carretera. Al pasar junto a su posición, la furgoneta levantaba dos finas paredes compuestas por gotas del agua pulverizada que la humedad oceánica depositaba en el asfalto, de repente visibles al trasluz en el amanecer. Los millones de gotas cayeron a cámara lenta, a medida que se evaporaba el característico rugido del motor trasero Volkswagen con 2.000 centímetros cúbicos y refrigeración por aire, el mismo sistema y sonido de un Porsche 914. En un suspiro, el punto de vista externo a la acción de la autocaravana, a medio camino entre la perspectiva de un demiurgo y el plano siempre exacto de los panoramas de las películas del Oeste de John Huston, cambió por la imagen de la carretera ante él, de nuevo al mando del volante de la furgoneta, con Kirsten al lado cámara en mano y los tres niños detrás del espacio ocupado por la cocina natural de la "Westy". Oyó un sonido familiar, una melodía digital, impersonal y ajena al rugido de la tartana deslizándose por el piso ligeramente húmedo de la autovía costera 101 dirección sur, quizá antes de llegar a Cannon Beach, o a Manzanita, ambas en la húmeda costa de Oregón; o quizá a Mendocino, ya en el norte de California.

Sintió un golpe en la pierna. El pie de su mujer. El ruido en la furgoneta era la alarma del teléfono móvil que le despertaba a diario. Recordó la imagen de la furgoneta y la carretera por un instante. Sonrió. En efecto, había vuelto a dormir y, por lo poco que podía evocar, el rato desde el anterior sueño desconocido había cundido. A su lado, el bebé dormía como un tronco, espatarrado cabeza arriba y con la boca abierta, entre él (siempre a la derecha) y su madre. Se levantó, salió de la habitación y corrió a la mesa del despacho, donde dejaba el móvil cargando por la noche. Desde los artículos sobre radiación electromagnética que había escrito para una revista tecnológica entre 1999 y 2000, evitaba dentro de lo posible dormir con algún cacharro encendido en la habitación. Todavía medio grogui, cruzó el apartamento para recoger la ropa de correr del tendedero. Mientras se colocaba el reloj deportivo y la banda elástica pectoral que medía el ritmo cardíaco durante la carrera diaria, pensó cómo, en los buenos libros y películas, el punto de vista del narrador cambiaba con la sencillez y naturalidad de una sucesión de notas en una de esas canciones de Antonio Vivaldi que todo ser humano tiene la sensación de haber escuchado aunque no haya sido así, tal es su inexorabilidad.

Las niñas no se habían despertado todavía cuando salió de casa. Puso en marcha el cronómetro al cruzar el semáforo de República Argentina con Ballester. Los primeros metros eran los más duros, hasta que conciencia y cuerpo se desperezaban. Ocurría en la confluencia, siempre atestada de tráfico entre las siete y media y las nueve, entre la calle Craywinckel y la Avenida de San Gervasio. La carrera matutina convertía la maldición de Sísifo autoinfligida en una actividad con nuevos matices diarios; constituía la primera aproximación introspectiva a lo que le depararía la jornada. Si uno empezaba desperezándose a lo grande, había notado, era más fácil rehuir durante el día los pequeños placeres de la procrastinación, que transformaban el valioso tiempo a solas en un inacabable pasatiempo improductivo. Mientras corría, los quehaceres pendientes perdían complejidad y el bloqueo creativo se convertía en un torrente de ocurrencias, aunque la divagación se perdía con la misma tozudez de los sueños, a menudo antes de acabar la carrera: alrededor de diez kilómetros en cuarenta y cinco minutos. Llevaba meses sopesando la idea de comprarse una grabadora cuanto más diminuta y ligera mejor, que cupiera en el bolsillo trasero con cremallera del pantalón deportivo. Así, las divagaciones y asociaciones de ideas que más le agradaran en medio de la subida a la carretera de las Aguas, que dominaba la ciudad desde la falda elevada de Collserola, no correrían el riesgo de disiparse como el sudor de su cuerpo en invierno.

Doce minutos después de empezar la rutina, cuando pasaba el Mirablau, famoso bar con vistas a la ciudad, la evocación de la cita del día con Pedro Losada le descompuso el estómago. No sé por qué no me he sentado en el váter antes de salir, pensó. Subió con ímpetu la empinada carretera sin asfaltar de Vallvidrera a Barcelona, cuya hilera de cipreses se mecía con el viento; en el minuto treinta de la rutina, a la altura del puesto de vigilancia de los bomberos en Vallvidrera, un mirador privilegiado de la ciudad y el delta del Llobregat, llegó el apretón. Con el puesto de los bomberos cerrado y sin nadie aproximándose, se salió de la carretera y, acuclillado, descargó con la contundencia de un vegetariano. Una cagada con vistas. Pedro Losada. Pensar en el extraño del día anterior equivalía a evocar a un visitante alienígena de la civilización barícola, un loco obsesionado con lo recabado en Internet sobre él, su familia y el libro, cuyo contenido se repetía ahora como un atracón a medio digerir. Descendió después por la pista forestal desde el mirador de los bomberos a la carretera de las Aguas cuando se cruzó con un hombre joven ascendiendo a un ritmo digno. Se miraron sin saludarse. Su cara le sonaba. Ah, Manel Fuentes. Le alegró ver cómo aquel periodista "celebrity" corría de vez en cuando. Era algo mayor que él; se le conocía como humorista, showman y, en la última etapa, como periodista radiofónico. Le honraba haber dejado el programa matutino de la radio pública catalana por su propio pie. A lo mejor ver el panorama de la ciudad le ha abierto los ojos, pensó. Le había escuchado a menudo; había que reconocer, pensó mientras se dejaba ir colina abajo, su relativa independencia de criterio y ánimo inquisitivo, sin importar el invitado, que era mucho decir en la Cataluña de los últimos tiempos. Cambia de aires ahora que corres por aquí, Manel, sal una temporada y mejora por ahí fuera; conoce cosas nuevas y lee la autobiografía póstuma de Christopher Hitchens; o mírate los vídeos de YouTube donde Hitchens explora -medio borracho, eso sí- alguno de los grandes temas del mundo o de la existencia. Si se hubiera encontrado con él yendo en el mismo sentido, pensó, le habría animado a salir del terruño por algún tiempo y a volver luego mejorado, con oxígeno y una oratoria algo más socrática, lista para dar cuenta de las cosas sin el escandaloso ombliguismo predominante. Bah, o quizá no. Al fin y al cabo, para qué sirve dar la brasa a alguien que busca algo parecido a lo mío: que el universo le deje en paz durante un rato al inicio del día para darse una paliza física. No te conviertas en el Pedro Losada del tal Fuentes...

Ocho y veintitrés. Subía el empinado tramo de la calle de Hurtado, que desembocaba en el polideportivo del Putxet justo en la entrada norte del parque, una zona del nuevo barrio que le recordaba a Russian Hill, la colina de San Francisco donde vivía el hermano menor de Kirsten. "¿Cómo se llama el escritor-periodista sueco de la serie *Millenium*? Larsson, Stieg Larsson. A lo mejor me iría bien leerlo para saber cómo proceder hoy con Losada. Nota a uno mismo: qué hacer". Había visto la adaptación cinematográfica sueca de la celebérrima trilogía. No le había parecido mala; de lo contrario, se habría dormido durante el visionado. Tanto los personajes como el argumento le evocaban aquellas series infantiles y juveniles de países de Europa del Este programadas en la televisión de su preadolescencia y adolescencia: todo un tanto sobreactuado, surrealista, con una exótica tristeza kafkiana y un déficit lumínico similar al de las primeras películas de Krzysztof Kieslowsky. *No amarás.* Ni Pedro Losada era un psicópata, ni él era Mikael Blomkvist, alter ego de Larsson en *Millenium.*

Pasaban tres minutos de las ocho y media cuando entró en casa. Kirsten y las niñas estaban ya preparadas para salir hacia la escuela, un pequeño centro concertado de la Avenida Tibidabo que había mostrado la deferencia de acogerlas a mediados del curso anterior, mientras ultimaban la mudanza desde el centro. Las niñas improvisaban una cabaña sobre la alfombra bereber del salón, usando sillas, mantas, pinzas de la ropa y taburetes de plástico. Oía a Kirsten hablando con el bebé en la cocina. Se saludaron en voz alta y, en la ducha, urdió una estrategia que le preparara ante cualquier riesgo que procediera del extraño con el que se había citado después de comer. Vaga y chapucera, pero una estrategia al fin y al cabo: primero, buscaría en Internet cualquier información sobre el tal Losada con lo poco que sabía de él (rastreo en Google, redes sociales, informes de insolvencia en páginas especializadas de información financiera, historial legal en páginas jurídicas, menciones en diarios oficiales del Estado y las comunidades autónomas, menciones en prensa... lo que fuere); después, prepararía el encuentro como si se tratara de un diálogo socrático en busca de la verdad, con posibles respuestas a cada una de sus aproximaciones, a las que asignaría un valor. A continuación, estudiaría qué aproximación tenía, sobre el papel, más posibilidades de sonsacar información a Losada sin poner en riesgo a su familia. El extraño debía irse con la certeza de que ninguna intentona de presionarle a él o a su familia por el motivo que fuere quedaría impune. No se fiaba un pelo: nadie, excepto un chalado o un psicópata, se entrometía en la vida de un desconocido. Por alguna razón - meditó mientras se aclaraba con agua fría el jabón de pastilla sin perfume-, no otorgaba credibilidad a la presunción de inocencia que, en calidad de individuo racional ilustrado en ciernes, no podía descartar hasta que fuera refutada por las acciones del extraño. Mejor no acudir al bar a la defensiva, sin ofrecer al extraño el beneficio de la duda; no sería él quien alentara una profecía autocumplida más, en un momento histórico donde todo el mundo parecía esforzarse por adaptar la realidad a su sesgo. Evocó con la lucidez que percibía después de la rutina deportiva la cita con que había iniciado el artículo de la semana para la página web, anotada a los cuarenta años por el emperador Marco Aurelio, uno de los filósofos estoicos destacados: "Todo lo que escuchamos es una opinión, no un hecho. Todo lo que vemos es una perspectiva, no es la verdad."

El bebé acudió al lavabo a saludarle.

- ¡Hola, Nicky! ¿Dónde están mamá y las niñas? ¿Están preparadas ya?

El bebé le sonreía con sus ojos redondos, puros y empáticos, desprovistos del velo social de la impostura. Corrió a vestirse e intercambió unas cuantas frases con Inés y Ximena, a las que ayudó a calzarse. Era viernes y notaba el cansancio acumulado en los ojos de ambas. Tocaba un fin de semana de descanso, por lo que no cogerían el tren para pasar el domingo en casa de los abuelos; el trayecto se hacía agotador. Cuando la puerta se cerró tras Kirsten y las niñas, el bebé lloró un instante, para darse la vuelta a continuación y pedirle algo más de desayuno. Como cada mañana desde 2006, agarró el plato usado por Kirsten antes de irse y lo llenó de cereal cocinado hasta la bandera. Cucharada para él, cucharada para el bebé. A las diez y cuarto se oyeron las llaves de Kirsten en la cerradura y Nicky corrió hacia la puerta. Apagó la música, intercambió un beso y un par de palabras con su mujer y, por fin, acudió café en mano al escritorio. Se puso las gafas al iniciar la pesquisa informática, lo que le evocó al Mikael Blomkvist que no quería ser; el alter ego de Larsson había corrido mejor suerte que su creador, al que le mataron las celebérrimas tres novelas de la serie que no había leído. Recordaba haber leído una entrevista a su mujer, en la que explicaba cómo el autor robaba tiempo a la madrugada durante veladas de escritura maratonianas tras una jornada de trabajo de periodista gris. "Mejor escribir para vivir mejor, y no para morir en el proceso". La perspectiva existencial cambiaba con la luz del mediodía europeo, pensaba; o quizá fuera su instinto de protección de la joven familia que había fundado. No estaba dispuesto a desvivirse por su trabajo hasta el punto de permitir que su cuerpo dijera basta. Estaba seguro de su energía vital, su voluntad -meditabunda o enérgica, racional o impulsiva, en función del momento- de ganarse cada momento del Ahora, tan importante tanto en la filosofía clásica occidental como en las doctrinas orientales. La ceremonia del té celebraba la belleza de lo cotidiano y transformaba el carácter viscoso y hediondo de la realidad de novela negra en que muchos querían vivir -quizá también Larsson-, en un mundo más acorde con las aspiraciones de los existencialistas Thoreau y Emerson, interesados en vivir cada día con la intensidad del último, tal y como habían recomendado Sócrates y los estoicos, a los que acudía casi a diario en busca de citas y pasajes concretos sobre cualquier temática cotidiana. Su equivalente a la ceremonia del té eran los momentos en que era consciente de disfrutar de momentos sencillos cuya apreciación reforzaba su autoconfianza, en lugar de minarla: una lectura agradable, una conversación con Kirsten, una película memorable -ocurría cada vez menos-, un hallazgo remarcable en Internet, un paseo por algún mediocre rincón desconocido de Barcelona -su "trainspotting" particular-, el descenso matutino a la carrera desde la torre de Collserola... Su toma de conciencia con el cultivo del Ahora como mecanismo para reforzar su filosofía de vida, influida por las ideas estoicas que había leído de Séneca y de los que habían interpretado el pensamiento de esta escuela de una manera más inteligible y amena. Debía mucho a un oscuro profesor de filosofía estadounidense, el tal William B. Irvine, autor del exquisito *A Guide to the Good Life*, una auténtica guía de la buena vida o del "arte de vivir", como Epicteto se había referido a la tarea más titánica de la existencia. Había llegado al ensayo a través de la recomendación de un bloguero estadounidense en el que confiaba. Desde entonces, había certificado su buen tino a la hora de escoger lecturas de confianza. Al fin y al cabo, eran muchas las horas de vuelo: la Red era su inseparable herramienta de conocimiento desde finales de los noventa, cuando llegaron los primeros trabajos relacionados con el periodismo. Había empezado a indagar en la idea filosófica de la transitoriedad, el paso del tiempo que son ríos que van a la mar a lo Jorge Manrique, el sentido de la vida en definitiva, tras el nacimiento de su primera hija. Su abuela paterna había muerto unos días antes de que la niña llegara al mundo, el domingo 11 de febrero de 2007. El sitio web era todavía un proyecto en ciernes, pero nacía también por entonces. Con un pariente cercano dejando el mundo y el nacimiento del primer hijo, dos acontecimientos con una intensidad indescriptible para un joven apasionado de veintinueve años, las cuestiones existenciales que habían perseguido a Kirsten desde la infancia se convirtieron en suyas. ¿Por qué nacemos? ¿Qué sentido tiene? ¿Por qué los recién nacidos y los mayores más desamparados despiertan el mismo tipo de instinto y, quizá, especulaba, reacción hormonal? ¿Cómo sacar el máximo partido a la existencia cuando uno era consciente, usando la razón, de la mortalidad de su cuerpo y su conciencia? A mediados de junio de 2007, cuatro meses después del nacimiento de Inés, acompañó a Kirsten a la reunión universitaria que conmemoraba los quince años de su graduación en Ciencias Económicas por la universidad de Harvard. Era una oportunidad, pensaron, para que él conociera Boston y Cambridge; dormirían en uno de los minúsculos dormitorios de la residencia universitaria y, dada la proximidad de Concord, accesible además por transporte público, podrían visitar una localidad crucial en la Guerra de Independencia de Estados Unidos; pero su verdadero interés por la localidad se debía a dos de sus hijos ilustres, los filósofos trascendentalistas, escritores, abogados del individualismo y los derechos civiles, así como fundadores del ecologismo moderno: Ralph Waldo Emerson y Henry David Thoreau. Del primero, había leído ensayos sueltos sobre introspección, individualismo y la percepción de la naturaleza a través del paseo u otras actividades cotidianas. Del segundo, había leído *Walden*, ensayo sobre su retiro a la orilla de un lago cercano a Concord donde se construyó una pequeña cabaña para practicar la introspección, indagar en el sentido de la existencia y vivir cada momento con la intensidad del último, obedeciendo sólo a la razón individual y haciéndolo de acuerdo con la naturaleza, tal y como los estoicos habían recomendado dos milenios antes. Con la pequeña Inés meciéndose en su pecho, en el interior de un portabebés asido a su espalda, acudieron a Concord y visitaron el lago Walden. Allí pasaron un rato en el interior de una réplica de la cabaña construida por Thoreau, de la que sólo se conservaba el emplazamiento, marcado con unos pilares de piedra. Junto a donde se había situado la cabaña del escritor y precursor de los derechos civiles, influencia clave en Lev Tolstói, Mohandas Gandhi, Martin Luther King, Jr. o Nelson Mandela, entre otros, se erigía un cartel de madera, con una cita grabada del autor: "Fui a los bosques porque quería vivir deliberadamente; enfrentarme solo a los hechos esenciales de la vida y ver si así podía aprender lo que ella tenía que enseñar. Quise vivir profundamente y desechar todo aquello que no fuera vida... no fuera que, cuando estuviera por morir, descubriera que no había vivido." Aquella cita respondió algunas cuestiones. No todas. Conservaba una fotografía junto al cartel. Habían pasado seis años y medio.

Buscador de Internet. Había varios individuos llamados "Pedro Losada", muchos de ellos en Latinoamérica y Estados Unidos. Ninguno en España que coincidiera con lo que sabía o intuía del castigado cincuentón -quizá sesentón- gallego. Le invadió la sensación de sobrecarga e inabarcabilidad de saberse ante un muro de información que requería un análisis consciente y pormenorizado. Certificó su sospecha al conducir varias búsquedas avanzadas en Google con marcadores booleanos. Su vanagloriada lógica aristotélica, que permitía a Google ofrecer resultados acotados usando variables proposicionales del tipo "A o B; no B, por tanto A", o bien "ni A ni B; no B, por tanto no A", no dio resultados plausibles. Se volvía a materializar la profunda división generacional en España entre los hijos de la posguerra y los hijos de la democracia: mientras los primeros apenas usaban Internet y creían que televisión y teléfono fijo conservaban la importancia de décadas atrás, los últimos, vástagos pertenecientes las cohortes generacionales de la generación "X" (nacidos en los 60 y 70) y la generación "Y" o "millenial" (nacidos desde los 80 a 2000), compartían rasgos con sus homólogos del resto de Occidente, entre ellos el uso experto y desacomplejado de cualquier tecnología para lograr sus objetivos. Algo así como la diferencia entre James Bond y Jason Bourne; Paco Martínez Soria y Torrente; José María Íñigo y Andreu Buenafuente; Jesús Hermida y Manel Fuentes. Las redes sociales más populares habían logrado que Generación "X" y "millenials" compartieran hasta la talla de la ropa interior con virtualmente cualquiera: información profesional detallada (fácilmente trazable a través de LinkedIn, Xing y similares); un inabarcable torrente (así se le conocía en inglés, "stream") de datos personales, a menudo etiquetados por el propio usuario con detalles cronológicos, nombres y apellidos de encuentros, relaciones y personas en fotografías y vídeos caseros; así como lugares visitados, tareas realizadas, supuestos retos logrados y una retahíla de minucias que habrían hecho las delicias del arquetipo detectivesco más cartesiano, desde Sherlock Holmes al teniente Colombo. La opinión pública mundial se escandalizaba al conocer el espionaje masivo orquestado por la Agencia de Seguridad de Estados Unidos a personas de cualquier lugar, desde presidentes europeos e importantes directores corporativos hasta cualquier ciudadano, en aras de una supuesta "seguridad"; al mismo tiempo, muchos de los que se escandalizaban tenían ya poco que ocultar, al haber compartido con el mundo hasta los aspectos más anodinos de su existencia.

- Esto no tiene buena pinta... ¿Y ahora qué haces, Blomkvist? -soltó en voz alta con la convicción de haberse transubstanciado en alter ego del desaparecido Larsson-. ¿Cómo solucionas el primer problema, avispado periodista socrático?

Buscar algo sobre alguien con menos de cuarenta años y un nombre no demasiado común -el arquetipo de búsqueda perfecta era él mismo, debido a su nombre, no demasiado corriente en España, y su primer apellido, todavía más minoritario- era relativamente sencillo. Ocurría lo contrario con la generación de la posguerra, sobre los que se podía cazar poco o nada pesquisando en Google o las redes sociales. En ocasiones, los autónomos y empresarios dejaban rastro: deudas con terceros y con el fisco originaban informes económicos que se podían adquirir legalmente y gozaban de una lógica popularidad en un país que superaba el 25% de paro, el 50% de paro juvenil y un 25% estimado de economía sumergida; las multas, los préstamos o la compraventa de bienes muebles e inmuebles también dejaban su rastro, pero, como había intuido, se encontraba ante alguien que no había practicado la teoría de los filósofos atomistas sobre la transitoriedad de la existencia: ni había creado, ni había destruido, ni había brillado como una supernova, ni dado la nota como el bandolero de una novela de cordel, o como el Lute, tanto daba; su existencia no había dejado ni una nota al pie en la red de redes. Una existencia que contradecía la teoría ancestral atomista, que coincidía con las principales líneas de la hipótesis científica aceptada en la actualidad: el universo, incluyendo al ser humano (tanto su cuerpo como su conciencia, también mortal, según ellos), está compuesto por diminutas partículas indivisibles en constante movimiento que se agrupan y disgregan continuamente en entidades finitas (mortales, en el caso de los organismos), en un proceso eterno de creación y destrucción. Esta visión presocrática de la existencia y lo que nos rodea había sido refrendada por la ciencia 2.000 años más tarde, décadas después de que se difundiera, primero en copias manuscritas y poco después gracias a la imprenta, *De rerum natura*, el poema filosófico del epicúreo atomista romano Lucrecio. El libro habría desaparecido para siempre, pasto del olvido y los gusanos, sin la afición a los clásicos desconocidos y un golpe de suerte del humanista toscano Poggio Bracciolini, que había copiado en alguna polvorienta biblioteca de alguna abadía del sur de Alemania la única copia completa del poema de Lucrecio conservada y conocida durante siglos. Durante su copia, Bracciolini habría apreciado el exquisito y preciso latín del poeta clásico, y el contenido quizá le habría resultado fantástico, al exponer con precisión y deslumbrante belleza -qué mayor exactitud conceptual que la métrica poética- la cosmogonía ("la naturaleza de las cosas") de los epicúreos atomistas.

- ¿Qué? ¿Decías algo? ¿Quieres que vaya?

Kirsten contestó desde el lateral de la enorme mesa de ping pong (sin red) que dominaba el comedor, el modelo más básico y barato que había encontrado en Decathlon; también el más elegante, al contar con patas metálicas en lugar de aparatosos sistemas plegables con ruedas. No podía creer que por comercializarse "exclusivamente para jugar a ping pong" -decía la documentación adicional-, aquella extraordinaria mesa costara ciento setenta euros.

- Nada -respondió él-. Hablo solo. Discúlpame, estoy encallado en un artículo.

Separó su vista del ordenador y la perdió en su punto de fuga, la cruz del Calvario que coronaba el parque Güell, único punto visible de la colina arbolada desde el gran ventanal del despacho, en la fachada saliente del edificio. Apenas eran las once y media y la cima de la colina ya estaba atestada de guiris: pequeñas motas revoloteantes, como hormigas surgidas de un nido recién anegado. Los turistas aprovechaban los últimos días de entrada gratuita al parque de Gaudí, cuya masificación era tan severa en cualquier época que los barceloneses habían dejado de acudir y sus terrazas; caminos y rincones habían sido ocupados por hordas de orcos en busca de la fotografía solitaria y la apacible jornada que no encontrarían en un lugar donde reinaban los codazos. El Ayuntamiento había decidido regular la entrada imponiendo un aforo limitado y una tasa a los visitantes foráneos. Todavía viviendo en el centro, había acudido al parque un sábado cualquiera con Inés, entonces con cuatro años; le habían pedido en la antigua escuela que trajera algún gráfico u objeto relacionado con los dragones. Había decidido fotografiar a Inés junto a la salamandra de la escalinata del vestíbulo de entrada al parque, pues serviría como tal. La niña se mostró entusiasmada con el animal mitológico y, sobre todo, con su piel de "trencadís", la técnica gaudiniana de unir fragmentos cerámicos multicolor con argamasa, que evocaba el mar divisado desde la plaza oval unos metros más arriba, suspendida sobre la sala de las Cien Columnas. Sacó la cámara y trató de fotografiar a la niña ante la estatua, pero un turista, un señor en la sesentena o primera setentena que quería posar en ese mismo instante para ser fotografiado por su mujer, le recriminó en alguna lengua noreuropea su presunta intromisión en el encuadre de "su" fotografía. Él señaló entristecido a la niña, a sabiendas de que el viejo turista había perdido los papeles, poco acostumbrado quizá a semejantes aglomeraciones; las fotografías de ambos incluirían irremisiblemente el tumulto de visitantes cubriendo la escalinata. A la reprimenda inicial le siguieron aspavientos ininteligibles, así que él había decidido, en inglés, explicar a aquel señor que no se preocupara, que el dragón no se movía. El inglés del visitante gruñón no era demasiado bueno; mientras tanto, Inés le estiraba de la camisa preguntando: "¿Por qué este señor se ha enfadado conmigo?". Lograron la imagen, volvieron a casa la imprimieron e Inés pudo llevar su visita al dragón a clase. Habían pasado tres años y la niña todavía se acordaba del encontronazo. Desde entonces, el parque Güell era el "parque del señor gruñón" en el imaginario de Inés.

Hacía un buen rato que Nicky dormía la primera siesta del día, antes de la comida. Aprovechaba la actividad febril de su cerebro consultando información a través del agregador de noticias sindicadas, una especie de repositorio personalizado que había perdido peso en su dieta informativa desde que cerrara su lector predilecto, Google Reader, aplicación que había usado durante años. Ahora usaba Feedly, con una interfaz de usuario ligera e intuitiva, muy similar a la desaparecida aplicación web de Google, pero con un descomunal inconveniente que coartaba su libertad y, sobre todo, su rapidez para combinar información: el buscador de Feedly funcionaba sólo con la versión de pago. Habría que pagar o encontrar algo mejor, pero pasaban las semanas y la limitación no había sido tal. Cuando quería buscar algo y no recordaba la referencia exacta, se las apañaba atinando la búsqueda en Google: marcadores booleanos, palabras clave con la afilada exactitud de los vocablos de un haiku. Acudió a la cocina a llenar la taza de café de filtro que preparaba a primera hora. Aprovechó para anunciar a Kirsten que salía después de comer. Quería pasar por la biblioteca, dijo. Pese a haberlo sopesado a última hora, no se sentía con fuerzas para explicar que había quedado con un desconocido. Además, para qué molestarla un viernes, día en que acababa de editar el vídeo semanal, que posteriormente comprimía en un fichero con la suficiente calidad ("render" en la jerga de los editores audiovisuales) y publicaba los lunes tanto en el sitio como en el canal de YouTube.

- ¿Cómo va? ¿Demasiada faena inesperada?

Kirsten ultimaba el vídeo de la visita que habían realizado ese mismo verano a una fundación con sede en San Francisco, dedicada a difundir la ceremonia del té y sus valores. Les había recibido Christy Barlett, una delicada mujer en la sesentena que había comparado esta tradición con aprender a tocar un instrumento: se requiere toda una vida para prestar a los momentos cotidianos la atención que se merecen. Para apreciar lo que tenemos y saborear el Ahora, les explicó, se requiere un esfuerzo consciente. Él le había preguntado si creía que este exigente requerimiento explicaba su carácter minoritario. Barlett había contestado con una sonrisa. Pudiendo refunfuñar, Kirsten no se quejó, como era costumbre. Para ella, era un sueño trabajar en lo que le gustaba, urdir narrativas usando vídeo, con libertad creativa y de horarios, que en ella se traducía en más horas de trabajo y más productivas, y no al contrario. La capacidad de trabajo de Kirsten, que tanto había sorprendido a su marido al principio de la relación, le había valido el cariñoso apelativo con que Nicolás quería rendirle homenaje con cierta sorna, en calidad de supuesta representante de la ética del trabajo protestante: Horace Worker. Él también era un Horace Worker. Kirsten respondió a su pregunta:

- Qué va. Ya sabes que me gusta la temática.
- Estás con el de la ceremonia del té, ¿verdad?
- Sí. Creo que el argumento es bueno; ya sabes, potente -Kirsten trató de explicarse-. Voy a aprovechar los cortes en que relaciona la sencillez de la ceremonia con vivir el momento. Ya sabes, disfrutar de lo que hay ante nosotros. Y a eso se llega manteniendo los sentidos alerta con el vaso, el té, la tetera, el sonido del vapor, los discursos de anfitrión y huésped y todo eso... sólo hay algo que me preocupa.
- ¿El qué? ¿Demasiado vaporoso? Ya sé... temes que algún suscriptor bestia del canal se burle de la sutileza de la ceremonia, o la tache de elitista... o se burle de la perfecta dicción de la prota. Entre nosotros, a mí me gustó más el discurso que su sonido, más que nada porque su impecable acento es pasto de la burla fácil, y ya sabes que la gente comenta con ligereza en Internet -saboreó un trozo de brócoli poniendo todos sus sentidos en ello, animado por el devenir de la conversación-. Vivimos en un mundo en que hablar bien y tener un discurso coherente, que no intente vender nada, es objeto de ataques y ridiculizaciones. Cuando es bueno, porque es demasiado bueno; cuando es pulcro, porque lo es en exceso; y así. Me toca los cojones.

El canal de Kirsten en YouTube acababa de superar los 100.000 suscriptores y los 50 millones (!) de visitas. Sorprendentemente, y pese a que cada vídeo recibía miles de visitas nada más ser publicado, Kirsten no tenía que eliminar casi ninguno de las decenas de comentarios diarios: gracias al sentido de la responsabilidad de los propios comentaristas, sólo suprimía una centésima parte, compuesta por apologías, muestras intolerables de racismo y homofobia, ataques furibundos, mensajes basura y publicidad encubierta. Apenas sufrían el fenómeno de los "trolls"; los obsesionados con el canal apenas se contaban con una mano.

- Por ahí va la cosa... -confirmó Kirsten.
- Por cierto -aprovechó el momento para excusarse a partir de las dos y cuarto-: ¿Podemos comer a la una y media más que a las dos? Así puedo estar un rato más en la biblioteca y volver a tiempo para preparar la cena.
- Vale. Sólo necesito un título para empezar el "render". Te he enviado un correo con la propuesta. Si le echas un vistazo y me contestas, podemos comer ahora mismo si quieres.
- Voy.

En Internet, un buen título contribuía más que cualquier otro factor a la popularidad inicial de un contenido, sobre todo cuando éste procedía de una fuente con sólidas credenciales de independencia y varios vídeos con millones de visitas procedentes de todo el mundo. Le halagaba ayudar a Kirsten a pulir un título en su propio idioma, un reto improvisatorio que ponía a prueba sus conocimientos de inglés y reafirmaba el envidiable contorsionismo de la lengua de Shakespeare ("si pudiera escribir en inglés con propiedad", había suspirado en ocasiones, sobre todo tras leer un texto preciso y elocuente, sin un ápice de la grasienta manteca semántica con que las lenguas románicas solían ensuciar a escritor y lector por igual). El juego partía con una propuesta de título para el vídeo, que llegaba en un correo de Kirsten; el correo incluía también un mínimo contexto o recordatorio de la temática del vídeo, paso que no era necesario cuando se trataba de encuentros a los que él también había acudido. A partir de ahí, movía conceptos, los tergiversaba, sustituía una palabra por su sinónimo, hacía hueco para alguna palabra clave popular en YouTube, añadía algún giro sugestivo y... voilà: reenviaba el título, que casi siempre mantenía su esencia. La competencia de Kirsten para explicar historias audiovisuales no era casual y él había comprobado su astucia prosística, reconocida desde siempre por su propia familia: había escrito no sólo su solicitud de admisión -aceptada- en la universidad de Harvard, sino también “ayudado” en la de sus cuatro hermanos menores, todos aceptados en facultades Ivy League (tenía una hermana mayor, Emily, que había estudiado junto a casa, en Stanford, y era autora de su propia solicitud). Revisar el título le comportaba un par de minutos y esta colaboración entre zurdos contadores de historias mejoraba el resultado, le reiteraba Kirsten semanalmente. Él aportaba la frescura de un artesano lingüístico -aunque lo fuera en otra lengua-, la precisión de un relojero que sabe manipular engranajes, aunque los encuentre desmontados o desengrasados, en torno a una temática en la que ella había trabajado durante cinco días extenuates que impedían una mirada de frescura. Nunca se convertiría en un Navokov, capaz de escribir grandes obras en Inglés y francés, ninguna de ellas lengua materna, pero el inglés le daba al menos para la edición periodística. Y no estaba dispuesto a rendirse. "Quién sabe".

Kirsten preparaba la comida y él hacía la cena. Comían una versión adaptada de sushi, así como una ración de legumbres, verdura, un vaso de vino y uno de los yogures caseros que él preparaba cada noche.

Se despidió de su mujer y su hijo menor para acudir a la cita con Pedro Losada con una calidez inusitada: un beso a ambos. Suficiente para que alguna alarma se encendiera en la conciencia de Kirsten:

- ¿Todo bien?
- Sí, Kiki -nombre de pila que Kirsten se había ganado entre sus hermanos en una infancia inspirada en la familia cantarina de *Sonrisas y lágrimas*, desconocedora de que el mismo término, ideal como "nickname" infantil, sería usado décadas después en el lugar donde criaría una familia como coloquialismo de "echar un polvo"-. Recuerda: no debes preocuparte más de lo necesario hasta que detectes el síndrome *Una mente maravillosa.*

Ella sonrió. La mención de la película sobre la vida del genio matemático esquizofrénico John Nash era una broma recurrente en la pareja, que evocaba su retiro espiritual voluntario en medio del embrollo de la ciudad, con una existencia dedicada a la mejora personal, el trabajo y la familia. Bromeaban sobre los riesgos del acratismo extremo charlando -o escribiendo, o leyendo- sobre personajes que, cerrados en sí mismos, habían amplificado los efectos de sus dolencias mentales. Mientras no viera en su despacho un collage de papeles con fabulaciones que sobrepasaran con creces su ya de por sí peculiar capacidad evocadora, podía estar tranquila. La broma de *Una mente maravillosa* también servía para ella. Ambos eran conscientes de encontrarse en un momento vital en que la devoción por un trabajo intelectual exigente y el cuidado de tres hijos pequeños dejaban poco espacio para socializar, más allá de las deshilachadas charlas de cortesía con padres de escuela, vecinos o incluso familiares, más accesibles que nunca mediante videoconferencia y otras tecnologías ahora interiorizadas por todo el mundo. Skype funcionaba mejor que la videoconferencia con que la teniente Ripley se comunica con sus superiores al inicio de *Aliens*, segunda entrega de la serie cinematográfica.

Antes de salir de casa, acudió al lavabo. Otro apretón. Se felicitó de que hubiera ocurrido en casa; no le gustaba mostrar debilidades fisiológicas durante encuentros y citas, sobre todo si se trataba de extraños. Nadie tenía por qué preguntarse sobre su estado somático. Recordaba el consejo de un antiguo jefe, cuando unos años atrás había trabajado en una agencia de relaciones públicas mientras esperaba otras ofertas laborales más periodísticas. El jefe en cuestión, con el que mantenía el contacto y una relación de confianza y cordialidad no impostadas -era mucho decir en el mundillo de las relaciones públicas-, decía que cualquier acto, evento, sarao, fiesta, presentación o lo que fuere empezaba con buen pie si uno llegaba al lugar en cuestión cagado, meado y con cierto sosiego, aunque fuera impostado.

Hacía un día soleado, más primaveral que otoñal. El viento había limpiado el cielo sobre Barcelona y la Avenida República Argentina no olía a tráfico. Adolescentes reían sentados en la escalinata de la iglesia de los Josepets, cuyo barroco catalán era tan familiar para un californiano -debido a las misiones franciscanas erigidas por España a finales del XVIII, con estilo y aspecto análogos-, que los padres de Kirsten se habían sentido como en una colina de San Francisco en las dos visitas realizadas al nuevo apartamento hasta el momento. La remodelación de Lesseps, que conservaba el nombre de plaza pese a carecer de una ordenación convencional debido a su estatus de nudo de comunicaciones, tenía más sentido cuando descendían el ritmo y el ruido del tráfico en sus arterias; durante estas breves pausas -cada día de madrugada y desde la hora de comer hasta el fin de la jornada laboral, los fines de semana y festivos-, Lesseps dejaba por un instante su naturaleza de corazón exhausto con los ventrículos atorados al que se ha sometido a un bypass in extremis y se ha salvado contra pronóstico, transformándose en una plaza centroeuropea donde convivían ancianos; adolescentes de institutos cercanos; estudiantes universitarios alojados en la cercana residencia entrando y saliendo de la enorme, moderna y bien dotada biblioteca Jaume Fuster; hombres de negocios camino de casa y el trabajo o bien de vuelta de ellos; y padres jóvenes acompañando a sus hijos al parque o de paso entre casa y la escuela.

Aparcó por un instante la incertidumbre de la cita. Aprovechó la relativa limpieza del aire para respirar pausadamente mientras paseaba sin el ajetreo de los asustados anónimos que observaba. Carteles de "local en alquiler" y edificios con un "oficinas en alquiler" presidiendo la fachada atestiguaban la crudeza de los últimos años. A los comercios históricos que habían aguantado, les acompañaba una nueva generación de negocios, entre los pocos que habían proliferado durante la crisis en las calles menos turísticas de la ciudad: pequeños supermercados de proximidad regentados por pakistaníes y tiendas de compraventa de oro. Los dos bingos de Lesseps, así como la oficina para desempleados de la zona, la antigua INEM, conformaban una realidad paralela de máquinas del millón, sudor frío, alcohol a deshoras y soledad en la que vivían muchas sombras imperceptibles para el resto. Los Pedro Losada de Barcelona.

Entró en el bar. Le esperaban, dijo. En efecto, había un señor esperando a alguien. No quería comer; sólo un café. Observó la cafetera, solvente y usada, como debía ser en un bar que se preciara. Accedió al comedor del interior y, por primera vez en su vida, avanzó hacia un encuentro que le hacía sentirse como un alter ego -aunque socrático, randiano y defensor de las libertades individuales y el libre mercado- del detective Pepe Carvalho. Pedro Losada estaba sentado al fondo del pequeño comedor, en una mesa para dos. No se había cambiado de ropa. Su pelo, con la misma raya lateral y el mismo brillo, así lo atestiguaba. Aguardaba a que alguien retirara el segundo plato, con restos de carne estofada y patatas. Con el codo izquierdo apoyado en la mesa y el puño sobre la mejilla, hacía de *El Pensador*, la escultura de Auguste Rodin; la imagen triste y solitaria de Losada era la deformación que la España actual, desvelada del sueño de la prosperidad. Se situó junto a la silla de enfrente:

- Buenas tardes, don Pedro.

La voz y el tono del saludo parecían más propios de una sobreactuación de un diálogo de Shakespeare o Cervantes. Sirvió para que Losada se despertara de una profunda divagación -quizá de un vacío duermevela-, sacudiendo la cabeza, sonriendo y levantándose por cortesía casi al mismo instante.

- Coño, me había quedado embobado... Siéntese, Nicolás. ¿O debería llamarle Nico?
- No, está bien Nicolás.

Puso lo máximo de su parte por resolver la cita lo mejor posible, dentro del esperpento que suponía encontrarse con un barícola valleinclanesco que había leído su novela histórica y la situaba, creía haber entendido, en un contexto más amplio.

- ¿Sabe? Cuando era pequeño detestaba mi nombre. En el lugar donde me crié, a quince kilómetros de aquí, no había niños que se llamaran Nico, y mucho menos Nicolás. Tampoco me gustaban las legumbres bien cocinadas, ni los guisos que derivan de la riqueza gastronómica de la Península: el caldo gallego, el cocido mesetario que desciende de la olla podrida medieval... ¿Le gusta la comida?

Losada asintió, divertido. Por primera vez, sus ojos mostraban cierta vida.

- Ahora, me gusta mi nombre. Además, mi abuelo se llamaba Nicolás, lo que aporta un cierto tono familiar que me alegra continuar con mi hijo... También se llama Nicolás. Lo prefiero a Nicolau, aunque la tendencia en Cataluña es a la inversa, según las leyes de lo que llaman "normalización". Normalizarse es llamarse "Andreu" en vez de "Andrés", y "Nicolau" en vez de "Nicolás". Yo prefiero no normalizarme demasiado... Y me encantan las legumbres bien cocinadas. Creo que uno se debe ganar el derecho a que le guste su nombre y a apreciar de adulto los buenos platos que ha detestado de niño.

El camarero se acercó con el café y aprovechó para retirar el plato del comensal, que rehusó el postre. No lo podía creer: como tratando de estar a la altura del estereotipo que su contertulio había conformado de él, Pedro Losada pidió un carajillo de Soberano.

- Creí que ya nadie pedía carajillos de Soberano.
- Ya ve... -Losada se encogió de hombros, entre disculpándose y reconociendo sus debilidades-. He comido bien y el bar me merece confianza. Los carajillos no se pueden pedir en cualquier sitio.

Se formó un silencio pesado, de varios segundos. Losada saboreó el respeto del joven ante él, que prefería no hurgar en posibles heridas.

- Ayer me dio tiempo para explicarle muy poco, Nicolás. Usted y su novela no son los únicos motivos de mi viaje a Barcelona -levantó las palmas de su mano y las puso sobre la mesa-. Me estoy muriendo.

La conversación ya no contaría con la ligereza de los acontecimientos anodinos.

- No se preocupe, no es contagioso -soltó media carcajada. Quizá alguna vez había tenido una risa bonita, plagada de energía, ahora interrumpida en su inicio por una tos carraspera de fumador tuberculoso-. Es cáncer de laringe. Ya sé, el bicho que nadie quiere mentar... cáncer. ¿Cuánto peso ha ganado esta palabra en Occidente en las últimas décadas? ¿Cuánto miedo produce?

- ¿Y cuánta esperanza, también? -Quiso contraatacar la semántica de lo exterminador con algo iniciador, una balanza que equilibrara el profundo pesar que parecía haber hundido el techo del pequeño comedor del bar.

- Poca, en mi caso. Una vez tuve un trabajo convencional, de esos con revisión médica periódica, pero uno siempre cree que esas cosas son una pérdida de tiempo -de repente, el acento gallego de Losada se había desatado; estaba hablando en confianza, desde lo más profundo de su conciencia-. Hace poco más de un año, mientras indagaba sobre cuestiones que también le atañen a usted y a... su libro, tuve un ataque de tos distinto a todos los anteriores.

Aquel día, le explicó Losada, había vomitado sangre en el "lugar triste" donde se hospedaba (¿sería una pensión, o acaso una habitación alquilada?, pensó Nicolás), "de esos en que todo el mundo sabe de qué pie cojea el otro". Trabajaba por entonces "documentándose" (¿en qué?; ¿por qué?) usando un ordenador portátil y servicio de Internet móvil -pagado por él, pues las pensiones de segunda regional por las que se había arrastrado en los últimos años carecían de conexión-, sin despegarse de una botella de orujo destilada -ilegalmente, por supuesto- por alguien de confianza que se las regalaba, y dos paquetes de tabaco ("porque yo siempre necesito la seguridad de una segunda cajetilla sin empezar"). Acudió por su propio pie a las urgencias del hospital de una ciudad gallega sin especificar. Nicolás no preguntó.

- Y allí quedé ingresado. Después de pruebas y pruebas... Me dijeron que tenía cáncer de laringe. Pregunté si estaba extendido. Más que nada por lo que todos sabemos o intuimos del cáncer: todos los tipos no son iguales, pero sea cual sea el bicho concreto, es mejor cogerlo a tiempo. Y me dieron una respuesta de mierda. Me dijeron:

"está en fase cuatro".

- ¿Y preguntó qué era la fase cuatro en un cáncer de laringe?

- Sí. Y me lo explicaron implícitamente en la respuesta. "No hay fase cinco", me dijo el médico.

- Entiendo.

- Ahora estoy en el final de la fase cuatro.

La conversación que había imaginado antes de la cita -la confirmación de algún tipo de broma macabra o el fruto de la obsesión de un enfermo mental-, se había convertido en la triste confesión de un extraño que habla y mira con la clarividencia de quien tiene los días contados. La muerte nunca le había obsesionado; se sentía afortunado de haberla tenido siempre lejos... ¿o era quizá una carencia formativa? Kirsten siempre había reflexionado sobre el sentido de la existencia y sobre la fragilidad de la vida. Había desarrollado anticuerpos contra el sufrimiento que produce la lenta decadencia de alguien próximo muy querido, su abuela materna. Una mujer moderna, enjuta y enérgica, había sido educada en un entorno liberal y pudiente de la Nueva Inglaterra de antes de la Gran Depresión: tocaba el piano, conducía, llevaba pantalones, bailaba el charleston en locales bien de Nueva York en sus años mozos y había conservado algo de su alegría vital para sus nietos criados en California, con los que había vivido los últimos años de su vida. Kirsten y sus hermanos, los hijos de su hija Emily y su nuero John -por el que sentía devoción- tuvieron una abuela cantarina, capaz de situarlos en fila y enseñarles pasos de charleston, mientras tarareaba, ayudada con chasquidos de sus dedos, alguno de los éxitos de la época. Como aquél *Has Anybody Seen My Gal? / Five Foot Two, Eyes of Blue*, una especie de himno dicharachero para las mujeres modernas y liberadas cuyos años mozos habían coincidido con los Felices Años Veinte. Había sido duro asistir al ocaso de un ser querido; un aprendizaje de la vida que marcó la infancia, adolescencia y primera juventud de la zurda con nombre de heroína de cuento de Roald Dahl: Kirsten Dirksen. Él, en cambio, había sido siempre apartado de los acontecimientos más dolorosos. Evocaba la muerte de un tío suyo, el cuñado de su madre, de una rara forma de atrofia muscular hereditaria, una cruel broma genética de la naturaleza. Su tío Roc, de familia pastora de los pirineos, había sido un chico moderno, seguro de sí mismo y pleno de vitalidad; había trabajado de camarero en el restaurante Set Portes de Barcelona y, ya casado, había regentado su propia fonda en Perafita, un pueblo de la Cataluña profunda a la que pertenecía, y finalmente un restaurante familiar en su pueblo natal, Castellar de N'Hug, un pintoresco pesebre en los Pirineos. Su muerte, con cuarenta y pocos, debía haber sido muy dura para su tía y sus dos primas, todavía preadolescentes cuando ocurrió. Él y sus hermanos ni siquiera habían acudido al entierro, por petición expresa de sus padres. "¿Para qué van a ir, para llorar?", había espetado su padre a su madre la madrugada en que recibieron la llamada de su tía, desolada. Los sollozos de su madre, compadeciendo a su hermana por teléfono, habían sido la muestra más cruda de sufrimiento cercano ante la muerte que recordaba. Uno de los personajes principales de su novela histórica, Mansió Vilalta, era un pastor aventurero oriundo del mismo caserío de Castellar de N'Hug, "cal ros", la casa del rubio, al que pertenecía su tío Roc, también un Vilalta. Un homenaje particular a los pocos seres cercanos que habían sufrido lo que sus padres, ocupados durante la mayor parte de su existencia en salir adelante, habían considerado una dolencia sobre la que uno no debía reflexionar: la visión mística y supersticiosa que los descendientes de la visión platónica de la existencia, entre ellos la Cristiandad y las religiones abrahámicas en su conjunto, celosas de monopolizar la idea de una Providencia (alguien infalible que, mira por dónde, promete plenitud después de... la muerte), habían extendido sobre un acontecimiento irremisible en la naturaleza. La muerte. Los filósofos atomistas, los presocráticos, Aristóteles, los estoicos y otros -había comprobado en los últimos años, coincidiendo con su matrimonio, paternidad y curiosidad por las grandes cuestiones de la vida- habían enseñado a vivir y a no rehuir la mortalidad. Precisamente porque el ser humano -tanto su cuerpo como su conciencia, decían los atomistas- es mortal, hay que celebrar cada momento de una existencia finita. Una idea que encajaba con su voluntad de conocer y vivir usando la razón y evitando los impulsos, a la manera de los filósofos clásicos e ilustrados. Una década antes de la muerte de su tío, en 1983, un año después del Mundial de Fútbol de Naranjito (lo que él recordaba del acontecimiento: la mascota) y tres años antes de que España entrara en la Unión Europea y la OTAN, o de que Barcelona fuese elegida para celebrar los Juegos Olímpicos de 1992 (aquel alegre año 1986). Acompañaba a su madre a hacer un recado durante un día probablemente primaveral, fresco y con luz intensa de 1983. Su madre paró en una de las dos cabinas telefónicas de la esquina, en un momento en que muchos hogares, incluido el suyo, carecían de línea de teléfono. Su madre quería saludar a la abuela y ponerle al niño al teléfono. La conversación no fue bien; desde fuera de la cabina, observó a su madre sollozar. Entró en el cubículo y escuchó parte de la conversación. Su bisabuela María Eugenia había muerto unos días atrás. La muerte era entonces un concepto abstracto para él, indoloro e incoloro, carente de sentido y sustancia. "Pero, ¿cómo es la muerte? ¿Qué color tiene? ¿Para qué sirve?". Su bisabuela había muerto. Se esforzó por compadecer a su madre tratando de comprender qué implicaba la muerte. Un niño de seis años sigue creyendo que el mundo conocido gira a su alrededor. En su conciencia, no podía morirse quien no había existido: las únicas referencias de su bisabuela, una delicada y bajita anciana con cara triste y profundas arrugas que vestía de negro y pasaba el rato en una diminuta silla de mimbre, en el interior de una pequeña casa encalada de un pueblo perdido en la Meseta, procedían de los borrosos primeros recuerdos. Sólo habían permanecido la imagen espectral y el profundo olor a medicina de la anciana, tratada de alguna dolencia por su hija, la abuela, que había hecho de practicante en el pueblo. Una mujer que vio después en la portada de una edición española de *Cien años de soledad*, impresa en Barcelona por Círculo de Lectores en 1970. La cubierta la firmaba un enigmático "G. Luna". El libro descansaba en su estantería de acero Tramo de su despacho en el apartamento de la Avenida República Argentina de Barcelona. Si teletransportada en el tiempo y el espacio al lugar para encontrarse con su biznieto, la enjuta María Eugenia, sufridora de la hermandad fatalista de las mujeres españolas de todos los tiempos, habría parecido tan espectral como su deficiente educación sobre la muerte. Toda educación sobre la muerte era, por definición racional, "vital".

- Cada vez estoy más preparado. Supongo que uno nunca lo está del todo. Sobre todo si uno es ateo como yo. Estamos compuestos

de algo mortal que vuelve al universo y formará otras cosas.
- Tiene usted una visión panteísta de la existencia -respondió el joven aprendiz de autor con rapidez, incomodado por los silencios que pudieran crearse en una conversación tan metafísica que concernía a corto plazo al menos a uno de los contertulios-. La comparto.
- Le decía que he venido a Barcelona por dos razones de peso. La primera, la salud. La segunda es menos obvia, pero concierte también la salud... En este caso, la salud de la existencia de muchas personas. Y su libro, su novela histórica, juega un papel crucial en todo ello.

Le parecía obsceno derivar la conversación hacia la insignificancia de un texto que no había importado a nadie, y en este caso no se trataba de falsa modestia, tan extendida en todas las artes.

- Entendería si posponemos la conversación sobre... mi novela... ¿se acuerda?; la charla a la que usted me emplazaba ayer con una... preocupante premura. Me está hablando de cuestiones mucho más importantes. Seguramente necesita descansar. Si no le importuna que le pregunte: ¿por qué no ha sido ingresado?
- Petición expresa mía -Losada sorbió medio carajillo, todavía humeante. A continuación, su voz sonó más serena y cálida, afinada. Estaba ante un alcohólico cuyas pupilas y músculos faciales respondían como había presenciado en el rostro del tío de su padre, un perdedor de batallas que se había bebido la vida-. Vamos a abandonar la quimioterapia en Barcelona, o al menos así insistiré; he mantenido interminables conversaciones sobre ello con el equipo del hospital de Pontevedra. No quiero que ocurra de nuevo en Barcelona. Ingresaré cuando llegue el momento de la morfina...

Evitó responder a la carcajada de Losada con una sonrisa. Permaneció serio.

- ¿En qué hospital recibe tratamiento?
- Lo hago por el seguro privado. Estaré en la unidad de terminales del Hospital Universitario Sagrat Cor, aunque los profesionales de este centro usarán el término eufemístico adecuado para maquillar lo

que habría que destacar con solemnidad... Los pacientes moribundos, los terminales con un pie en la tumba, no han cometido ningún crimen. Morirse no es un delito; no veo por qué nos empeñamos en tratar una unidad de terminales como el corredor de la muerte.

- Conozco el hospital al que se refiere.

Durante años, Nicolás Boullosa había pagado las cuotas del Colegio de Periodistas de Cataluña. Antes del fin de los años del gasto alegre, el Colegio tenía un convenio con una mútua sanitaria privada para proporcionar, sin coste, un plan básico de asistencia sanitaria para los colegiados y sus familiares directos. Incluso había consultorio médico personalizado en la misma sede del Colegio, pero había que pagar por la visita; no así en las urgencias y especialidades del Hospital Universitario Sagrat Cor. Allí nacieron sus dos hijas, Inés (febrero de 2007) y Ximena (agosto de 2009). Con la llegada de la crisis de 2008, cuyos crudos efectos empezaron a notarse en España en 2009 -cuando todavía se negaba desde los gobiernos de entonces-, la mayoría de los convenios entre la sanidad pública y la privada se redujeron o simplemente desaparecieron. A partir de 2010, permanecer en la mutua suponía un ostenible sobrecoste mensual para la familia de cuatro de entonces; decidieron desprenderse de la cobertura privada. Nicolás, llegado en agosto de 2012, había nacido en el Hospital del Mar, medio año antes de que abandonaran el apartamento del Gótico para trasladarse al Putxet. No pudo evitar que sus ojos se empañaran; dominó su emoción y no hubo lágrimas. En el Sagrat Cor habían nacido sus hijas, dos momentos de intensa presión, emoción, aprendizaje de la vida. Un nacimiento era para él una celebración que no pertenecía a pedestales marmóreos y ritos eclesiásticos, sino un acontecimiento que se merecía una mentalidad más cartesiana que lo devolviera al dominio de la vida: suponía indagar en el extraordinario fenómeno de la creación y destrucción de organismos. El nacimiento y su reverso blusero, la muerte. Había también vida y planes de futuro en los hospitales, epicentros de historias tristes silenciadas, de reflexiones -a veces frenéticas, a veces sosegadas- sobre la transitoriedad de la existencia. Y las historias tristes también dejaban un poso de aprendizaje. Antes del nacimiento de Ximena, habían tenido un aborto; había sido duro para ambos, que lloraron desconsoladamente durante un rato en casa. También lo hicieron en la sala de partos del Sagrat Cor, adonde acudieron desde la casa de sus padres en Banyeres del Penedés, donde había ocurrido todo: la indisposición de Kirsten, que duraba días, con pérdidas y malestar, se desencadenó aquel ahora lejano triste fin de semana. Recordaban el apoyo y comprensión de su padre -su madre estaba aquellos días en Cáceres, cuidando de su madre-; la profesionalidad del ginecólogo de urgencias, relativizando lo acontecido aquel domingo; y la sensación de volver a la rutina que adoraban justo al día siguiente, con la pequeña Inés levantándose lista para jugar e ir a la guardería. Kirsten sonriendo y con ganas de ir al gimnasio. Una conversación. Una risa. Dos días después, se volvían a sentir afortunados, al contar con una hija preciosa, trabajar en lo que les gustaba y vivir con retos personales asumibles con esfuerzo. Ximena llegaría al año, y el parto sería rápido y especial: al llegar al hospital con el tiempo justo, Kirsten fue enviada directa a quirófano: era inminente. En la entrada a la sala de partos, se cruzaron con la comadrona de guardia y los tres se saludaron emocionados. Era una veterana enfermera con aspecto y maneras de la California de finales de los sesenta: acento del sur de España, ojos tiernos, mediana edad y un pelo liso y largo recogido en una coleta baja, de un gris plateado. La comadrona se alegró de encontrarse con los antiguos alumnos de la clase de parto a la que habían acudido antes de nacer Inés; Kirsten lloró de emoción y confianza. A los quince minutos había nacido Ximena, sin tiempo para anestesias. Jamás olvidaría la percepción del poderoso efecto eufórico y analgésico de la regulación hormonal en la madre durante un parto sin anestesia. Justo al acabar el parto de Ximena y coger al bebé en el pecho, tranquilo y con los ojos abiertos, todavía ensangrentado y conectado a la madre a través del cordón: ese había sido el momento en que había visto a una Kirsten más bella.

Y en el Sagrat Cor también se había operado el codo derecho. Se lo había roto trasteando con una bicicleta de montaña en una acera junto a la casa de sus suegros en Cloverdale, California, tres horas al norte de San Francisco siguiendo la autopista 101 en dirección a Eureka. Había caído depositando sobre el codo todo el peso e inercia de la bicicleta. Un dolor seco, intenso hasta el mareo y la náusea, suficiente como para hacerle retorcerse con todas sus fuerzas y contraer fiebre al instante, pero sin perder la consciencia en ningún momento. Dos horas después, en las urgencias del pequeño hospital -privado- de Healdsburg, la sorpresa: el codo estaba roto y había que operar. No había herida externa ni riesgo inminente de infección, así que cabían dos posibilidades: operarse en Healdsburg por un coste de 20.000 dólares (!); o volver a Barcelona y operarse sin coste. Su seguro de viaje, entonces gratuito, también gracias al Colegio de Periodistas, cubría hasta 12.000 euros de cualquier inconveniencia. Corría el riesgo de pagar la diferencia. Así que decidió esperar dos días y volar solo a Barcelona, donde tuvo que esperar dos días más para ser operado; Kirsten se había quedado en California para volar de vuelta a Barcelona según lo previsto y no encarecer el viaje. No me estoy muriendo, le había recordado. Tranquilízate, puedo llegar solo, pedir un taxi en el aeropuerto e ir directamente al hospital. Al quinto día por la mañana, entró en quirófano. La anestesia le hizo hablar en inglés con un sorprendido doctor Rosales, que luego se lo recordaría con sorna. De nuevo, un dolor intenso postoperatorio le hizo retorcerse, esta vez en la cama de una habitación compartida en un hospital del Ensanche barcelonés. Su compañero de habitación, un joven sevillano hermano de un futbolista del Sevilla Club de Fútbol de la generación de Sergio Ramos y el desaparecido Antonio Puerta, padecía un cáncer complicado. Guapo, fuerte, simpático, atendido con devoción por sus apuestos y bien vestidos padres y por un equipo de doctores que le visitaban dos veces al día, el joven le dirigía la palabra con una amabilidad pura, carente de la frialdad que una persona que no lucha por la vida otorga a sus actos cotidianos. Por lo que oía a los doctores, al chico mismo y a los padres de éste, debían extirparle varios ganglios y ni su juventud ni su fortaleza física jugaban a su favor: el cáncer, extendido desde la ingle a varios puntos de extremidades y tronco, se alimentaba como un parásito de esta energía vital. Era su compañero de habitación, consciente de la fragilidad de la vida, quien más se preocupaba por la soledad de alguien con apenas un codo fracturado: nadie le visitó antes de la operación; su madre llegó después de que saliera del quirófano y se fue poco después, molesta por la brusquedad de quien acababa de cerrar una pesadilla de días. El dolor continuo afrontado durante días sin tranquilizantes había supuesto un ejercicio de fortaleza y autocontrol. Todavía conservaba la codeína -que no había probado- que le habían recetado en el hospital de Healdsburg: "Hydrocodone-APAP 7.5-750 TA; Take 1 tablet orally every 3 to 4 hours as needed for pain".

- ¿Tiene usted alguna relación con el cáncer -preguntó Losada-? A estas alturas, es casi como preguntar si ha visto toser a alguien, dada la ubicuidad de la enfermedad...
- Déjeme pensar... -Dudó; ¿tenía sentido incidir sobre la enfermedad? ¿Importaba a Losada lo que él tuviera que decir?-. Mi abuelo murió mayor, pero ingresado en el hospital porque no aguantaba el dolor. Se quejó durante meses y todos creían que había perdido totalmente el juicio, pero lo que ocurría era que le dolía tanto el estómago que para él no había contexto. Sólo dolor. Le diagnosticaron un cáncer avanzado justo antes de morir. Murió sedado. Unos días antes, le visité en el hospital de Plasencia. Su habitación era luminosa y siempre había algún hijo o nuero junto a él. Rió cuando me despedí de él.

Se le habían humedecido las sienes. Por un instante, estuvo a punto de vomitar, pero pudo recomponerse. Pasaron unos segundos de silencio que para ambos se hicieron minutos.

- ...Agradezco que comparta la historia conmigo. Su abuelo Nicolás, ¿no es así?
- Sí. Muchos años antes, todavía de niño, un pariente de mi padre, un tal Justi, trabajador en una editorial, un hombre delicado con nariz prominente, patillas y flequillo, creo... Y suéteres de lana fina con cuello largo. Fumador empedernido. De Ducados. Éramos muy niños: me refiero a mi hermano, yo mismo y mi hermana la pequeña. Justi vivía con su mujer y su hija en una urbanización de Sant Cugat del Vallés, de la que recuerdo sólo unos juegos de pelotas de petanca de distintos colores, guardados en maletines de plástico, así como un estrecho patio para jugar y un descampado detrás. Nos regaló dos tomos de tapa dura con los cuentos de Voltaire, que leería años más

tarde. El primero era *Zadig o el destino*. Fue para mí una revelación mayor que el contenido de las revistas porno que los amigos de mi hermano traían por casa unos años después...

- ¿Y qué ha sido del señor Justi?

- Murió por aquellos años. Cáncer. No recuerdo qué tipo, pero sí la impresión que causó a mis padres, que le visitaron en sus últimos días, cuando apenas aceptaba suero y morfina.

- Lo siento. ¿Tenía familia?

- Además de su mujer, una hija adolescente unos años mayor que mi hermano. Más de cuarenta años en la actualidad. Mis padres perdieron poco a poco el contacto con aquella familia, sobre todo después de que una pariente de la mujer de Justi, casada en Alemania, montara en Barcelona un negocio de importación de coches germanos de segunda mano. Trató de involucrar a mi padre en la empresa como socio, pero éste declinó; un tío mío, cuñado de mi madre, se arriesgó en contra de las recomendaciones -por carta- de mi padre, pero la cosa no funcionó. Un buen día, los alemanes se habían ido del piso del Ensanche que habían alquilado, dejando alguna deuda que mi tío pagaría religiosamente... Ya sabe cómo es la gente humilde...

El escritor en ciernes atisbó por el rabillo del ojo la presencia del camarero. Pidió otro café y miró a Losada, que reclinó. Todavía le quedaba un dedo de carajillo.

- Al fin y al cabo, en diez minutos le intentaré convencer para salir a la calle. Me apetece un cigarro -explicó Losada.

- Ya puestos, recuerdo otros casos relativamente cercanos. Muchos son conocidos que han tenido la enfermedad y se han recuperado; y otros casos más traumáticos, sobre todo cuando es alguien joven o deja niños pequeños...

¿De verdad que quería hablar de ello? "Espero que esta conversación le sirva de algo; quizá le sentaría peor si rehuyéramos la temática por considerarla tabú o demasiado próxima a su muerte", meditó. En cualquier caso, tenía que tranquilizarse. Estaba hablando por los codos. Su incomodidad era más que patente.

- Pero usted no me ha citado hoy aquí por mi experiencia con la dolencia que padece. Y creo recordar que no hay ni una sola mención al cáncer en la novela histórica que escribí. La dolencia no estaba tipificada en la época. Tampoco la depresión. De la gente clínicamente deprimida se decía que padecía melancolía.

- ¿Sugiere usted que soy un cancerígeno melancólico y por eso le he ido a molestar a su casa, como podría haber ido a cualquier otro lugar? -Pedro Losada miró con ternura al contertulio barcelonés-. Ande, acompáñeme a la calle y enséñeme algún rincón amable donde se pueda fumar sin molestar.

Se refugiaron en un banco junto al parque infantil de la plaza de Ventura Gassol, escondida en el último tramo de la calle de Padua, antes de la confluencia entre la avenida República Argentina y la Plaza de Lesseps. Acudía allí a menudo con el bebé, sobre todo después de comer, hasta las cuatro y media. Cinco minutos después, Kirsten dejaba el ordenador e iba con el niño a buscar a sus hermanas a la escuela. Le gustaba cuando el sol calentaba lo suficiente sin quemar ni importunar. Una calidez tan agradable como la que, tiempo atrás, habían buscado Inés y Ximena en las baldosas de barro rectangulares de la inmensa terraza de su anterior apartamento en el Gótico. Las niñas acudían a la terraza en otoño y primavera y, cuando notaban el calor acumulado en el suelo, se tumbaban para absorberlo.

Losada respiraba con dificultad después del paseo, de apenas diez minutos. Pese a ello, encendió un cigarrillo y buscó una primera calada redentora con sus ojos ensangrentados clavados en el movimiento alegre y espasmódico de un petirrojo que saltaba sobre los maderos del perímetro del parque infantil.

- ¿Qué le atrae tanto de mi novela?

- ¿Lo que más me atrae de ella? La ingenuidad del escritor que la plasmó, que sigue pensando que creó una obra de ficción histórica...

- Explíquese.

- Ya me he explicado. Cree que ha escrito una -según usted- aburrida y deshilachada fantasía sita en España y América a finales del siglo XVIII...

- Está claro. ¿O acaso niega la evidencia?

- Yo discrepo, con conocimiento de causa, que su obra sea "ficción" histórica.

Nicolás Boullosa no se podía cree lo que oía:

- ¿Qué sugiere, don Pedro?

- Lo que se imagina...

- Usted cree, supongo que basándose al menos en algún supuesto hallazgo o investigación, que mi novela es una interpretación histórica, más que pura "ficción", ¿sí?

Losada asintió, para añadir:

- ¿Y? ...

- ¿Y qué? -respondió Boullosa con tono cáustico, restando credibilidad a la conjetura con su mera entonación-. ¿Espera a que conozca los detalles de la barbaridad que insinúa? Oiga, esto podría sostenerse si lo intentara con alguien que no fuera el propio escritor que lo ha fabulado... Le puedo asegurar -aseveró sin poder ocultar una cierta agresividad- que yo mismo me senté ante el ordenador y fabulé. Sí, confieso que barrunté hechos históricos con fabulaciones que pudieran sostenerse en la historia que quería contar. Una novela histórica, y se lo digo desde el desconocimiento del principiante -puntualizó-, siempre parte de una tesis y se sirve de lo ocurrido en un momento para situar allí tramas y personajes que no existieron, o para tergiversar lo ocurrido en realidad y erigir un castillo de naipes argumental más o menos resultón. Algo así como crear unas consecuencias fabuladas a partir de la interpretación de hechos reales y otros fabulados -se acercó a Losada pese a lo mucho que le molestaba el humo del tabaco, ejerciendo de puntilloso ex fumador-. Le confieso que nunca he sido periodista, sino siempre fabulador o como mucho plagiador del Nuevo Periodismo de los sesenta: escribo sobre lo que veo o me interesa, pero no suelo molestarme por investigar a fondo y buscar fuentes para cotejar la información y otras prácticas recomendadas en mi oficio. El periodismo "objetivo" siempre me ha parecido una tremenda tomadura de pelo. Pero claro, usted va incluso más allá. Una cosa es que me diga que cree que mi interpretación sobre algún hecho presente se ajusta más o menos a la realidad... y otra cosa es que me intente convencer de que una novela histórica que he escrito "yo mismo" -recalcó la autoría, para ridiculizar aún más la tesis de su contertulio- y tiene lugar en la década de los 70... pero no del siglo pasado, sino del siglo XVIII, puede ser tachada de veraz.

- Hay veracidades y no me las negará a estas alturas...

- Es obvio que una novela histórica tiene un contexto que puede evocar con mayor o menor acierto lo que nos ha llegado de esa época, que no son más que los testimonios rituales: grandes hechos, supuestas hazañas de grandes personajes, obras literarias, catástrofes naturales... Por ejemplo, la Salamanca por la que camina el joven extremeño Martín Capelo antes de viajar hacia Cádiz, porque prefiere la aventura a estudiar, un sueño que es más de su abuelo que de él. ¿Me sigue? -Losada asintió; su rostro era más sereno; su pelo grasiento, peinado hacia atrás, tenía ahora el aspecto romántico de los eruditos callejeros de *Luces de bohemia* de Valle Inclán-. Su abuelo es quien intercede para que el obispo de Coria le encuentre un lugar apacible en la ciudad universitaria, pero no sirve de nada. La historia del abuelo y el nieto Capelo es falsa, pero no así el obispo, ni el escenario, ni el carácter plausible de la historia, que "podría haber sucedido". Pero vaya usted y contrástela después de cotejar certificados de nacimiento y defunción, así como donantes eclesiásticos de la diócesis de Coria y vaya a saber qué más necesitaría. Estaría usted buscando fantasmas. Si le interesa la sombra de realidad que pudiera tener la novela y que no le negaré, quédese con la evocación de algunos edificios, todavía dañados por el terremoto de Lisboa, que se sintió en toda la mitad occidental de la Península y afectó miles de edificios y monumentos a cientos de kilómetros de distancia. El terremoto había acaecido en 1755 y sus efectos todavía se notaban en Salamanca, Sevilla y tantas otras ciudades en 1771, fecha en que se sitúa la mayor parte de la novela. Al menos, he sido fiel a eso. Pero deje usted en paz a los personajes de ficción del libro, que ficción son.

Sin quererlo, había evocado el monólogo de Segismundo de *La vida es sueño*, donde él había encontrado -quizá imaginado interesadamente- los ecos existenciales de Marco Aurelio, maestro expresando la transitoriedad de la vida.

- Ahora empezamos a entendernos... Era imposible que *Triskelion* hubiera... -buscó una palabra que se amoldara a lo que trataba de decir- "prendido" en una cabeza de chorlito.
- ¿Insinúa que los personajes de ficción en realidad existieron y vivieron lo que se explica en *Triskelion*?
- Para que compruebe que he hecho los deberes antes de venir a molestarle -Losada sacó un viejo papel doblado, insertado en una funda de plástico transparente del tamaño de una billetera-. Tuve acceso, a través de un amigo común, de su árbol genealógico gallego, que se remonta varios siglos. Aquí es fácil comprobar que el joven gallego Domingo Antonio, por ejemplo, existió y tuvo en realidad la ascendencia que este documento atestigua.

En efecto, se trataba de una fotocopia del árbol genealógico que un vecino de Anceu, casado con una vecina de la familia Boullosa y profesor de Historia en Santiago de Compostela, le había regalado a su padre una tarde de verano. Losada prosiguió con la argumentación:

- Pedro da Boullosa, antepasado de Domingo Antonio y de usted mismo, además de aventurero de la época de los Austrias, conocedor de Nueva España y partícipe, ya entrado en años, de la batalla naval de Rande en 1702. Mírelo, aquí está. Este señor fue antepasado suyo.
- No lo niego. En eso consiste la ficción histórica. En *Triskelion* aproveché todo lo que conocía de mis antepasados maternos y paternos para crear una trama propia de una novela de aventuras. La mayoría de los personajes existieron y he sido escrupulosamente fiel con la información que barajé para concebir el relato. Pero créame, esta historia fue inventada y, a juzgar por su acogida en el mercado, la fabulación no debe tener demasiada calidad y/o interés.
- No se haga la víctima ni me obligue a alabarle la obra. Supongo que, además de haberla escrito, la habrá leído de un tirón y tendrá un

mínimo decoro y capacidad autocrítica, de manera que nadie tiene que decirle que *Triskelion* merece que la lea mucha gente.

- Gracias.

- Abandonando las alabanzas del lector y las lágrimas del creador -ironizó Losada-, no puede negar que Pedro da Boullosa existiera.

- Pero sí constato que no luchó en la batalla de Rande, ni se fue a Nueva España. Además: si hubiera viajado a Nueva España en una época en que se requerían contactos, linaje o dinero para hacerlo, ¿qué le hace pensar que hubiera vuelto para luchar en una batalla sanguinaria?

Losada miró al autor, se incorporó y caminó hacia la papelera, donde depositó una cajetilla de tabaco vacía. Sin dejar de mirar a su contertulio, se volvió a sentar a su lado.

- ¿De verdad cree lo que me está diciendo, señor descendiente de Pedro da Boullosa? -sentenció Losada.

- ¿Pero a qué clase de tocomocho se dedica usted? Viene a mi casa a hablar de una novela que no he leído ni yo, el autor; luego me explica que se muere y hurga en mi relación con la dolencia que padece; y ahora me intenta convencer que mi novela histórica, esa que quizá nunca vea una edición en papel -y mejor que sea así si no la va a leer nadie-, es en realidad un reportaje novelado, una versión dieciochista de *A sangre fría* de Capote o de *Ponche de ácido lisérgico* de Wolfe...

- Me había preparado para este recibimiento. Recuerde no sentirse culpable cuando acabe nuestra velada. Agradezco la atención que me ha dado hasta ahora y sólo le pido un poco de paciencia -el tono de Losada era de repente el de un hombre agotado y conciliador-. Le enseñaré algo más...

Extrajo el teléfono móvil y, con el esfuerzo cognitivo de un sesentón ante un teléfono inteligente Android plagado de posibilidades, pulsó con cierta torpeza sobre el icono del archivo fotográfico del dispositivo. Allí Losada pasó páginas con el dedo, hasta dar con la miniatura que buscaba. Pasó el teléfono a Boullosa, mientras explicaba el contenido de la pequeña pantalla. Boullosa, más cómodo con el dispositivo ajeno, amplió la imagen y se movió por ella con precisión quirúrgica, describiendo el mismo movimiento geométrico con cada vez mayor rapidez.

- No puedo enseñarle esa página si no me acompaña al archivo donde está depositada. Últimamente -y ya era hora- son más escrupulosos en los archivos, sean de las diputaciones, regionales y estatales. Se lo confirma un asiduo visitante de muchos de ellos. Y sí, el documento que ve atestigua lo acaecido en la batalla de Rande y reproducido fielmente por usted en *Triskelion.*

- Chorradas.

- ¿Qué me dice del documento, firmado por el mismísimo Manuel de Velasco y Tejada, reconociendo la heroica labor del escuadrón que protegió del asedio el estratégico islote de San Simón, en la rada con el mismo nombre de la ría de Vigo?

- Le digo que es el lunático más perseverante que he conocido en mi vida. No sólo fabula, sino que fabrica documentos. Muy buena la imagen, por cierto; parece un documento antiguo. Desconozco la estética de los atestados notariales a principios del siglo XVIII, pero éste que me presenta colaría. -Y en tono irónico:- ¿Encontró una buena plantilla de Photoshop? ¿O era Illustrator?

- No sé de qué me está hablando. Nunca he usado un ordenador ni Internet, más allá de lo básico.

- ¿Insinúa que el documento es real? Pero se trataría de la coincidencia más grande... Al escribir la novela, no me preocupé de cotejar siquiera si Pedro da Boullosa había dejado más trazas que los certificados eclesiásticos de nacimiento, sacramentos y defunción, que es lo único que uno encuentra del populacho humilde y alejado de heroicidades en un país católico como el nuestro.

- Resulta que, como su descendiente Domingo Antonio, Pedro da Boullosa sí había tenido una vida digna de ser registrada.

Nicolás Boullosa se incorporó, a punto de excusarse. Habían vuelto las ganas de vomitar. Necesitaba volver a la seguridad del hogar creado junto a su mujer.

- Una conversación interesantísima pero... cómo decirle... No puedo creerme que los pasajes "fabulados" por mí mismo sucedieran en realidad. Sería algo así como un ejercicio de futurología inversa. Un Nostradamus "esperpénticus", que averigua los detalles de lo acaecido para incluirlo en sus tratados adivinatorios. Yo no creo en la Providencia. Tampoco en la adivinación, las pócimas y los hechizos. -Bajó su tono-. Le diré, para acabar, que no me gustaría faltarle al respeto con una actitud condescendiente. No quiero darle la razón dialéctica, que implicaría darle por loco. Sólo me ganará por la lógica aristotélica, y no usando encantamientos platónicos. A es A.

- Estoy de acuerdo con usted. A es A. Y me he dedicado durante meses a corroborar que, en su novela, A es precisamente A. Ni más ni menos. Quizá usted inventara las palabras de las conversaciones entre personajes, o la tonalidad de una puesta de sol. Pero estas cuestiones no son más que interpretaciones, opiniones. Los hechos son siempre opinables, pero lo acaecido tiene un peso atómico almacenado en los anales del proceso eterno de creación y destrucción universal...

- Uy, uy, que nos estamos yendo, señor Losada... Que despegamos y nos será más difícil volver a la Tierra que al personaje encarnado por Sandra Bullock en la última película de Alfonso Cuarón, *Gravity*. ¿La ha visto? Recomendable. Un personaje remarcable, randiano diría yo. La voluntad y el propósito humanos son poderosos. Y esa película hace exactamente el recorrido inverso al que usted me está intentando emplazar, que es subir desde la tierra a las nubes. Sandra Bullock vuelve de las nubes al Ahora de su existencia…

- ¿Quién huye de la realidad y de la conversación? Me lo dice usted a mí… He consultado el calendario lunar de 1771, Nicolás. Y sorpresa: las menciones que hace usted a la posición de la luna son milimétricas. Si se tomó esa molestia, ¿qué le hace pensar que el resto de la historia tiene menos base objetiva, aunque no pudiera haberla comprobado empíricamente con la facilidad de acudir a un calendario lunar del año en cuestión, accesible incluso en Internet?

El escritor sacó su móvil y miró la hora.

- Y ahora, si me permite, tengo que volver con mi familia. Pero facilíteme su teléfono. Iré a visitarle al hospital.

- Pero... -Losada bajó la mirada; cuando la volvió a subir, sonreía apaciblemente-. De acuerdo. Deme el suyo y le hago una llamada perdida.

Se apuntaron sus respectivos teléfonos y se despidieron. Empezaba a anochecer.

4
LA REBELIÓN DEL CHARNA

Había pasado una semana desde su encuentro con Pedro Losada, al que seguía dando vueltas.

No mantenía secretos a Kirsten; no consideraba que ocultar su encuentro con el gallego fuera perjudicial para ella, la relación o la familia, sino todo lo contrario. Los días eran cortos y había cosas que hacer: reuniones de padres en la escuela, impuestos del tercer trimestre fiscal de la empresa, recados cotidianos a la biblioteca y a comprar comida, a poder ser a buen precio y para una temporada, idas y venidas varias del día a día... No se podían permitir una existencia ajena a lo que tenían entre manos: trabajar duro, disfrutar lo posible de lo cotidiano y dedicar tiempo a sus hijos, cada uno de los cuales demandaba una atención distinta. Inés había descubierto la colección "Friends" de Lego y confeccionaba casitas y objetos diferentes a los especificados en los prospectos de los distintos elementos de la colección, una vez armados con facilidad; Ximena era físicamente más activa y demandaba juegos menos introspectivos; y al bebé Nicolás, con quince meses, se le abría poco a poco el universo, andando, aprendiendo las primeras palabras, persiguiendo a sus hermanas... Los tres compartían un potente radar que detectaba su irascibilidad, por muy incipiente que fuera; a diferencia de Kirsten, que evitaba que el cansancio acumulado o la tensión del trabajo se interpusieran en un buen humor no impostado con los niños, él necesitaba desconectar más a menudo. Los últimos días habían sido especialmente duros, con dificultades para concentrarse ante el ordenador o incluso para leer en profundidad, más allá de la dieta matutina de lecturas de artículos y entradas de bitácoras, la mayoría en inglés. Las mañanas empezaban como de costumbre: la subida a la montaña a respirar; el descenso a toda velocidad; la despedida de las niñas, que partían hacia la escuela cinco minutos después de que él llegara; la ducha de agua fría y el desayuno con Nicky, que acababa a diario en el gran espacio abierto entre el sofá y la enorme mesa de ping pong que dominaba el crucero del abierto comedor. Había sacado enormes sonrisas del bebé compartiendo la audición de la banda sonora de *Sonrisas y lágrimas*, Bob Dylan, Antonio Vivaldi o las primeras frases del *primer concierto* de Tchaikovsky; la música se había convertido en un servicio digital bajo demanda y era más sencillo que nunca reproducir la canción que a uno le viniera en mente, sin necesidad de grandes estipendios ni cambiar continuamente de vinilo o disco compacto, como todavía hacían muchos melómanos -su hermano, sin ir más lejos-. Él había insistido en comprar un equipo de música consistente en unos altavoces conectados a la red doméstica usando un cable de datos de gran capacidad, a través de un protocolo informático con nombre de grupo de techno progresivo: Gigabit Ethernet. Una aplicación les permitía buscar cualquier canción imaginable interpretada por cualquiera y reproducirla en el equipo, lanzándola desde una aplicación en el teléfono móvil, la tableta de Kirsten o el ordenador portátil. La frustración llegaba a partir de las diez de la mañana, cuando Kirsten le sustituía con Nicky y él se enfrentaba al ordenador. Eran días en que se perdía en Internet, buscando información en una fuente inabarcable hasta que le escocían los ojos. Se levantaba, acudía a la cocina a llenar la copa de café y trataba de escribir; lo que a menudo le suponía tres horas de trabajo se triplicó por cada uno de los dos artículos en profundidad semanales para la página web, en parte por la falta de concentración y en parte por la voluntad de evadirse de la historia de Pedro Losada. Cuando llegaban las seis y media de la tarde, abandonaba frustrado el escritorio, con una pesada sensación de derrota. Que si hoy has estado todo el día procrastinando entre bitácora y bitácora; que si el artículo que urdes es un refrito pseudofilosófico infumable; que si has vuelto a perder el día. Cuando un poco más tarde llegaban Kirsten y los niños, el alegre caos creado era la excusa para mostrar su momentánea disconformidad con la existencia. No quería convertirse en un padre gruñón que desahoga sus frustraciones imponiendo supuestos modales y prohibiendo juegos a sus hijos; le reconfortaba saber que los niños medían la tensión en el aire. "No la tomes con ellos. Aprecia lo que ves. Te lo estás perdiendo", se decía. "Simplemente no te has puesto a escribir hasta última hora."

Madrugada del sábado. El fin de semana no salía a correr y se quedaba en la cama leyendo hasta que alguno de los niños venía a saludar, avisando al resto de que el cariñoso gruñón ya estaba despierto. Normalmente, era una hora y media de placentero disfrute: leer con la mente recién desvelada hasta que el estómago o la demanda de atención de las niñas o el bebé decían basta. Pero aquella mañana sería diferente. Se levantó al lavabo a las cinco, con el estómago revuelto. No pudo volver a dormir; le preocupaba una nueva corazonada, que había crecido agazapada en la inconsciencia del sueño más profundo. En esta ocasión todavía sentía la complejidad y rapidez de un razonamiento que, de haberlo concebido en un momento de teórica lucidez, animado por el café y el esfuerzo socrático de acorralar una idea escurridiza hasta dejarla en el tuétano, jamás se habría presentado con tanta contundencia. La hipótesis se había formado con el devenir de varios pensamientos ocurridos en cascada, todos igual de manifiestos y claros, cuya complejidad -dada su historia, textura, interconexión con otros pensamientos y memorias- no causaba la sensación de pereza que a menudo le invadía cuando, desvelado, tenía que convivir con el despertar de una chispa en el pensamiento que, perseguida, podía convertirse en el inicio de un artículo, la evocación de un recuerdo agradable, la base de una teoría que se disiparía antes de vislumbrarla. Eran pensamientos que corrían en desbandada hacia el torrente que, en medio de la tempestad cognitiva del sueño REM, probaban infinidad de hipótesis para preparar al portador en su día a día, un huésped ajeno a todo aquel esfuerzo sensorial durante su nocturna vida paralela. Esa madrugada, su apacible vida se había sucedido ante él, situado en el centro de un escenario circular donde varios dioramas se peleaban por su atención: el esfuerzo con la página, la voluntad de probarse físicamente, la riqueza de las lecturas de los últimos años, las pequeñas derrotas cotidianas y, ante todo, su seclusión voluntaria. Kirsten dormía apaciblemente a su lado. Observando el poso del sueño desde su consciencia desvelada detectaba, por encima de cualquier otra idea, el juicio que su propio yo dormido había hecho de su existencia consciente: su carácter huraño había derivado en retiro voluntario. Apenas se relacionaba con Kirsten y los niños, más allá de alguna conversación peregrina con sus padres y hermanos, que a menudo -sobre todo las entabladas con su padre- derivaban en discusión irracional, en la que cada uno de los contertulios se convertía en contendiente librando una batalla por sostener, de la manera más pueril e irracional, cualquier barbaridad. Su sueño parecía haberle advertido de su déficit de relaciones humanas y los típicos filtros de realidad que mantenían a la gente con los pies en el suelo. ¿Y si hubieras "imaginado" a Pedro Losada? Chorradas, se decía, mientras observaba el movimiento de las sombras que el paso de algún coche esporádico dibujaba sobre la pared de la habitación. Él no era esquizofrénico. Es más, jamás había experimentado alucinaciones. Ni siquiera cuando había tomado drogas con ese fin, casi nunca tentando límites que le impidieran aprovechar la mayor parte del día siguiente, a excepción de un puñado de noches pasadas en vela hacía unos años, con algún grupo de jóvenes alienados en busca de falsas respuestas. La cocaína, metanfetamina, ácido lisérgico y otras sustancias que en alguna ocasión había mezclado con alcohol habían causado, a lo sumo, mayor agudeza mental y sensorial (hasta el punto de oír con claridad conversaciones lejanas), sensación de euforia e invencibilidad momentáneas, taquicardia, pseudodrepresiones ("bajones") o efectos similares. Ni duendes, ni paredes moviéndose, ni manos agrandadas o empequeñecidas, ni otros fenómenos que había oído explicar. Pedro Losada existía. "Debía" existir.

Empezaba la acción. Se levantó de la cama y fue a lavarse la cara. Kirsten se levantó y le preguntó, todavía dormida, si todo iba bien. Contestó susurrando:

- Todo bien. Ve a dormir, que Nicky se levantará pronto y te desvelará. Voy a aprovechar el silencio para trabajar un poco antes de llevar a las niñas a clase -Inés y Ximena acudían los sábados a cantar en un coro infantil del centro de la ciudad, hacia el que partían a las diez y media.

Una búsqueda pormenorizada en Google le llevó a un registro que le había pasado por alto durante la anterior pesquisa: un tal "Losada B., P.M.", enfermo psiquiátrico catalogado como no peligroso por el equipo médico de la unidad psiquiátrica del hospital de Montecelo, Pontevedra, se había escapado a mediados de mayo 2011 de un tratamiento que había requerido su ingreso y había sido encontrado, días más tarde, en el islote de San Simón, en medio de la rada de la ría de Vigo con el mismo nombre, cocinando y guareciéndose en una hoguera. La información, en las páginas interiores de *El Faro de Vigo*, incluía una fotografía en la que se observaba una tienda de campaña junto a los restos de un fuego delimitado por cantos rodados, así como varias latas de conserva apiladas con esmero. Al parecer, el fuego de la hoguera había sido avistado desde Redondela, localidad al final de la ría de Vigo y de su última ensenada; e incluso desde el puente colgante de Rande, que unía desde 1978 ambas orillas de la ría, acortando el trayecto entre Vigo y Pontevedra. El enfermo, que había aducido, según la información, una "necesidad perentoria de acudir al islote a saldar cuentas con el pasado" así como "simpatías con el Movimiento 15M", tenía un historial sin conflictos y no se le conocían brotes de violencia previos o durante su estancia tutelada en el hospital psiquiátrico, prescrita por el propio equipo médico tras varias visitas exploratorias, que habían diagnosticado una severa depresión. ¿Era "Losada B., P.M." el Pedro Losada que él conocía? Por fortuna, pronto daría con la respuesta. No había más que preguntar al propio Losada. Si se trataba de él, le sería imposible ocultar su pasado psiquiátrico en una conversación frontal que diera poco margen para evasivas. Debería responder con rotundidad. Uno había estado -o no- en una institución psiquiátrica. Uno se había escapado -o no- de los loqueros para convertirse en el único "indignado" del 15M acampando en un islote perdido en el interior de la ría de Vigo. Ello explicaba el titular: *El indignado solitario.*

Oyó el llanto de Nicky mientras apuntaba en una pequeña libreta adhesiva de color azul las dos tareas que le restaban antes de que la frenética actividad de un sábado por la mañana en el hogar de un matrimonio joven con hijos le instara a abandonar el refugio introspectivo y asegurar así su estabilidad emocional. Apuntó dos tareas que debían evitar la procrastinación. La primera, "Explicar a Kirsten el encuentro con Pedro Losada.---> ¿Ir toda la familia a verle al hospital? Por loco que esté, no es peligroso"; y la segunda, "Llamar al padre de Héctor, antiguo director de ese hospital, para averiguar el nombre completo del paciente. Llamar a *Faro de Vigo* y hablar con autor [del artículo sobre el 'indignado solitario']". Estaba seguro de encontrar receptividad en el periodista, sobre todo al tratarse de un colega quien llamaría. No estaba tan seguro con la información médica, pese a sus lazos de amistad con los hijos del antiguo dirigente de la institución, cuyo comportamiento ético, estaba seguro, era intachable. El código deontológico médico prohibía expresamente compartir con terceros información privada de pacientes, pero la situación era suficientemente anómala como para hallar comprensión: ¿y si su familia estuviera en riesgo?

Eran las siete y diez de la mañana. Kirsten se levantó y se arrastró, medio zombi, hasta la habitación de los niños y volvió al dormitorio, junto a su despacho, con el niño revolviéndose en sus brazos en busca de la toma matinal de leche materna. Esperaría a la hora del desayuno para explicarle la historia de Pedro Losada, mientras las niñas jugaran antes de acudir a la coral. El hospital de Montecelo pertenecía al universo conocido. Era un edificio austero a las afueras de Pontevedra, uno de los pocos alejados del centro que se elevaban varias plantas, a apenas veinte minutos en coche de Anceu, la aldea donde había pasado todos los veranos de su infancia y primera juventud, hasta que durante los años de universidad empezara a planear las vacaciones por su cuenta, como también hicieran sus hermanos y amigos. Os Casás, un caserío apartado del núcleo principal de la aldea, albergaba la humilde casa donde habían nacido su abuela y su padre, ahora cerrada por cuestiones de papeleo. En el caserío de Os Casás se levantaban las casas de piedra de cantería, que contribuían al paisaje disperso y minifundista del campo gallego: una familia equivalía a una huerta, una era y un hórreo, llamado "canastro" (un granero elevado sobre pilastras de granito pintadas de líquenes) en aquel húmedo rincón entre viejas colinas de granito alfombradas con el verde intenso de los tojos y el amarillo puntillista de sus diminutas flores. Su abuela y cuatro hermanos más, de un total de siete, habían pasado la mayoría de su vida en Os Casás. Cuatro mujeres (una madre soltera -su abuela-; una emigrante a Brasil y México casada que había retornado a su lugar de nacimiento con su familia -la única que todavía vivía-; una retraída mujer viuda desde siempre; un varón soltero que había trabajado en Suiza, Portugal y Brasil, para bebérselo todo en el último tercio de su vida; y una avispada y bajita madre de familia que nunca había salido de allí). De los tres hijos varones de esta última hermana de su abuela, sólo el segundo había evitado graves problemas mentales, si bien abusaba del alcohol. El mayor, un antiguo bachiller eclesiástico que iba para cura y acabó ordenado fraile en Santiago de Compostela, había vuelto a la aldea después de que se le diagnosticara una esquizofrenia severa en la treintena; mientras el hermano menor, que aumentaba a escondidas la eterna narcosis producida por su medicación de caballo con vino a discreción, había padecido la misma enfermedad desde su primera juventud.

Primero y ante todo, había que resolver si "Losada B., P.M." era, en efecto, el individuo con cáncer terminal que se había presentado en su vida. Si Pedro Losada era el "Losada B., P.M." de la noticia de *El Faro de Vigo* sobre el indignado solitario, la hipótesis de mayor peso sugería que la inestabilidad mental de la persona había desembocado en una fijación compulsiva y una confusión entre realidad y maquinaciones. Había leído acerca de una supuesta tendencia, acentuada en los pacientes obsesivo-compulsivos, a crear realidades paralelas a partir de una interpretación de lo acontecido que condujera a resultados preconcebidos. Así pues, el interés de un Losada desequilibrado había desembocado en, por ejemplo, su interés por la novela histórica relacionada con alguna temática-fetiche: trísceles -esos símbolos celtas que simbolizaban la tríada y sus distintas interpretaciones ancestrales, a los que se refería el título de la novela-; personajes históricos específicos que aparecieran en el libro; lugares geográficos; masonería; etc. Una búsqueda en la tienda Amazon que hiciera referencia a más de una de las palabras clave que él mismo había definido para que el libro pudiera ser encontrado con facilidad, y Losada se habría topado con él. Lo habría descargado y leído. Su lucha contra el cáncer, así como su historial psiquiátrico, explicarían tanto la presencia en Barcelona -su estancia en el hospital del Sagrat Cor de Barcelona era plausible- como su fijación por conocerle en persona y trabar un relato tan delirante, hasta el punto de afirmar que su novela de ficción era en realidad una interpretación contemporánea de hechos que habían ocurrido... incluyendo los que habían salido de la imaginación del autor. Le preocupaban, no obstante, algunas coincidencias que no podía pasar por alto: los dos primos hermanos esquizofrénicos de su padre habían sido tratados toda su vida en Montecelo; el director del centro psiquiátrico durante años había sido Héctor Lareira, propietario de una de las casas señoriales de Anceu y padre de tres amigos íntimos de él y sus dos hermanos, con los que habían pasado los veranos de su adolescencia y primera juventud. El mayor, profesor de biología en Asturias; la mediana, maestra de instituto en Andalucía; y el menor, empresario y actor en Madrid. La mujer de "don" Héctor, como le llamaban -con un trato deferente que se había ganado a pulso- los paisanos en la aldea, era una de las psiquiatras del mismo centro. Si "Losada B., P.M." era el Pedro Losada que había picado al interfono de su casa, era plausible que hubiera tenido alguna relación con el director durante tantos años; o bien con su mujer; o bien con alguno de los dos primos hermanos de su padre. Podrían haberse dado distintas combinaciones. Anceu y Os Casás, en definitiva, podrían haber estado de alguna manera presentes en el contexto cotidiano de Losada en Montecelo. Otra coincidencia: el "Losada B., P.M." del artículo de prensa había acampado durante días en el islote de San Simón, el mismo al que el trovador Martín Códax dedicara una cántiga; el mismo pedazo de tierra que usaran los templarios en el siglo XII; la misma isla liliputiense habitada por eremitas, saqueada por el pirata Francis Drake en el siglo XVI... y defendida por las tropas españolas y francesas ante la ofensiva naval anglo-holandesa de 1702. La defensa del islote por parte de un pequeño escuadrón era el único acontecimiento narrado en *Triskelion* que no sucedía en la década de los 70 del siglo XVIII; en la novela, el papel de Pedro da Boullosa, antepasado real de Domingo Antonio Boullosa Nogueira (y de él mismo) era crucial para el desenlace de la historia. Pedro Losada le había mostrado un documento que, al parecer -y siempre que fuera real-, documentaba el honroso servicio realizado por Pedro da Boullosa y sus compañeros en la defensa de un lugar tan estratégico en la batalla perdida, y que habría permitido en última instancia salvar buena parte del oro y la plata del cargamento que los navíos españoles, escoltados por fragatas francesas, habían transportado desde América, objetivo último del ataque.

Tiempo habría para indagar sobre los flecos por desentrañar de la misteriosa relación entre Losada y el islote de la ensenada de San

Simón. Ahora tenía que explicar a Kirsten su encuentro con Pedro Losada y en qué había derivado hasta el momento su pesquisa sobre el individuo. Caminó desde su despacho hacia el espacio interconectado del apartamento compuesto por recibidor, sala de estar, comedor con la mesa de ping pong en el centro y, en los extremos de la cruceta que conformaban las estancias más allá de los generosos arcos de marquetería, el escritorio de Kirsten contra la fachada de la calle a la derecha; las modernas y minimalistas puertas correderas de la pequeña terraza en frente; y la entrada a la cocina a la izquierda. La luz matutina se adentraba en el enorme espacio con timidez, iluminado también por las dos bombillas LED que colgaban desnudas de sendos portalámparas negros, a un lado y otro del ventilador que marcaba el epicentro de la estancia, justo sobre el centro de la mesa. Su afán racional y simpatía por los perdedores de la dialéctica antigua entre la razón de los estoicos y el misticismo demagógico del populacho (los seguidores de Abraham en cualquiera de sus acepciones, a su vez plagiadores de las ideas de Platón sobre la inmortalidad del alma en las que se basaba la idea de la Divina Providencia), le jugaba malas pasadas, como en la distribución del ala abierta del piso. La estancia sobre la que se situaba la mesa de ping pong equivalía al crucero de una basílica de cruz latina: el espacio de intersección entre la nave principal -el apartamento en su conjunto, de planta rectangular- y la transversal o transepto, conformado por la cocina y el espacio de trabajo de Kirsten. En el colapso de Roma, el cristianismo se había impuesto al estoicismo, no sin antes tomar de él lo que no contradijera los dogmas eclesiásticos, y todavía se pagaban las consecuencias. La actividad en la vivienda se desarrollaba en torno al crucero: la mesa para comer, charlar, trabajar, jugar con los niños, recibir invitados. El piso en que criaba a su familia y elaboraba un sitio de Internet que promovía el libre pensamiento, el cultivo de la razón, el disfrute de cada momento, el control de los impulsos y la gestión sosegada de las gratificaciones como filosofía de vida, compartía atributos arquitectónicos con un templo cristiano. Al reflexionar sobre ello, le había sosegado concluir que, al fin y al cabo, las basílicas cristianas eran una deficiente evolución de los templos clásicos.

Lloviznaba, pero la claridad del día sugería más un fin que un principio. Escuchaba el tintineo del agua sobre el extremo del tubo de acero que expulsaba hacia el patio de luces los humos del aspersor de la cocina. Desde el centro del comedor, la cocina se abría imponente contra la pared medianera del edificio colindante. Un diáfano mueble de madera de contrachapado sin puertas ocupaba el perímetro de la pared medianera y la cara exterior del tabique del lavabo, describiendo una "L" de varios metros de longitud que otorgaba al espacio un aspecto espartano y a la vez preciso, ausente de los objetos innecesarios que la gente acumulaba en infinidad de muebles cuyas puertas escondían la representación material de decisiones a medio tomar, compras poco acertadas y objetos que no se podían tirar sin esfuerzo ni tristeza. La nevera, el lavavajillas, la cocina y la lavadora, de acero inoxidable, otorgaban una personalidad industrial, donde la estética se supedita a la calidad. Nicky aparecía diminuto junto al mueble, hurgando en su zona preferida: la balda que incluía especias, sal y aceite, mantequilla de cacahuete, ajo y tarros con distintos ingredientes. Pálido, rubio y prácticamente calvo, enfundado en su pijama de cuerpo íntegro con cremallera frontal, parecía un bebé teletransportado de un hogar de clase media suburbana de una entre tantas localidades del Medio Oeste estadounidense donde predominara la población con ascendencia nórdica. Kirsten celebró su presencia con un "Hey"; ponía al fuego la olla con leche copos de avena y plátano, combinación que una vez cocida se convertía en una pasta ligeramente dulce a la que él añadía pasas, semillas de sésamo, linaza y miel.

- ¿Recuerdas aquello que te explicaba, que me es difícil escribir algo, que no encuentro tema para una nueva novela?

- Sí. ¿Alguna novedad? ¿Encontraste algo?

- Sí... quiero decir: no. Rotundamente no... -Describió una mueca y se encogió de hombros, dejando los brazos muertos mientras abría los ojos y la boca, como queriendo imitar cómicamente *El Grito* de Edvard Munch-. No te lo había comentado, pero pensé incluso en continuar la primera novela.

- ¿*Triskelion*?

- ¿Qué otra, si no?

- ¿Y por qué no? Ya hemos discutido eso. Te he insistido que me hubiera gustado saber más de los personajes de la novela... De los tres chicos que se escapan de España para buscar aventuras en México. No sé qué hicieron después del desenlace... ¿Volvieron a España, o se quedaron en México? ¿Fundaron una familia o se convirtieron en aventureros románticos antes de que existiera el Romanticismo? Hay muchas preguntas que me hago sobre esos personajes, y también sobre el Rey, que es el rey más humano sobre el que he leído nunca, o sobre los personajes ingleses y de las Trece Colonias: Samuel Johnson, que lo describes grandote y lleno de tics, como el escritor ese catalán que vimos una vez por la calle... ¿Cómo se llamaba?

- ¿Quim Monzó?

- Sí, yo veo el Samuel Johnson de *Triskelion* como una especie de Quim Monzó en lo físico, un hombre que lleva consigo el peso de la tradición y la lengua inglesa (el legado de Mercia, como tú escribes)... También me gustó el apuesto James Boswell y su relación con el menestral catalán, sin la cual no se sostiene la historia. Me sorprendió mucho que Adam Smith viviera todavía con su madre... Lo describes como un "nerd", ¿cómo lo dices?

- Un empollón.

- Eso, Adam Smith en *Triskelion* es un empollón que todavía vive con su madre, la que se encarga de que se tome de vez en cuando un caldo caliente y esos intangibles tan importantes que no aparecen luego en las grandes teorías o novelas a las que contribuyen. Y los "americanos", la gente de las Trece Colonias. La familia Conway, su amigo negro de la infancia, el esclavo con el que sacrifica los gatitos que se suponía que tenían que cuidar, porque olvidan darles leche durante el fin de semana... Thomas Jefferson y Benjamin Franklin... Hay muchos personajes bien esbozados que tienen un papel muy secundario en la novela "frontal", la que se encuentra el lector. Pero ya hemos discutido que a mí me dio la sensación de que la historia siguiese durante y después de la novela... Como si hubieras elegido una parte testimonial de una historia mucho más grande que debe ser continuada...

- ¿Y qué te parecía el personaje de Pedro da Boullosa? ¿Lo recuerdas? El antepasado de Mingo, el joven gallego.

- También es antepasado tuyo, ¿verdad? -Kirsten sonrió, pero su rostro relajado se tensó por un instante. Volvió su vista a Nicky, que jugaba como era habitual a sacar objetos de las cubetas del reciclaje, volviéndolos a depositar a continuación, en esta ocasión según su criterio-. ¿Ocurre algo?

- No estoy seguro.

- ¿No estás seguro de si ocurre algo o no? ¿Qué pasa? ¿La inquilina de Escudellers Blancs ha vuelto a retrasarse con el alquiler?

- No, no es eso... ¿Recuerdas el otro día por la tarde, cuando salí a la hora de cenar? En realidad alguien había venido a visitarme. Decía haber leído *Triskelion.* No me pareció alguien en sus cabales, así que preferí charlar con él en otro sitio para no coincidir contigo volviendo de la escuela con los niños.

- ¿Había leído *Triskelion*? Bien, eso es posible, ¿no? Cualquiera se lo puede descargar en la tienda Kindle.

- No me extrañaría tanto si hubiera habido actividad en las últimas semanas... Recuerda que tengo acceso a la página del servicio de publicación de Amazon, donde hay estadísticas de ventas en tiempo real en todos los países. Y te puedo asegurar que no hay nadie leyendo el libro.

- Insisto en que es posible, Nico.

A Kirsten no le extrañó tanto la coartada de Pedro Losada. Había lectores agradecidos o incluso fanáticos. Su marido evocó el celo de ambos por su intimidad, sobre todo ante los comentaristas más agresivos de YouTube, la legión de "trolls" que ahora protestaba en la comunidad para compartir vídeos debido a un cambio técnico que les obligaba a realizar comentarios con su perfil de usuario en la red social de Google, lo que dejaba menos espacio para el uso impune del anonimato para realizar declaraciones amenazantes, inapropiadas, apologéticas o que invadieran la intimidad de quienes salían en los vídeos, o la de Kirsten, él mismo y las niñas.

- ¿Consideras normal la visita a nuestra casa de un chalado para hablarme sobre *Triskelion*? Te prometo que al principio pensé que era una broma de mal gusto. Conocía la dirección y se presentó sin previo aviso.

- Ya sabes lo que pienso de mantener nuestros datos personales en el apartado de "quiénes somos" de la página web -contestó Kirsten-. A medida que tenemos más visitas, hay más riesgos de que la gente se tome la libertad de enviarnos mensajes, llamarnos por teléfono, presentarse en la puerta como ha hecho este señor... Por cierto, ¿quién era?

- Un tal Pedro Losada. Gallego. Resulta que tiene un cáncer terminal. De esófago, creo. Le van a ingresar en el Hospital Sagrat Cor.

- ¿Donde nacieron Inés y Ximena?

- Eso es. Ayer estuve con él tomando un café justo después de comer. Disculpa por no habértelo explicado. No quería preocuparte. Sé que estás acabando el vídeo de la semana y no hay margen para monsergas. Este señor está convencido de que la trama de *Triskelion*, me refiero a toda ella, sucedió en realidad -su risa sonó forzada, a diferencia de lo habitual; su carcajada, que existía sólo cuando partía sincera del estómago, con el timbre y claridad de alguien sano y con buen fondo, era uno de los rasgos que más había gustado a Kirsten desde el principio-. Él dice que es historia, y no novela histórica. Cree que, por ejemplo, Pedro da Boullosa luchó en efecto contra la flota anglo-holandesa en la batalla de Rande, y así.

Las pupilas de Kirsten, pequeñas y nerviosas, estudiaron el entorno inmediato, un reflejo de sus conjeturas:

- Entonces, ¿también cree que los tres muchachos españoles llegaron por tierra hasta la misión de Carmel en el norte de California y allí conocieron a Junípero Serra? -Criada en el entorno geográfico plagado de nomenclaturas en castellano por su pasado de Frontera de Nueva España y, más tarde, de México, Kirsten pronunciaba a su manera nombres habituales en el callejero del norte de California, como "Camino Real", "Gaspar de Portolá", "Junípero Serra", "Palo Alto", "Los Altos", "Los Gatos, etc., con un acento particular propio de la interiorización de nombres y lugares sin prestar atención a su idioma originario. "Junípero Serra" sonaba más bien "Hunípara Sera"-. ¿O que el viaje de los tres jóvenes españoles hasta los confines de Nueva España está relacionado con la Declaración de

Independencia de Estados Unidos?
- Sí. Él cree que todo es real. De pe a pa. Me mostró incluso la fotografía de un presunto documento notarial que demostraría que Pedro da Boullosa y sus compañeros defendieron en efecto el islote de San Simón durante la batalla de Rande.

Kirsten trató de recordar el papel del islote de San Simón en la historia. Le venían a la mente los episodios del "americano" (como denominaban los ingleses a sus compatriotas nacidos en las Trece Colonias) Colton Taliaferro, con casa en el norte de una isla canaria cuyo nombre ahora no recordaba, al que llamaban "Colón" Taliaferro. Su hermano se llamaba Colton, un homenaje de su madre (cuyo apellido de soltera era Maslen) a una antigua rama familiar que se remontaba a la época colonial con apellido Colton, del mismo modo que también había la rama de los Taliaferro, los Conway, los Brown, los Tyson o los Holbrook. Sabía que su marido había aprovechado el árbol genealógico de su madre para incluir directamente en la historia a tres ramas de sus antepasados: los Conway de Virginia, los Brown de Rhode Island y los Taliaferro, también de Virginia. Por un instante, fabuló sobre la posibilidad de que su marido, escrupuloso con la información y el contexto histórico de *Triskelion*, hubiese confundido la "ficción" con la historia, dando forma al equivalente a un reportaje diferido en el tiempo, como los que había publicado la revista *Rolling Stone* en sus inicios. Una idea descabellada que su radar intuitivo no podía descartar del todo.

- Sabía que los personajes estaban vivos y seguirían su curso fuera de la novela, pero de ahí a creerse que lo que has inventado sea también historia...
- Tenía entendido que a uno le podían acusar de plagio; o tildar de fantasma, mediocre, pedante... Pero nunca pensé que "el lector" de mi novela, el único que conozco totalmente ajeno a mí, el único que ha leído *Triskelion* concienzudamente sin tener ningún lazo con el autor, me acusara de haber escrito un trozo de historia que había pasado desapercibida para los historiadores. Es tan absurdo como profanar la tumba de Lev Tolstói para comprobar si entre los objetos

del ataúd hay alguna pista que certifique la existencia de los personajes de ficción incluídos en *Guerra y Paz*. Sí, la batalla de Borodino existió, pero ello no quiere decir que el Pierre Bezújov que se marcha fuera de Rusia a los diez años y vuelve a los veinte, supuesto hijo bastardo de un supuesto príncipe Kíril, existiera, se comportara y dijera exactamente lo que sobre él nos cuenta el autor. Es absurdo.

- Confieso que la idea de este tal Pedro me atrae... Que mi marido escriba de un modo tan realista que acabe relatando lo que sucedió en realidad a finales del siglo XVIII y, por una circunstancia u otra, no apareciera en los libros de historia. Ya se sabe que la historia es una interpretación... "ceremonial" de la realidad. Nos llegan sólo acontecimientos fragmentados explicados por distintas fuentes, o registros burocráticos: fiscales, eclesiásticos, militares, notariales...

Se creó un silencio matinal, de inicio de jornada, roto sólo por la frenética actividad del bebé, que extendía por el suelo los cartones de leche, yogures, bolsas y papeles a la espera de ser reciclados. Nicolás acudió al gran ventanal que abría la ventana al patio trasero del edificio, dominado por el ramaje de los frondosos árboles de hoja perenne de su interior. Agarró la ropa para correr del tendedero y se dispuso a vestirse para su salida matutina, cuando cayó en que era sábado.

- ¿Estás nervioso?

- Me preocupa algo más, Kirsten. Por eso te he explicado la historia de Pedro Losada. Quiero asegurarme de que estoy cuerdo. No sé si estoy perdiendo el sentido de la realidad. Estoy casi convencido de que no es así: nunca me he sentido mejor físicamente, la página web va cada vez mejor y tengo todo el tiempo y tranquilidad para mejorar mi escritura. Siendo joven, estando sano y trabajando duro, a lo mejor me sorprendo a mí mismo con alguna novela consistente. Quizá incluso la próxima... O no. En cualquier caso, veo la escritura como una carrera de fondo. A no ser...

- ¿A no ser...?

- A no ser que pierda totalmente el sentido de la realidad. ¿Recuerdas nuestra broma en relación con *Una mente maravillosa*, la película sobre el brillante matemático esquizofrénico que debe aprender a sobrellevar la enfermedad?

Kirsten se acercó a él, preocupada; se encontraban en el centro del espacio, en la gran apertura que conectaba la cocina con el espacioso comedor; el bebé corría, con la energía de un organismo floreciente celebrando la existencia con cada célula, alrededor de la mesa de ping pong. Se sintió madre y esposa, y estaba dispuesta a luchar con cualquier ente que pusiera en peligro la cotidianeidad que habían forjado con esfuerzo, se tratara de una persona, una catástrofe natural o una enfermedad.

- No te preocupes, no he sufrido ningún episodio psicótico ni nada por el estilo -prosiguió-; simplemente, me incomoda ser el único que ha estado en contacto con el tal Pedro Losada. Parece un personaje de novela negra... gris, con olor a bar de los de antes (esos antros con tragaperras en la puerta, palillos en el suelo y personas con historias tristes acodadas en la barra y la mirada perdida en el televisor de la esquina); gallego, conocedor de mi novela y seguramente mi vida... Aporta detalles sobre el libro tan precisos que sólo pueden salir del autor o el lector concienzudo. O acaso del personaje inventado por una mente enferma.
- Entiendo -la mirada de Kirsten era comprensiva, tranquilizadora. Abrazó a su marido con energía, sacudiendo los fantasmas y las mariposas que se hubieran acumulado en el estómago-. Estoy convencida de que ese señor existe. Tenemos que averiguar por qué está obsesionado con tu libro y por qué piensa que es una historia real. Y, si lo piensa, por qué cree que merece tanto la pena advertir al autor de su convicción.
- Aquí viene lo interesante: Losada asegura que *Triskelion* es en algún sentido decisivo. No intenta probar sólo que está en lo cierto cuando asegura que lo narrado acaeció, sino que lo acaecido forma parte del devenir actual de algo o alguien.
- ¿De qué?
- Tendré que averiguarlo...

La mirada de Kirsten le animó a usar el plural:

- Tendremos.
- ¿Tienes su teléfono?
- Sí. Mi idea es dejar pasar unos días y visitarle después con vosotros. Si viéramos que los niños no pueden entrar, uno de nosotros puede quedarse afuera, mientras comprobamos... mejor dicho, conversamos con él.
- ¿Querías decir "comprobamos" si existe el tal Pedro Losada? -Con su guasa, ausente de causticidad, Kirsten contribuyó conscientemente a tranquilizar el ánimo de su marido-. ¿A quién no le interesa volver al lugar donde han nacido sus hijos?
- ¿A visitar a un canceroso terminal desconocido o, en el peor de los casos, hacer el ridículo al no existir tal paciente? Si el visitado no existe, habrá que pedir volante para que el visitante sea debidamente examinado por un loquero.

Inés se acababa de levantar:

- ¿De qué habláis?

Aunque sus ojos todavía batallaban para acostumbrarse a la luz, ya demandaba algo de contexto para integrarse en la conversación. Kirsten se alegró del genuino interés que su marido mostraba para iniciar el día con su hija. Pronto, Ximena se les uniría; la avena ya estaba preparada, así que cogió un cuchillo y se dispuso a cortar unas rebanadas de la sustanciosa hogaza de pan con masa madre y tipos ancestrales de cereal -espelta, a veces kamut- que ella mismo horneaba. Mientras tanto, él calentó la leche que Ximena todavía bebía dos veces al día en vaso con boquilla, único remanente simbólico del bebé que había sido hasta hacía apenas dos años. A la entrada de la habitación de los niños, junto al espacioso recibidor de la entrada que conectaba las dos alas de la casa, yacía el pequeño peluche de la ratona Maisy, usada por Inés y Ximena a la edad que ahora tenía Nicky. Viéndolos crecer, era fácil solapar fechas y acontecimientos. El verano había sido apenas el día anterior, a juzgar por la sensación de lucha contra la aceleración del tiempo que ambos experimentaban. "Esta mañana, voy a ser más consciente que en los últimos sábados y voy a disfrutar del tiempo con ellas", se conjuró apenas cuarenta minutos antes de salir de casa con Inés y Ximena, camino de la clase de canto en la coral. A lo mejor, pensó, la historia de su novela partiría de su encuentro con Pedro Losada.

Lunes. Al sentarse al escritorio, recapituló las ideas surgidas durante el fin de semana no anotadas; las que le habían parecido más sólidas eran ahora absurdas, mientras las menos importantes adquirían mayor peso. Antes de ponerse con la rutina del inicio de la semana, que incluía leer bitácoras y elegir temáticas para los dos reportajes que realizaba entre lunes por la mañana y miércoles por la noche, retomó el tema que le robaba el sueño. El artículo sobre el indignado solitario del islote de San Simón apareció en su navegador. En otra pestaña, buscó el teléfono de la redacción de *El Faro de Vigo*. Averiguaría minutos más tarde que el autor del artículo, que destilaba oficio periodístico y celo en la investigación, era un becario que acabó las prácticas poco después, al que no volvieron a ver el pelo. Ahora vivía en Madrid. Un par de búsquedas le llevaron al perfil del periodista en tres redes sociales distintas... Cómo había cambiado todo. Su generación luchaba por compartir cuanta más información privada mejor, sin pedir nada a cambio. Un par de respuestas en Twitter al usuario en cuestión después, se había hecho con el teléfono del antiguo becario de *El Faro de Vigo*. El artículo *El indignado solitario* había tenido cierta repercusión en Galicia y su autor recordaba sus detalles. Se tutearon desde el principio.

- Un hombre triste y misterioso... Sin duda salía de una pesadilla. Lo confirmé cuando me contó sin tapujos que había huido de un tratamiento psiquiátrico en Montecelo.

Al final, el ahora periodista del Grupo Vocento en Madrid, que le había convertido en "una puta del periodismo", según él, encontró en su Evernote, una aplicación de móvil que usaba para tomar notas, el nombre completo de aquel delgado y triste hombre separado y con problemas psiquiátricos.

- ...Se llamaba Pedro Losada.

- Creo recordar que usaste siglas. Te leo del artículo: "Losada B., P.M."

- Sí, es la convención en *El Faro* cuando se trata de casos con circunstancias especiales como menores o personas con cierta dependencia, como la discapacidad psíquica. Se llamaba, se llama... Aquí: Pedro Miguel Losada Barreiro. Una historia triste...

- ¿Se refiere a la que explica en el diario?

- Había más. No me dieron espacio para correr un reportaje. Los diarios provinciales se han convertido en un cajón de recortes de teletipos de agencia, refritos de otros diarios y comunicados de los distintos niveles institucionales. Lo más decente es la crónica futbolística, sobre todo cuando el equipo de la ciudad en cuestión se ha mantenido en primera y uno escribe de enfrentamientos con el Barça y el Madrid.

- ¿Qué parte descartaron? ¿Había hecho algo escabroso, el tal Losada?

- Todo lo contrario: le habían hecho a él. Años antes, me explicó llorando, le habían atropellado el único hijo, un niño de cinco o seis años. El niño iba con él, se le escapó de la mano, bajó de la acera y el retrovisor de un coche le dió un golpe. Muerte en el acto. El matrimonio no lo pudo superar; acabó separado y todo fue a peor. Ya te lo puedes imaginar: alcohol, pérdida del trabajo, problemas mentales...

- ¿Cómo tenía los ojos? ¿Los recuerdas?

- Son los ojos azules más profundos y tristes que he visto en mi vida. ¿Te sirve?

- Me sirve.

"Losada B., P.M." era el Pedro Losada que había conocido; ahora no le cabía ninguna duda. En ocasiones sentía un vértigo que estaba seguro de compartir con al menos todos los mamíferos con vástagos en edad dependiente: la sensación de fragilidad de la existencia y, a la vez, el mandato irrenunciable de protección de la familia. Antes de ser padre, había bromeado con sus amigos de la facultad sobre los supuestos comportamientos ancestrales que el núcleo de nuestro cerebro, tan primitivo como el de un lagarto o cualquier otro vertebrado, regulaba. Peter C. Whybrow, director del Instituto

Neuropsiquiátrico de la Universidad de California en Los Ángeles y autor del ensayo *American Mania*, creía que buena parte de los problemas del individuo en las últimas décadas prevalecían por su incapacidad para permanecer comedido en una época de abundancia. El ser humano, decía Whybrow, conservaba sus instintos ancestrales, grabados con fuego en la parte más profunda, antigua e instintiva de su cerebro, la amígdala, que transformaba en placer los estímulos que en el pasado remoto habían garantizado la supervivencia de la especie: el comportamiento gregario, el sexo, los azúcares y los alimentos grasos. En una época de abundancia, carecer de una filosofía de vida que cultivara la moderación y la contención -que no la represión-, empujaba a muchas personas a abusar de placeres instantáneos que, debido al fenómeno que los psicólogos llaman "adaptación hedónica", esta actitud sólo causaba frustración a largo plazo. Como un hámster rodando en la rueda de una jaula, nos apresuramos para conseguir la última gratificación; al conseguirla, perdemos el interés por el último premio y buscamos el siguiente, y así ad nauseam. Nuestra conducta ancestral, en definitiva, todavía prevalecía, y había una parte de ésta que se ocupaba de recordar a los padres que había que proteger a los vástagos. Uno de los consejos de los filósofos estoicos que más le atraían, de entre los explicados en lenguaje llano y atractivo por el profesor de filosofía William B. Irvine en su ensayo *A Guide to the Good Life*, era el que el autor llamara "visualización negativa"; una aceptación consciente del fatalismo de la existencia. Esta técnica para lograr el bienestar duradero al que aspiraban los estoicos al practicar lo que el esclavo -y filósofo estoico- Epicteto había llamado "el arte de vivir", consistía en apreciar lo que tenemos preguntándonos qué pasaría o cómo nos sentiríamos si lo perdiéramos. Al afrontar mentalmente la desgracia de lo que nos rodea (perder nuestro hogar, asistir a la muerte de un ser querido, etc.), decían los estoicos, ponemos nuestra conciencia a prueba. Una pesadilla autoinfligida en plena consciencia, en definitiva. Apreciaremos, así, más el tiempo con nuestros hijos si pensamos que podemos perderlos en cualquier instante, y el cansancio quizá no dé paso a la intransigencia, el desdén o, peor aún, el castigo injusto o la ira arbitraria. La visualización negativa de los estoicos era un ejercicio diario, el equivalente racional e introspectivo que otras filosofías y creencias hacían irracional y místico, al relacionarlo con supuestas providencias y encantamientos. La base racional del eudemonismo de Sócrates y Aristóteles sobre el que los estoicos habían construido su filosofía de vida le parecía el marco de recuento existencial más sólido al que se había enfrentado nunca. "Ahora bien -sopesaba después de colgar el teléfono-, una cosa es meditar sobre qué pasaría si pierdes un hijo, y otra es perderlo". No justificaba la supuesta debilidad de Pedro Losada, que al parecer había ahogado su vida por su incapacidad para pasar página. Por un instante, se puso en el lugar de Losada: "Acudo a la puerta del colegio. Inés y Ximena, contentas como siempre, salen escopeteadas calle abajo, hasta llegar al cruce de la Avenida Tibidabo con la Avenida Bonanova. Cruzamos sin problemas; en la calle Craywinckel, las niñas se vuelven a adelantar mientras, despistado camino en la retaguardia, disfrutando de las musarañas. Y ocurre. Por ejemplo, en la insípida y muy secundaria calle Hurtado: un vehículo familiar conducido por un hombre despistado... no, conducido mejor por un hombre tecleando en el teléfono, se lleva por delante a las niñas. Una de ellas muere; mientras la otra deberá conllevar, como su padre, el haber asistido a la muerte de su hermana, atropellada y desangrada ante ella, sin poder hacer nada..." Dos grandes lágrimas saltaron de los ojos directamente a la mesa, sin tocar la mejilla. Pasó rápidamente el puño de su chaqueta polar negra Patagonia. "Ya está bien de visualizaciones negativas", pensó.

Sonó el teléfono. Pensó por un momento en la inquilina del piso del Gótico, que de momento mantenían, ingresando a través de su alquiler el dinero necesario para pagar la hipoteca. Lo habían logrado, pero la inquilina, una amable hippy de sesenta años que había vuelto a Barcelona tras vivir unos años en Cadaqués, prometía una solvencia y puntualidad que nunca había logrado. Había concluido con Kirsten que lo mejor era agotar el contrato de un año firmado y buscar a alguien, si la inquilina no lograba al fin una mínima estabilidad económica para cumplir con su palabra. No era ella, sino un teléfono móvil desconocido:

- ¿Nicolás Boullosa?

- Hola, soy Pedro Castromil; he hablado contigo hace un instante sobre el artículo del indignado que escribí para *El Faro de Vigo*...

- Ah, claro, hola Pedro. Dime.

- Encontré la carpeta de fotos que tomé en San Simón; las estoy subiendo ahora mismo a Flickr. Si quieres, comparto el álbum contigo y les echas un vistazo. Me habías comentado que no pensabas publicar nada al respecto, ¿verdad?

- No, conozco en persona a un tal Pedro Losada ingresado en Barcelona. Tiene cáncer terminal. Es... un amigo. Cercano. Un amigo cercano, casi familia; ya me entiendes.

- Una pregunta, entonces: ¿por qué no confirmar con él mismo si protagonizó el episodio de San Simón?

Nicolás Boullosa improvisó lo más próximo a una respuesta fresca y convincente que pudo formular sin dilación:

- Por dos motivos: Losada padece cáncer de esófago y, además, sus brotes psicóticos se han vuelto a reproducir. Es difícil interpretar qué forma parte de la realidad y qué es ficción en un discurso caótico y quijotesco como el de Losada.

- Su mirada... Estoy repasando algunas de las fotografías... Tú mismo las juzgarás cuando las tengas delante. Estoy en el periódico, así que están subiendo rápido. Las he comprimido a JPEG para que no nos den las uvas.

- Gracias. Espero tu correo con el enlace. Envíalo a nicolas.boullosa@faircompanies.com. Aprovechando que hablamos: ¿recuerdas algún detalle más, alguna circunstancia que te llamara la atención cuando llegaste al islote?

- ¿Más allá del hecho de que Losada estaba acampando en una isla solitaria de la ría de Vigo, como un indignado más? Bueno, aparte de la profunda tristeza de su mirada, me chocó también su sosiego. Estaba tranquilo... Cómo explicarlo... estaba como autorrealizado, con una actitud que nos evitara más problemas de los causados a mí, a los de protección civil y a la policía, que yo mismo llamé. Le pregunté que si había logrado lo que se proponía en la isla, fuere lo que fuere, y me sorprendió su respuesta.

- ¿Qué te dijo?

- "Lo encontré". Simplemente eso. Obviamente, como periodista becario que creía -más que ahora- en su trabajo y en el papel social del periodismo, traté de sonsacarle a qué se refería. No logré nada.
- Gracias.
- ¡Enviado!
- ¿Qué?
- Nada, te acabo de enviar el correo con el enlace a las fotografías.

Las imágenes tenían la belleza del buen fotoperiodismo. Él mismo había tomado miles de fotografías durante sus periplos profesionales por Europa y Norteamérica, acompañando a Kirsten como periodista y fotorreportero, mientras ella grababa metraje para sus vídeos. La práctica y una intuición estética, cultivada con años de formación autodidacta, le permitían separar el grano de la paja. La amplitud del cuadro, propia de un objetivo de 35 milímetros como el usado por los maestros del fotoperiodismo, confirmaba el buen criterio del fotógrafo. En la mayoría de las imágenes, aparecía un Losada despeinado y con ropa impermeable deportiva en primer plano, mientras a su alrededor yacían la tienda de campaña, los botes de alimentos pulcramente apilados que ya había observado en la imagen de *El Faro de Vigo* y otros detalles más propios del campamento base de un alpinista que se prepara para atacar el K2 que de un desequilibrado mental sobreviviendo en un islote a base de pan de molde y latas de conserva. En segundo plano, arbustos, árboles, un muro y un edificio antiguo, quizá la ermita de San Simón (que él mismo describía en *Triskelion* sin haberla visto nunca en persona) conformaban el limitado universo de los islotes de San Simón y San Antón, unidos por un puente y con una superficie total de doscientos cincuenta metros de largo por ochenta y cuatro de ancho. Al fondo de las imágenes se divisaba una población con un cierto tamaño, atravesada por una plataforma elevada de acero sostenida por columnas de piedra, quizá una antigua vía ferroviaria. Comprobó a través de Wikipedia y Google Maps que se trataba de Redondela, justo frente al islote, en una rada interior de la ensenada de San Simón y extremo oriental de la ría de Vigo. La desordenada pesquisa acabó en oscuras páginas de usuarios que hablaban de Redondela y la zona de San Simón, repletas de leyendas urbanas e historias que mezclaban folclore con chismorreo. Ocho kilómetros al norte de la localidad se erigía, protegiendo la desembocadura del río verdugo en la ensenada, el castillo de Sotomayor, una vieja localidad señorial que constituía la frontera sur de la Galicia de su infancia. Desde su castillo también se observaban, como evocaba ahora, las laderas verdes río arriba, más allá de la confluencia entre el Verdugo y su afluente Oitavén. De la accidentada ribera norte de este último, una vez pasado el embalse de Eiras, cuya masa de agua en forma de "N" daba de beber a la ría y su interior, pendían las eras elevadas de pintorescas aldeas, Anceu entre ellas. Sus antepasados habían vivido y paseado el ganado por la zona desde hacía siglos, como así lo atestiguaba el árbol genealógico que les había regalado un verano el vecino profesor en Santiago. Mirándolo en Google Maps, el embalse de Eiras y los caseríos que constituían los núcleos de población de anceu, justo encima, conformaban una "Ñ" cursiva, ligeramente inclinada a la derecha. Ampliando la imagen satelital de Google Maps hasta que la aldea ocupara la pantalla del ordenador, se observaba con detalle, en el extremo occidental del sombrero de la "Ñ", el caserío de Os Casás, microcosmos de los Boullosa de Anceu. Allí estaba la casa, ahora cerrada, donde había nacido su abuela y los hermanos de ésta, con su pequeña era frontal coronada con el preceptivo "canastro", el hórreo de piedra. También se observaba la relativamente nueva carretera a la aldea aledaña de Barbudo, apenas dos kilómetros hacia el oeste monte a través, todavía sobre el embalse de Eiras. De los encuentros en aquellas eras y arterias de ganado, los caminos enmurados o "corredoiras" ancestrales, su padre había sido concebido, fruto de un encuentro furtivo entre un mozo de la aldea vecina y su abuela, que nunca se casó pese a haber tenido al menos un pretendiente cuando ya era madre soltera. Allí estaban las casas de los familiares, todas de piedra; la iglesia, la antigua casa del cura, el campo de la fiesta, el cementerio, la capilla en torno al mayor núcleo de casas y el hotel aislado al pie de la aldea, al que todos los paisanos conocían como el sitio de "Os Alemanes", al tratarse de un retiro frecuentado por turistas en busca de tranquilidad, aire limpio y un clima fresco. El lugar, que no habría desentonado en el campo irlandés, galés o de la Bretaña francesa, justificaba como mínimo una visita: permanecía apartado de grandes carreteras y, pese a haber sido conectado con

Barbudo por la carretera asfaltada más próxima posible a una pista forestal, conservaba su voluntaria seclusión geográfica, un callejón sin salida de viejas colinas graníticas siempre verdes, algunas casas principales de indianos que habían hecho fortuna en América durante el siglo XIX y a principios del XX, y casas campesinas tradicionales con estructura de piedra de cantería, planta baja dominada por la cuadra y vivienda con zaguán cubierto en la planta superior, a la que se accedía por una escalera de piedra.

En este cul-de-sac que no podía esconderse de la imaginería satelital de Google había pasado la mitad de los veranos de su infancia. Visto desde el cielo en todo su esplendor, observando las eras y caminos donde todavía pacerían las últimas vacas del lugar, o al menos así le gustaba evocarlo, uno entendía por qué familias profesionales de Vigo y Pontevedra habían fijado allí su segunda residencia en los años ochenta y noventa. Como la pareja de psiquiatras con residencia semanal en Vigo y trabajo en el hospital de Montecelo que, al comprar una casa de indianos junto a la capilla de Anceu, se convirtieron en parte de la realidad líquida de sus veranos, adolescencia y primera juventud. Sus tres hijos, con una edad similar a la de él y sus hermanos, se convirtieron en buenos amigos, mientras los padres siempre ayudaron en las emergencias médicas de su abuela, personándose en casa y desviviéndose en atenciones, por el mero hecho de que los nietos de la mujer eran buenos amigos de los hijos "do médico". "Os fillos do médico", decía la abuela, eran buenos amigos "da casa". Don Héctor (el "don" se atribuía sólo a los bachilleres, el cura y los caciques del pueblo) acabaría también ocupándose del recetario de los dos jóvenes hermanos esquizofrénicos de Os Casás, primos hermanos de su padre y, por tanto, sus primos segundos. La última vez que había charlado con alguien de la familia del psiquiatra, que había dejado de ser director del hospital de Montecelo por desavenencias con la camarilla política a cargo de la diputación de Pontevedra y no por cuestiones profesionales, había sido en una visita fugaz a Madrid. Héctor, el hijo mediano del doctor, trataba de hacerse un hueco como actor en la ciudad, mientras pagaba las facturas como socio y trabajador eventual de una empresa de espectáculos con varios bares de moda en la capital. Kirsten y él se habían encontrado con Héctor y su entonces novia -ahora, madre de su hijo- en la terraza de un bar en una calle amable del casco histórico. Hacía unos meses había recibido un mensaje de Facebook del mismo hermano Lareira, que siempre había permanecido próximo a los hermanos Boullosa: había fallecido un amigo de la infancia en la aldea. Ataque al corazón. Nada más desde entonces. Ahora, se disponía a hablar con el padre en relación con un antiguo paciente de Montecelo: Pedro Losada.

Buscó la dirección de Héctor hijo, pues no tenía la de su padre. Escribió una breve nota parca en detalles, adjuntó el enlace al artículo de *El Faro de Vigo* y un par de fotografías que había descargado del enlace privado de Flickr facilitado por el autor del artículo. Aquella misma noche, le sorprendió la llamada del doctor, dulce y tranquila como la recordaba. Le preguntó si había hablado con su hijo; todavía no, le contestó, pero lo haría después de colgar. Tras explicarse cómo marchaba todo en ambas familias, con actualización de nuevos miembros en las dos cohortes incluida, el antiguo director de Montecelo rememoró sus días en la institución. En efecto, se acordaba de Pedro Losada:

- Cómo no voy a acordarme del bueno de Losada. Un hombre culto y entrañable. Lástima que las circunstancias de la vida acabaran agrandando su personalidad al cambio de humor; ya sabes, la bipolaridad. Cuando se hundía en la depresión, llegaban las alucinaciones y nunca sabíamos cuándo bromeaba él y cuándo hablaba el brote esquizoide. Había leído mucho, hasta el punto de convertirse a ratos en un Quijote. Lo digo literalmente: me regaló en varias ocasiones las tierras y dominios que decía tener, como si estuviera regalando ínsulas a Sancho Panza. Lo hacía con tal seriedad que se salió con la suya... nunca sabré si me tomaba el pelo o, por el contrario, ello formaba parte de los... episodios.

Charlaron durante quince minutos. Le explicó su afán de escritor, la novela histórica autopublicada y, finalmente, el extraño encuentro con Losada y su enfermedad terminal. Percibió la sincera afectación del prestigioso psiquiatra. La conversación guardaba una última sorpresa.

- Por lo que me explicas de su fijación con lo que has escrito, quizá te interese saber que Losada era muy buen amigo de tu primo.
- ¿Cómo?
- Martiño. El primo hermano de tu padre.
- ¿Te refieres a Martiño de Os Casás, hermano de Gabriel, hijo de Belinda?
- En efecto.

Martiño Piñeiro Boullosa, el primogénito de los Piñeiro, se había criado en la antigua casa de los abuelos, habitada por la hermana viuda de su madre, Laura; la hermana madre soltera, Esmeredina -la abuela de Nicolás-; y el hermano menor y único varón soltero, que recalaba en la antigua morada de sus padres entre viaje y viaje. La casa de los padres de Martiño estaba frente a la de los abuelos, pero el primogénito Piñeiro había recalado al otro lado de la calle para dar algo de sentido a una casa que había entristecido de repente, al marcharse Manuel -el padre de Nicolás-: primero, de recadero a una tienda en Vigo, adonde había llegado recomendado por un pariente con apenas trece años; y luego a Barcelona, hacia donde viajó por iniciativa propia con quince años, montándose en un tren con asientos de madera que realizaba el trayecto en veintitantas horas, cambiaba de máquina en varias ocasiones y pringaba a los pasajeros de hollín. Manuel Boullosa Currás quería labrarse su propio destino en la ciudad más dinámica de España y allí se quedó. Su vida habría cambiado, de haber logrado la beca para cursar gratis el bachillerato. Se quedó a las puertas. En lugar de obtener un diez, había logrado un nueve ochenta en las pruebas del último año de escuela primaria. El que en los Estados Unidos de los años sesenta se habría convertido en un científico o un matemático, tuvo que abrirse camino a empujones para realizar cualquier trabajo que le permitiera subsistir en Barcelona. Pero esa era otra historia, la que había acabado posibilitando su propia existencia y la de sus dos hermanos. Martiño Piñeiro pertenecía a una familia más estructurada, con al menos un padre que le había otorgado el apellido y una madre que se ocupaba de los gastos. Al cambiar de casa y acabar criándose con sus tías, en un entorno asfixiante, reprimido y deprimente en una época oscura como cualquier otra aldea ajena al runrún del desarrollismo franquista, el rapaz Martiño fue orientado hacia la única posible salida tradicional, pese a que los tiempos estaban cambiando a principios de los setenta: sería bachiller en el seminario de Tuy y, si Dios quería, cura. Logró acabar el bachillerato y empezó Teología en Santiago de Compostela, pero la esquizofrenia, enfermedad que había afectado a su hermano desde la primera juventud, se cebó en él con la llegada de acontecimientos traumáticos antes de la treintena. Quizá, se insinuaba, la represión y los escarceos entre los monjes de la congregación de Santiago donde residía acabaron con su cordura. Martiño vivía con sus dos hermanos en la casa materna. Javier, el mediano, que no padecía la enfermedad, se ocupaba de sus dos hermanos y se esforzaba por mantenerse alejado del alcohol.

Hacía años que vivía al margen de aquella realidad familiar aldeana. En esta ocasión, las noticias no habían surgido de una conversación informal con su padre, sino del padre de los Lareira. *Triskelion* le había reconectado con Anceu de la manera más inverosímil. La novela, apenas leída por un puñado de allegados y algún pirado como Losada, estaba más latente que nunca. Se le acumulaban las preguntas para Losada. Había que planear la visita con su familia, ahora que estaba convencido de que en efecto existía. No peligraba su cordura; ello constituía una victoria parcial. Se sentía con energías para ayudar a Losada a encontrar la salida del laberinto en que se encontrara, para así morir sereno y con el deber cumplido, fuera cual fuera lo que tuviera que contarle.

Empezaba ahora el día de los pequeños momentos importantes. Quería hablar con sus hijas y con su mujer, atender al bebé, respirar el olor a intemperie que trajeran de la escuela al volver a casa. Se sentía más afortunado que nunca.

5

LA REBELIÓN DEL CHARNA

La sórdida sala de espera de urgencias y admisiones del Hospital Universitari Sagrat Cor, al otro lado de la rampa subterránea donde paraban automóviles y ambulancias, carecía de ventilación y luz natural. "Normal", pensó. Pasó al servicio y liberó su vientre. Después del café y los primeros dos o tres cigarros de primera hora de la mañana, la visita al váter era obligada y en los últimos tiempos la incontinencia de esfínteres le jugaba malas pasadas. Sólo apuraba el café en bares con letrina decente, papel y lavamanos con jabón. Desde la instauración de la ley antitabaco a finales de 2010, seguía siempre la misma estrategia matutina, siempre que se alejaba del cuartucho que ocupaba en una gris pensión del Ensanche de Santiago: entraba al bar en cuestión, agarraba el diario si lo había y estaba libre, pedía un café largo y, tras tomar dos sorbos y leer un par de titulares, acudía al servicio a hacer un primer reconocimiento. Si todo estaba en orden, se excusaba un instante para fumar un pitillo en la puerta; acto seguido, entraba directo al váter, donde descargaba. Después, una vez aliviado, se lavaba las manos y volvía a la barra. Con un poco de suerte, el diario seguía al lado del café. Cuando las condiciones eran óptimas, pedía otro café y fumaba un par de cigarros, además de leer hasta la letra pequeña de los azucarillos. Tiró de la cadena mientras reconocía la tranquilidad con que uno podía elegir un bar en Barcelona: la gente no tiraba papeles, palillos o servilletas al suelo; los retretes permanecían decentes a cualquier hora del día -lo que implicaba una mínima colaboración de la clientela, que al menos levantaba la taza y solía pasar la escobilla-; el café se dejaba beber -más como en el sur de Francia o en Italia que en otros lugares de España-; y se servía con una determinada frialdad, lo que a estas alturas le reconfortaba mucho más que la condescendencia, la simpatía impostada o los formalismos excesivos. Introdujo un euro en la máquina de café y eligió un café largo con el nivel de azúcar al máximo. Observó la sala: un hombre de mediana edad con la que debería ser su hija, sin hablar y visiblemente nerviosos; una pareja mayor, que empezaba la semana emperifollada y animada, contentos de salir de la rutina y comentando las imágenes que aparecían en la televisión; una mujer de mediana edad con un desatendido pelo teñido de rubio con raíces negras y chándal que se mordía las uñas mientras consultaba su teléfono; finalmente, un joven trataba de parar su líquida sinusitis con la piel de su muñeca, en vez de tomar la iniciativa y cambiar el destino de su presente con un poco del abundante y esponjoso papel disponible en el lavabo, tras la mampara de las máquinas expendedoras. Y, entonces, sucedió: el hilo musical reprodujo la *Suite Número 1 para violonchelo en Sol mayor* de Bach, interpretada quizá por quien lo había hecho mejor, Pau Casals. Calló la conversación de la pareja de sanos ancianos y Pau Casals tocó ante él, sentado en una humilde silla de madera plegable, como la que acogía las posaderas de las orquestas de pasodobles en las fiestas de pueblo. Entonces, por un instante, se elevó sin el peso de los recuerdos envenenados. Por un instante, el lodo que enturbiaba el agua estancada de su existencia desde hacía casi dos décadas se asentó, y el olor fétido de los pensamientos sin ventilar se esfumó, como también lo hizo su conciencia. Su ser logró, por un instante, el desapego entre pensamientos y sensaciones físicas.

Había aprendido a apreciar las suites de Bach para chelo interpretadas por el catalán Pau Casals en su Marín natal, un pueblo pesquero en el interior de la ría de Vigo, con las calles siempre mojadas y un respeto antiguo al mar, pues casi todos los varones de familia humilde seguían el oficio de sus mayores. Con una diferencia, la pesca costera se había transformado en las últimas décadas en pesca de arrastre. Padres, maridos e hijos abandonaban el lugar durante meses y el lugar se acondicionaba a la lluvia fina y perpetua en la cara, los huesos y la conciencia. En Marín había que tener buen paraguas; una abuela alcahueta que rezara por los varones en alta mar y mantuviera encendidos los cirios de la capillita particular; y una mater familias que guardara a las mozas y administrara bien la casa. Muchos de sus amigos de travesuras no pudieron estudiar como él, incluso los que podrían haberlo hecho: tener un padre pescador apartaba de los estudios. Un padre con barco y tripulación era para muchos más una maldición que una ventaja en la vida. Comparado con otros rapaces de los cincuenta y sesenta, él era un niño de papá: padre y abuelo funcionarios, fincas y casa familiar hacia el interior, una librería con clásicos que nunca leería, los Episodios Nacionales de Pérez Galdós (que tampoco), Rosalía de Castro, Vicente Risco, Ortega y Gasset, y poco más (la única joya para su padre era un libreto de poemas en gallego dedicado a la familia por el autor, Antonio Losada Diéguez, un notable intelectual tío abuelo suyo); un tocadiscos donde reproducir la música clásica del padre -sobre todo, barroco, romanticismo y zarzuelas-, el rock-and-roll que sus amigos traían después de faenar en el Gran Sol y hacer alguna escala en las islas británicas; uno de los primeros televisores de la zona...

Si el mar había enrolado a la mayoría de amigos de la infancia, las drogas habían hecho mella con los hijos de los supervivientes a partir de los ochenta; los marineros se casaban jóvenes y procuraban descendencia cuanto antes y, así, muchos de sus antiguos compañeros de clase habían fallecido siendo padres de niños que ya habían hecho la primera comunión cuando él todavía no se había casado. Los setenta y ochenta fueron años de muertes lejanas y entierros diferidos por el naufragio de barcos de arrastre. A finales de los ochenta y los primeros noventa, cuando se intensificó el tráfico de drogas en las Rías Bajas y los rapaces con menos escrúpulos siguieron el ejemplo de los capos establecidos, que les enseñaban dinero fácil a cambio de un poco de riesgo, él vivía los que, recapitulando, habían sido los mejores años de su vida. Casado con una buena mujer de Vilagarcía, compañera de clase en Santiago e hija de farmacéutico, trabajaba de contable en la mayor distribuidora de aparatos industriales de frigoconservación de la zona. Su paso por la facultad de Empresariales había transcurrido sin pena ni gloria, como toda su existencia. El Ford Fiesta, los casetes de Los Secretos, Nacha Pop, Rico, Leño, Hombres G y Héroes del Silencio en la guantera -nunca se sabía cuándo se necesitarían unos u otros-, las noches de farra en Santiago, Coruña, Arzúa y tantos otros lugares... Se había conformado con poco. Estudiaba lo justo para ir tirando sin problemas ni sustos; se esforzaba lo justo para mantener sus amistades; y se arriesgaba lo mínimo para enrollarse con amigas del grupo. Había conocido a su mujer en la calle Algalia de Abaixo, en el casco antiguo de Santiago, mientras se lo montaba con un compañero de piso. Le había cautivado su trasero, con una forma de corazón acentuada por unos tejanos azules con cintura alta y estrecha, a la vista bajo la torera tejana. El pelo, castaño claro, largo y cepillado, le caía por la espalda en una melena cuidadosamente desatendida. El rostro no pudo verlo hasta unas semanas más tarde, cuando coincidió en el cine con su amigo y la misteriosa acompañante, que resultó estudiar cerca de él y vivir todavía más cerca. Su abuelo murió por entonces, un día de entre tantos. No había hablado con él desde que se había marchado a Santiago; nunca le había dicho lo mucho que lo quería y lo importantes que habían sido aquellas partidas iniciáticas de dominó, damas y escoba en la sobremesa del verano, cuando se retiraban los platos de la mesa y quedaban sólo la caja de farias del viejo, los vasos de vino, las botellas, la gaseosa Pitusa y el licor de café. Sobre el armario del comedor de respeto, junto a la mesa principal, su boina; bajo ésta, el cortapuros y el mechero, depositados allí durante la partida casera, como un ritual. Había que enseñar a los jóvenes a jugar. La muerte del viejo, que había prestado más atención a su entrada en la pubertad que su abuela y sus padres, le abrió los ojos: ¿a qué esperaba para "vivir"? ¿Qué le hacía tanto miedo? ¿Por qué era tan respetuoso con la anodina rutina que envolvía su existencia, entre la que se escurría con precaución, evitando importunar el discurrir de lo que trascendía más allá de su propia sombra? Así que, ni corto ni perezoso, acudió al bar donde por las tardes se juntaba la pandilla, después de clase. Era jueves, el día grande de la semana; los viernes, los que no eran de Santiago -la inmensa mayoría- volvían a sus pueblos. Cogió de la mano a Marimar y así caminaron, con las manos entrelazadas y sin mediar palabra, hasta la Plaza de Cervantes. Allí, en los soportales de la plaza, se miraron y se abrazaron. Le explicó la muerte de su abuelo y su conjura para expresar su aprecio a la gente que le importaba. "Y tú me gustas mucho", le había dicho. Había seguido un beso: primero respetuoso y desapasionado; al apartarse un poco ella le había seguido sin separar sus labios. Y así habían permanecido hasta que una señora mayor les había llamado la atención. No eran horas ni lugar para esas cosas, decía la mujer. Se habían casado tres años después y su hijo había nacido tras dos años de casados. Diez años después de aquel beso apasionado en la Plaza de Cervantes, desatado por el sufrimiento ante la muerte de su abuelo, su hijo moría atropellado delante suyo.

El hilo musical se había trastornado después de la *Suite* de Bach.

Ahora sonaba una edulcorada versión instrumental de los Beatles, que arrastraba su compás aletargado y "new age" al ritmo de las versiones del grupo de Liverpool a cargo de The Carpenters. Abba había hecho un daño atroz a la humanidad, sin duda más que los Bee Gees o cualquier otro contendiente de sus años mozos, cuando Tino Casal y Los Pecos renegaban, influidos por la purpurina procedente de allende las fronteras, de la canción neorromántica "avant la lettre" y subida de testosterona de Nino Bravo. ¿Cómo era él antes de que las circunstancias hubieran pasado la apisonadora por su existencia? Aquella maquinaria pesada era quizá la misma a la que se había referido el Julio Iglesias sesentero en la dialéctica y desarrollista *La vida sigue igual*. Para él, nada había sido igual desde la muerte de su hijo. Un punzón le atravesaba todavía el estómago cuando evocaba al niño, extendido en el suelo y con su interior destrozado. Los ojos abiertos y sin vida, como los de un animal degollado; un pequeño reguero de sangre en la comisura derecha de su pequeño labio, que él había limpiado obsesivamente, entonces y desde ese momento en adelante, siempre tarde y en vano; un grito de dolor que se oyó en toda la ría y un abrazo al pequeño, sosteniendo su cabeza con la palma de la mano al percibir la flacidez del cuello. Su hijo, el pequeño Elías, un niño enérgico y ágil, con una buena cabeza con frente prominente, donde destacaban dos bultos hereditarios que casi pasaban por chichones, idénticos a los que atesoraba toda la familia materna. Elías Losada Abal, "el niño" desde su muerte, tanto en las conversaciones con su mujer en los días, irreales como un sueño, que siguieron al accidente, como en las conversaciones con familiares y en su propia conciencia. Sólo la evocación de su conciencia seguía viva; hacía años que se habían marchitado las conversaciones con su ex mujer, así como con la parentela de sangre y política. Un proscrito condenado por sí mismo, perdonado por todos menos por él mismo. Su mujer habría aprendido a perdonarle; él no lo había consentido. Después, las pensiones, el alcohol, el juego, la mala vida, los episodios de locura, Montecelo, la escapada, la rehabilitación, las recaídas... la enfermedad. Ahora, sólo quedaba la enfermedad. Y el recuerdo del niño. Elías Losada Abal. Repítelo, cobarde, se decía.

Poco después de su separación, en las primeras Navidades tras lo ocurrido, que fueron más tristes que nunca en el que él consideraba ya de por sí triste universo geográfico y psicológico de Marín, empezó a faltar al trabajo. El hasta ahora gestor perfecto empezó descuidando el aspecto. A la barba y falta de higiene corporal le siguieron más tarde la ropa. Rotos los lazos con toda su familia, no había nadie para ocuparse de ella y ni siquiera su madre, ya anciana pero todavía cuerda, osaba a enviar a Rosita a que le hiciera la colada y le limpiara en el piso que alquiló entonces en Redondela. La razón del emplazamiento era tan liviana como el sentido de lo cotidiano en ese momento: el trabajo estaba allí al lado, a diez minutos caminando, junto al supermercado donde hacía las compras. Ello no impidió los retrasos que siguieron al descuido físico, pero lo que desencadenó su despido fue el desprecio público de su trabajo, al depositar cada mañana y durante una semana seguida un libro de tapa dura con las obras completas del estoico Séneca ante un ordenador que ni siquiera encendía, en un escritorio donde se acumulaban documentos y correspondencia. El director le llamó el viernes por la tarde de aquella misma semana, justo cuando él acababa las últimas frases de *Cartas a Lucilio*, un libro de autoayuda que -creyó en aquel momento- habría influido decisivamente sobre su existencia, si lo hubiera agarrado en Santiago en su época de estudiante, cuando deambulaba entre grupos de pseudo-intelectuales marxistas que ni siquiera habían realizado el ejercicio de coherencia de denunciar en sus estatutos y principios las atrocidades del estalinismo, la mal llamada Revolución Cultural china ni tantas otras barbaridades. En vez de literatura bella, atemporal y que afrontara con valentía y raciocinio -en el sentido clásico- el sentido de la existencia, había acabado arrimado a copiones de la Escuela de Fráncfort, Herbert Marcuse -el lumbreras que había acuñado la idea de la "tolerancia represiva" que supuestamente ponían en práctica las democracias avanzadas, sin criticar las ilusiones panfletarias más febriles de los sesentayochistas-; y el tal R.D. Laing, que defendía que la esquizofrenia era una construcción social impuesta por la retrógrada ideología familiar tradicional; en lugar de Bob Dylan, el poeta de sus años mozos, había empezado cantando, para acabar sufriendo, a Silvio Rodríguez y la retahíla de cantautores ibéricos que copiaban la pose de la canción de autor francesa.

Luego, después de los años más sórdidos, llegó el clavo ardiendo al que agarrarse, la bala de plata. La razón para seguir levantándose por la mañana. La pasión por la novela policíaca y sus orígenes, el empirismo y el método socrático de la Ilustración, puestos en práctica con maestría por el clásico arquetípico de la novela detectivesca. Sherlock Holmes. Daba fe de que la receta explosiva que había conducido a Alonso Quijano a la locura, había funcionado con él, al mismo tiempo que su diluida existencia le acercaba a la inverosimilitud de un sórdido personaje de ficción, o quizá al perdedor sempiterno en las películas de cine negro de las que tanto había disfrutado de joven. Pero él no era un irlandés de Hell's Kitchen, un judío del Bronx, un italiano del Lower East Side o un polaco de Chicago. Él era un contable gallego de clase media en Marín, un pueblo pesquero de las Rías Bajas gallegas donde los hombres trabajaban en el mar pese a no saber nadar y las mujeres conjuntaban el negro de sus chaquetones con el de las botas de agua y el paraguas. Cuando la lectura era buena, los días transcurrían con una regularidad predictible que sugería normalidad, sobre todo al ojo no experto de los vecinos de Redondela, que se paraban a charlar con el hombre solitario, ajenos a los motivos de su carácter huraño. Lo que servía para los psicópatas y terroristas, también se cumplía con los profundamente desgraciados, los melancólicos patológicos, los seres sin agallas para quitarse de en medio: no había lugar más remoto para esconderse del mundo que una población mediana cercana a casa. Conjugó las lecturas de novela negra con un creciente apetito por el alcohol y el tabaco. Años después, al acabarse el paro y empezar a flaquear la indemnización, decidió mudarse a una pensión en el Ensanche de Santiago, un cambio de aires y un retorno a las calles de los años de estudiante, esta vez parte integrante del paisaje humano, viejo y viscoso como el musgo rehogado en agua estancada, que se mimetizaba con la piedra de suelo, paredes y mobiliario. Había vuelto para convertirse en un perdedor invisible para los universitarios que salían de farra miércoles y jueves, para volver, como él, los viernes a casa. Al principio, sus episodios pasaron desapercibidos; hasta que la casera de la pensión, de paseo por el casco histórico con una amiga durante el primer atardecer sin lluvia en dos semanas, le observó gritando solo en la plaza de la Quintana.

Su discurso, lleno de referencias de la novela policíaca, resultó ininteligible a la mujer, que aquella misma noche le advirtió de que debía abandonar la pensión, no sin antes urgirle a que le facilitara el teléfono de algún familiar. "Necesitas ayuda, 'meu'; el reloj se quedó sin pilas... ¿me entiendes?", le había dicho la mujer.

El recuerdo de Elías se había enquistado. Había deambulado por calles lluviosas y bares alejados del Ensanche, donde la casera había alertado sobre sus problemas. En las tabernas del casco histórico, con más turistas y estudiantes que seres invisibles, evitaba conversar con otros personajes extraviados, ahogado en la incapacidad de lograr lo único que tenía sentido para él: volver al pasado y agarrar de la mano a su pequeño, o correr con él al encuentro del coche y proteger el menudo y eléctrico cuerpo del niño con el suyo, celebrando el dolor físico en el instante posterior al atropello, al comprobar que Elías estaría sano y salvo. Había leído que la percepción del tiempo se transforma durante un acontecimiento traumático. Los neurocientíficos creían que nuestro instinto de supervivencia nos conduce a concentrar todos nuestros sentidos en el preciso instante de un accidente de coche, una peligrosa caída, el ataque de otra persona... En concreto, un neurocientífico que había leído detallaba que muchas víctimas de accidentes y ataques describían cambios radicales en su manera de ver la realidad durante el suceso traumático. En estos casos, la percepción del tiempo se dilataba, el cuerpo y la conciencia se concentraban con tanta viveza en hallar una solución a la amenaza mortal que la realidad aparecía a veces en cámara lenta y en blanco y negro, como si el cerebro desconectara las funciones prescindibles -tales como la percepción cromática- y multiplicara los procesos que aumentaran las posibilidades de supervivencia. También se había interesado, con la actitud ritual y derrotista de un periodista retirado y dado a la vida desaliñada y a salto de mata, por las informaciones aparentemente inconexas sobre accidentes, su percepción y sus consecuencias, tanto para las víctimas supervivientes como para sus familiares. Así había llegado a la econometría, esa especialidad de las ciencias económicas que se servía de información analítica para comprender la realidad con un punto de vista más rico y documentado. Un especialista en econometría era algo así como un

Sherlock Holmes de los datos económicos, alguien intentando resolver grandes misterios con el análisis de lo acontecido y su interpretación racional, sirviéndose del método socrático. Y la econometría acrecentaba su obsesión por los veinte segundos fatídicos que se habían llevado a Elías, porque había poco de racional en la muerte de su hijo y su análisis. El único misterio por resolver era el de la propia existencia. Él había nacido al azar y conocido de manera aleatoria a la mujer con la que había tenido un hijo; se había arrastrado por la vida sin preguntarse por ninguna de sus grandes cuestiones hasta que su hijo, el único al que había oído formular grandes preguntas universales (por qué nacemos, por qué se muere la gente, qué sentido tiene vivir, por qué envejecemos en lugar de rejuvenecer...) había dejado de existir; y desde entonces se había arrastrado por un terreno ajeno a él. En una ocasión, cuando tenía la edad de Elías al morir, había presenciado la broma cruel de los amigos más traviesos de la pandilla. Habían dedicado una mañana a coger ranas y babosas; por la tarde, estos mismos animales serían libres de nuevo, aunque sus circunstancias no les permitirían existir con plenitud: insertaron un junco en el ano de las ranas y soplaron hasta inflarlas como una pelota de tenis, para a continuación comprobar cómo flotaban en el estanque de las lavanderas, sin posibilidad de sumergirse; mientras tanto, las babosas eran condenadas a mover su cuerpo gelatinoso por el montículo de fina arena que ocupaba el solar de un futuro edificio junto al Ayuntamiento. Incapaz de aprender a retroceder en el tiempo para arrancar a su hijo de debajo del coche, se conformaba con la actitud fustigadora de entender racionalmente esta limitación. Las ranas hinchadas no podían volver a sumergirse; las babosas eran incapaces de avanzar sobre absorbente arena calcárea. Su porvenir estaba marcado a fuego por un acontecimiento traumático. Así que, vestido unos días de rana hinchada y otros de babosa, se alojó en una pensión de la Avenida Rosalía de Castro hasta que se acabó el dinero. El día en que pasó de invisible de las tabernas a sin techo fue idéntico al anterior, sin transformación física ni espiritual. No había ni drama ni heroísmo, sino más bien una agudización del instinto de supervivencia y, visto en perspectiva, quizá una agravación del aislamiento; un sin techo convierte la introspección en alienación, interioriza su rol de apestado y lo suma a los problemas que le llevaron a dormir en la calle. Sin tiempo para maldecir su supuesto infortunio, conservó sólo una maleta con ruedas, ropa de abrigo, un saco de dormir y un par de libros que había encontrado en su primera noche a la intemperie. Estudió los mejores puntos del centro histórico para pedir limosna y, como un bachiller del Siglo de Oro que acudiera a Salamanca a estudiar sin más posibles que la listeza, analizó el mejor modo de vivir de la sopa boba, acudiendo a Cáritas, conventos y residencias religiosas, primero; y, al poco tiempo, mimetizándose con los peregrinos que finalizaban, cansados y exultantes, el Camino de Santiago. Había cambiado su maleta de ruedas por la espaciosa mochila de acampada con tienda de campaña individual, saco de dormir térmico y esterilla de aire, todo regalado por un caminante brasileño de la Ruta Jacobea que le había invitado a cenar la noche de su llegada. Y deambulando por las calles de Santiago se había convertido en un mueble más de la ciudad, invisible a todos, tanto ante la infinidad de visitantes ocasionales como ante los estudiantes, que abandonaban la ciudad a medida que acababan los exámenes de fin de curso; como ante los santiagueses que acudían al casco histórico a diario, o bien vivían en él.

Fue así como conoció a Martiño Piñeiro, un atento fraile de mediana edad que hablaba con voz dulce y entonaba con la cantinela del gallego de aldea pontevedresa. Martiño vestía siempre con la decencia del joven de parroquia gallega que se hacía seminarista porque así lo quería la familia y, por circunstancias, se extraviaba en un laberinto de órdenes religiosas y ecos de otras vidas que podrían haber sido, para arrepentirse pasada ya la cuarentena: zapatos limpios, tejanos sin marca, rebeca de lana y camisa gruesa. El aspecto afilado de su rostro se quedaba a medio camino entre su paisano Valle-Inclán y una versión pulcra y aldeana de John Lennon. No llegaba al metro setenta y había criado algo de barriga en la congregación santiaguesa, adonde había llegado unos años atrás desde el seminario de Tuy. Tenía un aire pesaroso y, en ocasiones, parecía mirar de reojo y espantar algún fantasma del pasado. Había días en que el fraile musitaba algo y caminaba sin seguridad, como temiendo que el húmedo empedrado ante él pudiera desmoronarse en cualquier lugar.

Losada lo tenía claro: el fraile era esquizofrénico y estaba siendo tratado de la enfermedad. La sintomatología le parecía patente, sobre todo después de indagar sobre la enfermedad, conectado a Internet en la biblioteca universitaria del colegio de Fonseca en calidad de investigador y antiguo alumno. Las características de la dolencia quizá le permitieran seguir en la congregación. Ni él preguntó, ni Martiño le explicó; ni lo hizo entonces, ni cuando sus vidas se volvieron a cruzar. Un día de llovizna persistente -el dichoso "orballo" santiagués que había conocido en sus años de estudiante- el fraile, casi siempre vestido de calle, se había parado a hablar con él. Sentado a su lado y cubriéndole con el paraguas, le había ofrecido su atención, sin prisas ni contraprestaciones, y había escuchado. Al finalizar la escueta conversación, en la que el fraile no había ofrecido comprensión impostada ni paternalista, ni tampoco indagado en las razones del extravío de Losada, el fraile había permanecido diez minutos junto a él sin mirarle ni terciar palabra. Antes de marcharse, Martiño había dejado cincuenta euros en el vaso de plástico, para añadir:

- Dinero de comida, emergencias y uso de los centros de atención. Nada de alcohol. No te preocupes, no te voy a soltar ningún rollo. Ni quiero hacerlo ni me parece que lo necesites. Conservemos ciertos objetivos entre tú y yo: no escondo mi egoísmo y detesto hablar con borrachos. Hay una dignidad en la mente lúcida que nunca deberíamos profanar. Sin importar nuestros motivos...

Martiño calló, pasándose la mano por la cabeza, en un gesto que Losada había visto sólo en un joven de O Grove con el que había coincidido en la mili. Después de dos meses de servicio en el cuartel de Figueirido, le habían diagnosticado esquizofrenia y enviado a casa.

- Sé de qué hablo -concluyó Martiño.

Después de darle la mano, como despidiéndose un día cualquiera de un amigo que veía con frecuencia, Martiño se había alejado renqueante, con el cuerpo flácido, los brazos muertos y las posaderas chorreantes del suelo mojado. El encuentro se había repetido al menos una vez por semana, durante casi un año; el fraile dejaba bolsas a su nombre con alimentos no perecederos y tabaco, además de ocuparse de él cuando llovía, hacía frío o percibía en su amigo la necesidad perentoria de higiene o de una comida caliente y una cama, pese a las reticencias de Losada. Respetaban su huraña discreción en Cáritas; en el centro de día Vieiro; el albergue Juan XXIII; así como en los centros de cocina económica de la calle Travesa y la plaza Irmán Gómez. Más que repetirle las normas de conducta o invitarle a marcharse, con Losada ocurría lo contrario, ya que se acercaba muy de vez en cuando y a regañadientes. Sólo la insistencia de Martiño y el frío le separaban de la calle y los lugares donde se recogía por la noche, a menudo después de caminatas de cuarenta y cinco minutos hacia las afueras. Solía guarecerse hacia las verdes vegas del poniente de la ciudad, en torno al río Sarela. Usaba cuatro o cinco rincones discretos, a menudo al abrigo de un gran árbol o un pequeño accidente geográfico, y se las ingeniaba para que el azul eléctrico de la tienda desapareciera del paisaje cuando llegaba el frío del alba, momento en que desmontaba la tienda, plegaba los bártulos y volvía a la ciudad con la mochila a cuestas, las prendas de buena ropa técnica que había aceptado de Martiño y los peregrinos que finalizaban el Camino, deseosos de deshacerse de cuantas más cosas mejor, ahora que comprendían el significado de acarrear utensilios que no fueran totalmente imprescindibles. Un buen día, a inicios de la primavera siguiente, Martiño Piñeiro desapareció. Cuando las semanas se convirtieron en meses, preguntó a un voluntario del centro de día Vieiro si sabía algo. Al parecer, el último brote de la enfermedad había sido tan severo que Martiño había sido expulsado de la congregación. "Sólo allí dentro saben todo lo que ha pasado. Cuando vino su hermano a recogerlo, dicen que el pobre ni se podía mover de lo medicado que iba", le aseguró el voluntario.

El hilo musical martirizaba ahora la sala de espera del Hospital Sagrat Cor con una canción de piano ahogada en reverberación y efectos digitales. La impecable pareja de ancianos, la mujer del chándal que se mordía compulsivamente las uñas y el chaval de la sinusitis ya habían sido llamados por megafonía. Permanecían en la sala el padre y la hija, todavía visiblemente alterados, además de dos mujeres que acababan de entrar, cada una por su lado, y él mismo. El padre, sulfurante, estalló al fin en voz alta, para que el resto de la sala compartiera su indignación. Si lo sé envío el seguro a tomar viento, decía, mientras la hija se ponía la mano en la cabeza y se esforzaba por justificar, con su estado, la excitación del progenitor. En medio del hilo musical, volvió a abrirse la megafonía: "Anna Maria Trillas Pons, pase por consulta, por favor; Pedro Miguel Losada Barreiro, pase por consulta, por favor". Cerró el primer tomo de *Crimen y castigo* que había comprado en una parada de libros de segunda mano, cuya edición (tapa dura granate y letras doradas, dos tomos sin ilustración en portada, editorial Orbis, 1982, traducción del ruso de Augusto Vidal) le evocaba, en olor y estética gráfica, los años de mayor fortaleza física y emocional, que era mucho decir en alguien que detestaba la definición de felicidad que se había impuesto en la cultura popular. Y aquí estribaba la que él creía que era la mayor contradicción, que se llevaría a la tumba al haber sido incapaz de resolverla: había indagado en el ideal eudemónico y estoico de bienestar duradero, una alternativa realista, racional y sosegada a la felicidad edulcorada, perfumada y bipolar del mundo moderno, ahora puesta en entredicho al haberse acabado el crédito barato que había propulsado la faceta más superficial de la gente. La felicidad a crédito conducía a la insatisfacción crónica de cualquier adicción, en la que el estado de ánimo dependía del último capricho, que saciaba momentáneamente nuestro apetito... hasta que retornaba la insatisfacción en el momento inmediatamente posterior a su posesión. Recordaba una exultante euforia momentánea en el momento de comprar su primer coche, un Seat 850 Coupé de segunda mano, fabricado en Martorell en 1974 y adquirido a un vigués en 1978, para él un bólido que no tenía nada que envidiar a los mejores diseños de Pininfarina para Alfa Romeo. En unas horas, la euforia se convirtió en preocupación por la manutención del vehículo y, en apenas unas semanas, en engorro. La felicidad moderna no sólo confundía bienestar y tranquilidad con la euforia visceral que surgía de la amígdala y se saciaba sólo con gratificaciones peregrinas -sexo, fiestorras, violencia, compras, atracones-, sino que tampoco preparaba para acontecimientos traumáticos. Quien la cagaba, estaba marcado para siempre. Si a uno se le moría el hijo ante sus narices... "qué putada"; "yo no sé qué haría, si fuera él"; "¿y dices que no lo ha superado? Yo tampoco lo haría"; "no importa lo que haga: eso no se olvida"; "pobre familia... dicen que se van a separar"; "¿sabes que Pedriño de Estribela se ha separado de la mujer? Dicen que ella le ha perdonado, pero él está obsesionado y no levanta cabeza"; "el otro día llevaron a casa a Pedriño Losada... al parecer, lo encontraron borracho como una cuba a la altura de Regueiriño, con el coche en la cuneta. Le sacaron el coche y se lo aparcaron en la puerta de casa. En vez de dar las gracias, insultó a Suso y a Cesarito, que habían ido con él a la escuela, y les dijo que no subía, que no se hablaba con su mujer. Imagina cómo andan. Es una pena, lo que les ha pasado". Había evitado, creía, el resentimiento contra su entorno, contra el mundo que le recordaba con cada gesto que, hiciera lo que hiciera, la sombra de la muerte y la infelicidad le acompañarían hasta la tumba. No había podido luchar, eso sí, contra una hipótesis que había avanzado por su conciencia como gas sarín, anulando cualquier rebrote de esperanza racional surgido de sus lecturas de novela negra y filosofía: la constatación de que las personas de su entorno alimentaban su autoestima con el infortunio de otros, y no con el fruto de su propia acción racional o la dicha de otras personas. Al contrario, la dicha del otro generaba ansiedad, impotencia. ¿No había sentido él lo mismo en alguna ocasión? Había bautizado el fenómeno como "la sanción del desgraciado"; sólo el reconocimiento de la miseria del otro, así como la asunción por parte del desgraciado de su incapacidad de rehacer su existencia, reconfortaba una conciencia que careciera de una filosofía de vida coherente.

Se desarrollaba ante él una muestra más de la pequeña mezquindad de quien no ha aprendido a apreciar lo que tiene. El padre de la adolescente quejosa se desgañitaba en la sala de ingresos de urgencias del hospital Sagrat Cor de Barcelona.

- ¡Es indecente lo que habéis hecho con nosotros! Mi hija se encuentra muy mal y nos hacéis esperar cua-ren-ta-y-cin-co minutos. ¿Para eso pagamos la mutua, para que nos tratéis como a perros? Sinvergüenzas. ¡Sin-ver-güen-zas!

El grueso vidrio que separaba en el mostrador a visitantes y profesionales ganaba ahora sentido. Los gritos del padre de familia -zapatos deportivos, pantalones de pana, americana tweed, suéter de cuello de pico y camisa, todo llevado con la normalidad del profesional liberal que trabaja en un entorno distendido- habían propulsado un ejército de espuma salivar y vaho, impresos en el cristal como el chorro a presión de una botella limpiacristales.

- Estamos funcionando con total normalidad, señor Trillas. Comprendo su indignación, pero los pacientes están entrando según lo previsto. Sentimos que hayan tenido que esp...

- Señorita, ¡déjese de rollos! ¡Que venga ahora mismo su "supervisor"! -El padre de la adolescente indispuesta, que bajaba la cabeza y cuyos gestos podían interpretarse como indignación compartida o vergüenza ajena, recalcó la masculinidad de la palabra.

- A... ¿A qué se refiere? -La recepcionista y una enfermera de guardia se miraban, buscando el modo de rebajar la tensión. Apenas superarían la treintena. La enfermera tapó el micrófono y sugirió algo al oído de la recepcionista, que a su vez extraía el papel impreso del ingreso.

- Si le parece, ahora le atenderá una compañera. Le devuelvo la tarjeta sanitaria; ahora les acompañará mi compañera a la consulta. Allí podremos constatar si la fiebre de su hija se debe a un proceso gripal o es algo más.

- ¿Qué gripe ni qué leches? Le repito que lleva toda la noche rozando los treinta y nueve de fiebre. Me gustaría que estuviera usted en mi lugar. ¡Esto es surrealista! ¡No hay derecho que tengamos que esperar más tiempo usando el seguro médico privado que la Seguridad Social!

La enfermera apartó a su compañera y, visiblemente fuera de sí, pidió al padre que se calmara, logrando lo contrario. Con el derrotismo de quien sabe que no logrará su cometido, la hija estiraba sutilmente a su padre de la chaqueta. El tono de la conversación cambió de golpe con la presencia de una enfermera de mayor edad y rango psicológico que las dos jóvenes cohibidas ante semejante muestra de testosterona desatada. Sentado tras el padre y la hija, sin saber si salir de la sala y subir sutilmente un trecho de la rampa de acceso de las ambulancias de urgencias para encender un cigarro y fumárselo de una calada, o explicarle al energúmeno míster clase media con licencia para adaptar el mundo a sus necesidades que la situación se le había ido de las manos. No sólo se había enfrentado a las dos jóvenes, sino que amenazaba ahora con denunciar al centro por mala praxis, cuando todavía no se había cursado el ingreso por lo que parecía un episodio de gripe común. Allí estaba él, con un cáncer de esófago terminal, esperando a que un exitosamente amargado padre de familia de la Barcelona de clase media se tranquilizara. Sólo el desafío de la enfermera con galones calmó al señor Trillas, que salió de la sala de ingresos apretando los dientes e insultado por lo bajo a la recepcionista y las dos enfermeras. El hospital engulló a padre e hija y Pedro Miguel Losada Barreiro aguardó resignado a que la joven recepcionista se compusiera y se encontrara con ánimos de llamarle a él, la siguiente aventura cotidiana. Su victoria del momento consistió en atender con mimo a aquel ser frágil y sin confianza, violentado por alguien que había confundido los derechos individuales con la realidad a medida.

Le bastó mostrar el volante que traía desde Galicia para que se le abrieran las puertas del hospital y del dispensario hospitalario. Se acababa la tregua espiritual que había supuesto vivir alejado de un hospital durante unos días y se topaba de nuevo con la realidad de la medicina moderna: especialistas en su cáncer celosos de su trabajo, así como del tratamiento multidisciplinar que su dolencia había requerido, entre quimioterapia, cirugía y radioterapia, sin olvidar el complejo cóctel de fármacos, que tan buen resultado le daban -una vez mezclados con la debida ración de alcohol, claro-. De los más de cien fármacos antitumorales que existían, había probado una treintena, pero su empleo apenas había reducido las molestias del tratamiento combinado, que había perdido su razón de ser al encontrarse en la fase cuatro (y última): el cáncer se había propagado a ganglios linfáticos distantes. No se trataba de eliminar el cáncer por completo, ni de mantenerlo bajo control durante años, sino de aliviar los síntomas más molestos de la metástasis: la expansión del ejército de células que se multiplicaban sin control e invadían órganos y tejidos a distancia, sirviéndose del sistema linfático para ejecutar el ataque. Al menos, la metástasis, palabra maldita que ningún enfermo de cáncer quería escuchar, había descartado la esofagectomía, que a él le sonaba a limpieza intestinal vía rectal, pero consistía en realidad en eliminar un segmento del esófago, lo que literalmente acortaba la distancia entre la garganta y el estómago. Difícilmente se salvaría de la única alternativa a la cirugía cuando ya se había producido metástasis en su tipo de cáncer de esófago: la terapia fotodinámica, que combinaba el uso de láser -haces de luz de alta intensidad para destruir células cancerígenas y controlar el crecimiento de los tumores- y el dichoso cóctel de fármacos. Esperaba que el equipo del Sagrat Cor se ahorrara los comentarios moralizantes si les convencía para evitar el ingreso durante algún tiempo y podía, por tanto, seguir con el hábito del tabaco y el alcohol. Apenas hacía un par de horas que había tomado las últimas pastillas de acetaminofeno (dos semanas atrás, el Tylenol ocupaba más espacio en la maleta que había dejado en la consigna del hotel que toda la ropa interior junta) y de codeína, pero ni siquiera este último le calmaba el malestar general. A falta de confirmación, seguramente la metástasis había alcanzado los huesos; de lo contrario, no se explicaba por qué sentía el característico malestar hipersensible de una gripe, pero esta vez multiplicado varias veces, hasta el punto de luchar a cada instante por no encogerse ni improvisar la posición fetal en cualquier esquina. El dolor físico era el mal llevadero: se alegraba de no haber tenido ninguna recaída psicótica desde mucho antes de que le diagnosticaran el cáncer, como así lo atestiguaban los partes y seguimiento médico que el equipo de Montecelo compartían con los centros que así lo requerían. Sólo una dosis de oxicodona, unos cigarros de marihuana y una buena lectura, regada con un armañac donde mojar los labios, podrían calmar ese estado. Una vez ingresado, el equipo médico decidiría por él. Las perspectivas de dos encuentros reconfortaban su organismo con la calidez de un buen trago de orujo: la visita de Nicolás Boullosa y la edición ochentera de *Crimen y castigo*. Su conversación pendiente con el autor de *Triskelion*, entremezclada con la lectura de los encuentros entre el protagonista de la novela rusa, Raskólnikov, y el inspector de policía, le prepararían para acudir en forma a su último diálogo: un careo socrático con la muerte, en el que -estaba convencido- ambos contertulios agotarían con oficio cada una de las conjeturas presentadas y avanzarían por los resquicios de conocimiento que así lo permitieran.

Su teoría humana sobre la sanción de los desgraciados se desarrollaba una vez más ante él. Había un común denominador entre el ingreso hospitalario, todavía en profundo estado de shock, en Montecelo después de la muerte de su hijo; el ingreso en el mismo hospital años más tarde, aquejado de un episodio psicótico de la esquizofrenia que jamás le había sido diagnosticada; y el ingreso, tras la ausencia de recaídas debido a la recuperación cognitiva que tanto había alabado en su momento el doctor Lareira, en el hospital de Meixoeiro, en esta ocasión para confirmar con unas pruebas los peores presagios del equipo de urgencias, adonde había acudido después de vomitar y regurgitar sangre durante horas; y ahora, en el hospital Sagrat Cor de Barcelona, donde le trataban ya como al reo antes de ser encapuchado y encaminado hacia el garrote. En todos los ingresos, había recibido el trato condescendiente de los desgraciados, quienes se deben disculpar de antemano por estar jodidos y a los que se invita con una palmadita en la espalda a que se desahoguen contándolo todo "desde el principio". La sanción del desgraciado se cumple cuando éste muestra el debido respeto reverencial a la actitud caritativa, proteccionista y misericordiosa (cuán cristiana era todavía la España laica, sin siquiera planteárselo) del sancionador. El responso se había disfrazado de indulgencia laica, pero mantenía toda la fuerza de su esencia. Fue conducido al hospital con la temida amabilidad prestada a la carne que huele a cadáver. Se le invitó a sentarse en la silla de ruedas, se le ofrecieron conversaciones peregrinas y caricias en la cara. La enfermera se disculpó del ambiente frío de la consulta de urgencias donde le atendería el especialista de guardia, ofreciéndole una "mantita". Bromeó, rechazando el cobertor pero pidiendo a cambio una sopa caliente y el periódico.

Agarró un folleto con los servicios que determinada mutua sanitaria ofrecía al Colegio de Periodistas de Cataluña. Ello explicaba, pensó, la relación entre Boullosa y el hospital, en cuya maternidad habían nacido sus dos hijas. Quizá las condiciones especiales para el colectivo habían desaparecido con la crisis, como tantos otros espejismos económicos comprados a crédito durante los años expansivos que siguieron al inicio del euro, y por eso el bebé Nicolás había nacido en un hospital público. El Hospital del Mar. A él no le hubiera importado nacer en un hospital con semejante nombre, con vistas a un mar calmado y turquesa, con el agua tan cálida como la sopa, o al menos así lo había pensado hacía treinta años, cuando en una visita al Levante se sorprendió de la calma y calidez del Mare Nostrum. Ello explicaba muchas diferencias y desvaríos en Hispania a lo largo de los tiempos, con el contrapunto que podía hallarse a este mundo de trasiego antiguo en las tierras atlánticas, con sus mareas y tormentas. A diferencia del pirado mediterráneo -pongamos, el chalado del Ampurdán, o el de Menorca, tierras sin grandes abrigos montañosos y, por tanto, a merced del viento, que los antiguos relacionaban con la perturbación mental-, que tendía a la comedia y el gregarismo, el pirado atlántico -pongamos, el demente de la Galicia costera, con una bipolaridad a merced de las lunas, las mareas y la lluvias- tendía a una melancolía decimonónica, anémica y espiritual, más solitaria y de personaje valleinclanesco con calcetines húmedos. O eso había leído en algún sitio u oído a alguien. Difícil que un bebé nacido en el Hospital del Mar conociera la morriña, teniendo a sus pies la arena fina de la playa mediterránea y el ponto de las viejas canciones y rapsodias. Él la había experimentado en Santiago, sobre todo después de que Martiño se esfumara y su ausencia le retornara a la dimensión paralela de los invisibles. En una ocasión, Martiño le había preguntado por qué no volvía a la casa materna; al fin y al cabo, cualquier gallego salía de algún sitio donde había, como mínimo, espacio para un plato más y sobraban -como mínimo- las berzas, el caldo y las patatas.

La transformación de Barcelona le había sorprendido. Había estado antes en la ciudad en una ocasión, cuando Maruja -su mujer- y él la visitaron en tren antes de dirigirse a la Costa Brava con unos amigos que los habían invitado. La Barcelona que él había visitado era una ciudad industrial y gris que se recuperaba del susto del 23-F, con carteles sobre el Estatuto de autonomía encolados en las paredes, pintadas reivindicativas, congestión y olor a cerrado en el centro, donde los coches, las vespas y los motocarros se las ingeniaban para avanzar sin matar a ninguna de las viejecitas con gafas de pasta y pupilas dilatadas por la agitada memoria barcelonesa del siglo XX, que paseaban el cesto de mimbre con esfuerzo, pese a que su sombra conservara todavía el donaire tristón de los otoños de la posguerra, antes de que el desarrollismo y el crecimiento de la ciudad en la época de Porcioles hubieran acabado con las cabizbajas e inseguras mujeres con pañuelo en la cabeza, inspiradoras de la Colometa de *La plaza del diamante*. Ahora el centro estaba pavimentado, la gente no fumaba por la calle y tiraba los desperdicios a las papeleras, los turistas superaban en número a los locales, las pintadas eran ahora grafitis y firmas ininteligibles, los vehículos respetaban las señales y las gafas de pasta las llevaban ahora los jóvenes altos y barbados que se agolpaban a la puerta de los bares de moda. El barrio Chino, donde les había acogido una paisana -precisamente de Anceu, se enteraría años después- en una pensión de la calle del Carmen, justo en la frontera entre el Chino que se podía visitar en los ochenta y el que no se podía visitar acompañado de pareja y sin propósitos canallas. El Chino era ahora el Raval, y el restaurante donde Vázquez Montalbán había pasado las tardes con Juan Marsé carecía de la atención que los visitantes ajenos al barrio otorgaban a la Filmoteca de Cataluña, o el hotel cilíndrico de diseño que se erigía como un hito de los años optimistas de la España de las Autonomías, con vistas a la rambla del Raval, ese paseo que oxigenaba un rincón de Barcelona que le había causado pavor tres décadas atrás. En aquel rincón, la fauna local la conformaban putas, algún borracho y pseudo-estudiantes, con la excepción de la comunidad de inmigrantes -pakistaníes, le dijeron- que había tomado literalmente las tiendas de la zona. Todo y nada había cambiado, al menos durante el par de horas que había deambulado encendiendo un cigarro nuevo con el consumido, por el entorno del Marsella, el bar donde Maruja le había dado un beso de absenta. Quizá se había aventurado más allá de la calle del Carmen con la esperanza de reencontrarse con él mismo y con Maruja, cogidos de la mano en el mes de octubre de 1983. Maruxiña. Habían tenido una vida de hormiguitas, con educación universitaria, vida apacible en una ciudad de provincias, dos coches, vacaciones apacibles -dos semanas en la casa de sus abuelos junto a Marín, y dos semanas en algún otro lugar, preferiblemente soleado y con el espíritu dominguero en el que se habían sentido tan a gusto-. El niño había llegado años después; su madre le había dicho, recordaba, que sería más feliz en adelante. No notó el cambio, o quizá las cosas empeoraran, ya que el pequeño Elías había complicado las rutinas familiares. Y las relaciones carnales nunca se habían recuperado. Tomando una copa con el jefe y un par de compañeros una tarde a última hora, su jefe había sintetizado sus sentimientos al respecto explicándole su propia experiencia, como parte de la justificación de su infidelidad: "¿Cómo esperas que la madre de mis hijos me ponga cachondo? ¿Harías algo vicioso con la boca y la mejilla que tocan tus hijos a diario?". No la había engañado, pese a desear a alguna extraña, vecina o compañera de trabajo en alguna ocasión, o masturbarse al menos un par de veces por semana. Las relaciones se habían espaciado hasta estabilizarse en una entrega trimestral; recordaba haberlo considerado entonces un macabro homenaje al convencional contable empresarial en que se había convertido. Cumplir, con mediocridad y sin siquiera visitar el fastidioso territorio de la incomodidad productiva, con los números una vez por trimestre, y correr algo más en enero -para cerrar cuentas anuales en la empresa- y a finales de la primavera -entrega de las cuentas del segundo trimestre, presentación de modelos de IVA e IRPF, así como preparar los libros anuales para el Registro Mercantil y presentar la declaración del Impuesto de Sociedades-. Y, coincidiendo quizá con el mayor bombeo de sangre a su cerebro y extremidades durante estos acontecimientos contables, enero y finales de la primavera eran lo más parecido a un despertar de la libido que percibió aquellos años, buscando a Maruja varias veces al mes. Sin encontrar oposición, pero tampoco colaboración sensorial de la "madre de su hijo", de acuerdo con la perspectiva de interpretación de la libido de su jefe, demasiado parecido a Fernando Esteso como para no compartir similitudes con el personaje de ficción interpretado por el autor de la época del destape. Maruja siempre había sido de arreglarse de manera discreta. A menudo salía con compañeros de trabajo y nunca había indagado en la faceta más privada de la mujer que había conocido recreándose en la parte trasera de su cuerpo, mientras se lo montaba con su primer novio de la universidad. Quizá como homenaje al inicio de su relación, cuando los jóvenes de provincias necesitaban demostrar tantas cosas en un país que al fin se modernizaba, había evitado el marcaje que otros hombres de su entorno -de nuevo, le venía a la memoria el carácter celoso y posesivo de su antiguo jefe- realizaban a sus mujeres. Maruja nunca le había culpado de la muerte de Elías, ni cuando el suceso estaba todavía fresco ni después de su separación, pero había sido incapaz de contrarrestar el odio contra ella, contra su familia carnal y política y contra su propia existencia. Que él supiera, su mujer no había rehecho su vida con otra pareja, al menos no de manera abierta y por completo. Seguía viviendo en el mismo piso, con demasiadas habitaciones para tan pocas ventanas, donde había surgido el débil brote de una familia "normosómica", en términos de revisión médica anual de la empresa, el niño. Arrollado por un coche.

Su mujer le había visitado años después en la habitación que ocupaba en Montecelo, durante los primeros días de internamiento y dura sedación. Había aparecido silueteada en la puerta, con el pelo blanco y recogido; no había dicho nada hasta cerciorarse de que su marido la había visto. "Estás más guapa que nunca", le había dicho sonriendo antes de que los ojos se le llenaran de lágrimas. Su mujer se hizo borrosa: primero, con las lágrimas de los ojos; y luego, con el dolor causado por el recuerdo de su encuentro con ella después del atropello, en el que sólo había podido soltar un alarido de dolor. Ella, en cambio, se había mostrado impasible en el reencuentro, con los ojos grandes como platos, como el día de la visita a Montecelo. El alarido había evitado el abrazo de ambos, y aquella privación quizá explicara el frenético desarrollo de lo que siguió, con el culmen de su marcha a la pensión, la pérdida del trabajo, la huida a Santiago, los años en la calle... Había sido una visita de cortesía. "Nadie supo nada de ti hasta que escribiste a tu madre -le había dicho Maruja-. A partir de entonces nos tranquilizamos algo más. A tu madre le cambió la cara desde aquel día. Prométeme que pronto iremos a verla. Yo te acompañaré". Su mujer se había despedido a sabiendas de que su marido tenía un largo recorrido por delante antes de poder acudir por su cuenta a la casa materna. De aquel encuentro le había quedado el dolor de la compasión maternalista percibida en su mujer; la rememoración del día que lo había cambiado todo, impidiéndole volver a casa y seguir con la existencia como hasta entonces, la misma por donde había deambulado sin abandonar nunca la zona de confort; y la certeza de que su mujer estaba al corriente de los detalles de los últimos meses de su etapa en Santiago. Tras el internamiento de Martiño, los días se habían transformado en semanas y su vida excepcional se había convertido en normalidad, hasta el punto de que ni siquiera el reencuentro con Pepón Sobral le había sacado por la calle. José Luis Sobral, el amigo con el que su futura mujer se daba el lote el día que la conoció, se le había acercado un día, incrédulo, escrutando con una mirada de rayos X más allá de la poblada barba, la grasienta melena y la piel cuarteada por la roña y la intemperie. Pepón no le había convencido a salir de lo que catalogó como "vida de Diógenes".

- Tú siempre tan intelectual -le había contestado él.
- Diógenes de Sinope, el cínico, vivía en una tinaja. Había sido discípulo de Antístenes, que a su vez había estudiado con Sócrates. Así que Diógenes tomó la aspiración de Sócrates de apreciar lo que uno tiene por poco que sea hasta sus últimas consecuencias. Oí lo de... vuestra tragedia. Lo sentimos mucho por vosotros. Pero nunca pensé encontrarte aquí.

Lo que sí había logrado Pepón en apenas dos semanas había sido la mejora higiénica de Losada, a cambio de entrada libre a las bibliotecas de la Universidad de Santiago de Compostela, en calidad de antiguo alumno e investigador. Losada cumplió su parte del trato a rajatabla: nada de desplazar bártulos cerca de la biblioteca general, en el añejo colegio de Fonseca; la de Filosofía, en la plaza de Mazarelos; y la de Geografía e Historia, en la aledaña plaza de la Universidad; edificios cuyos claustros habían albergado conversaciones todavía evocadas; así como mantener la higiene y discreción en todo momento. Y había funcionado. Plantó su tienda en una casa abandonada con el techo todavía en pie del camino de Regueiro, cuarenta minutos a pie hacia el poniente desde el campus universitario, cerca de las vegas del río Sarela que había visitado tan asiduamente en la época de sus encuentros con Martiño. La casa le sirvió como vértice imaginario, describiendo un triángulo diario que le llevaba primero a la plaza de

Fonseca, para acudir después de comer a la de Mazarelos. Allí se embebía en la lectura y atendía a los requerimientos y recomendaciones que le enviaba Pepe Luis Sobral, catedrático de Ciencias Políticas. Nadie habría sospechado que el colaborador de Sobral era en realidad un antiguo compañero de clase, el mismo que le había levantado la novia y se había casado con ella. Leyó grandes clásicos realistas y románticos, así como libros de filosofía: sobre las enseñanzas de Sócrates (método socrático, ética e ideas como autorrealizarse disfrutando más de menos y cultivando la razón, así como el concepto de alumbrar ideas -mayéutica-, etc.); Aristóteles (se había sumergido en la lógica, la ética, el concepto de eudaimonía, o vida virtuosa usando la virtud moral e intelectual -razón-); los cínicos; los atomistas, debidamente pasados por el insuperable tamiz de *De rerum natura*, el poema del epicúreo Lucrecio; así como los estoicos, sobre todo Marco Aurelio y Séneca. Y el concepto de recogimiento e introspección defendido por los estoicos, cuya propuesta racional y sosegada de bienestar duradero seguía, en esencia, la misma fórmula de la ética de Sócrates y Aristóteles, le había llevado a textos sobre gnosticismo y, cómo no, sobre Prisciliano, el obispo hispano del siglo IV y primer sentenciado a muerte acusado de herejía. Al fin y al cabo, qué mejor lugar para encontrar literatura acerca del gnóstico panteísta de talante libertario que en Santiago, pues siempre se había conjeturado que la tumba de Santiago pertenecía en realidad a Prisciliano, cuyo cuerpo habría retornado en secreto a la Gallaecia del siglo IV dC a hombros de sus discípulos, después de su decapitación en Tréveris. Y ello le había conducido a una interesante tesina escrita a finales de los setenta por un alumno de doctorado de la facultad de Historia, donde se recogía la historia monástica de las islas de San Simón y San Antón, apenas dos promontorios conectados por un puente que invitaban a la introspección desde el centro de la ensenada más recóndita de la ría de Vigo.

Y pensando en la ría que le había visto nacer, la melancolía se transformó en el primer brote psicótico, reconocido y auscultado con voluntad racional por él mismo; pensando en San Simón, había departido acerca de los secretos de la rada con los mismísimos

Francis Drake y Julio Verne. Primero, había sentido su presencia como apenas ideas; a continuación, las ideas tomaron forma cognitiva, en forma de voces que -reconoció- sólo oiría él mismo, tal y como Martiño le había sugerido en una ocasión, en un posible intento de preparar el terreno para confesarle la enfermedad que era consciente de padecer y posiblemente ocultaba en la residencia de la congregación. Finalmente, Francis Drake y Julio Verne le habían acompañado físicamente, sentados con él en el claustro de la facultad de Filosofía, actuando a veces de maestros y en ocasiones de pupilos de una Stoa tan rica en su mente como los ideales caballerescos en la conciencia de Alonso Quijano. Había aguantado durante días, hablándoles sólo con la mente, lo que parecía no importarles, hasta que su presencia se hizo demasiado incómoda para él. Fue entonces cuando Francis Drake había transgredido el diálogo socrático en el que se habían enfrascado con una pregunta retórica, chismosa y visceral:

- ¿Acaso no sirvió la húmeda sombra de este mismo claustro de escenario de tu primer escarceo con la que sería tu mujer?

Su primera respuesta había sido mental. Sólo hablaba a viva voz con sus dos compañeros de debate mayéutico cuando volvía de la Universidad y encaminaba, ya anocheciendo, el camino de Regueiro. Los vehículos, corredores y ciclistas con que se cruzaba muy esporádicamente a última y primera hora del día nunca habrían prestado atención a alguien de mediana edad y con aspecto serio y responsable que habla con pasión sin tener a nadie al lado ni sostener un teléfono en la oreja. Los dispositivos habían evolucionado y, en la época de las llamadas por altavoz y aparatos de manos libres, cualquiera desgañitándose así podía ser percibido como cualquier cosa menos esquizofrénico paranoide.

- Sí; besé aquí a Maruja por primera vez, como podría haberlo hecho en cualquier otro lugar. Un beso es uno de los gestos de aprecio más elevados entre amigos que se atraen intelectual y físicamente. Ambos percibíamos cierta... tensión química y buscamos el contacto del cuerpo y los labios.

- ¿No fue aquel encuentro una puñalada trapera a tu amigo Pepón Sobral -había insistido el pirata Drake, mientras Julio Verne afilaba con una navaja una pluma de ave recién cortada, con la que quizá iniciaría en un rato alguna gran obra-. O, peor aún, ¿Acaso aquel beso no fue la constatación de la debilidad del pertrechador, su falta de compromiso y de fuerza de voluntad, una respuesta impulsiva y hedonista a la confianza racional que él había depositado en ti?

La pregunta, pensó, buscaba una respuesta a pulmón abierto, la prueba que refutaría la cada día más débil conjetura de su cordura. Francis Drake -mejor dicho, la interpretación del personaje que hacía su cerebro, una elucubración erigida en el aire-, había refutado la tesis con la que se había iniciado el diálogo socrático: "¿Puede mantener su cordura un individuo que ha transformado -contra su voluntad- ideas en voces y voces en visiones?". Su explosiva respuesta a viva voz había dejado helados a los presentes en el claustro y aledaños, que asistieron a la pelea entre el siempre serio y cabizbajo colaborador del profesor José Luis Sobral y el vacío del claustro:

- ¡Pirata, sabandija traicionera, filibustero, estabas esperando a este momento para clavarme el puñal! ¡Sabe que te reto a ti y a toda tu ralea! ¡Encontraré a todos los descendientes del pirata Francis Drake y les haré pagar por tu saqueo en San Simón! ¡Lo que hiciste no puede quedar impune!

Los presentes percibieron al instante que no se trataba de una performance artística, ni el ensayo improvisado de alguna de las obras dramáticas en marcha. Como tampoco dejó pasar por alto Sobral. Media hora después de que el incidente llegara a sus oídos al final de aquella misma tarde, había conducido hacia el caserío de la costa do Cano y las corredoiras de Regueiro. Su conversación con Losada le había convencido de la gravedad del asunto.

- Te he defraudado. Te he faltado al respeto, Pedro.
- No. Yo te defraudé a ti. No te merecías lo de Maruja.
- Esto no tiene nada que ver con Maruja... O sí, pero no de la manera que tú crees. No me interesa lo que me quieras decir sobre

veinte años atrás. Maruja es tu mujer, o como lo quieras considerar. Ella ha compartido una vida en común contigo y... muchas cosas más.

- También hay un niño muerto, sí. -Se acordaba de haber llorado durante la difícil conversación con su amigo, a la luz de una linterna de cabeza situada en el sobresaliente gran clavo oxidado de una traviesa de madera, en el interior de la casa abandonada donde había plantado la tienda. Se había secado las lágrimas ante la mirada inquisitiva de Francis Drake y Julio Verne, que atendían la conversación desde el extremo opuesto del interior diáfano, al haber cedido el suelo de madera que separara en el pasado la bodega y las cuadras (abajo) de la vivienda.

- Mira, Pedro, necesitas ayuda. Puedo hacerlo con tu colaboración o sin ella. De esta noche no pasa. He sido demasiado permisivo ante unas señales alarmantes presentes desde nuestro reencuentro. ¿Te tengo que recordar que me encontré contigo mientras dormías la mona en el parque de la Alameda con la mochila de trotamundos al lado? Y no me vengas ahora con que no hay tanto que te separe de un chaval del camino de Santiago o del cínico Diógenes. Podías haber escogido a un filósofo promotor de la vida sencilla más equilibrado para inspirarte; no sé, Séneca... Además, era Cordobés.

- No me vengas con coñas marineras, Pepe. Pepiño, mírame. Estoy bien. Reconozco estar padeciendo alucinaciones, pero soy consciente de ello y ese es el primer paso para afrontar cualquier dolencia. Déjame aplicar mi propia cura eudemónica: aprender, desentrañar, saber cada día más sobre mi existencia para poder afirmar la paradoja socrática con todo el conocimiento de causa posible. Porque ahora ya entiendo que el primer paso para vivir es comprender que no sabemos nada y la existencia es buscar respuestas...

- No me bajo del burro, Pedro. Hoy te vienes a urgencias. También me pondré en contacto con Maruja; ella se ocupará de poner al día a tu familia.

- Yo no tengo familia. Mejor dicho, no tengo familia en el sentido moral de la palabra. No ha quedado ningún vínculo de afecto y respeto con ningún miembro... vivo... con ningún miembro "vivo" de mi familia. Si lo hubo, se marchitó durante todos estos años. El afecto se marchita incluso en un lugar tan lluvioso como nuestra tierra...

Y así había ido a parar, apenas dos semanas después, a Montecelo, donde había recibido la visita fugaz y vacía de una Maruja tan fantasmagórica que la vida que habían compartido. Gracias a Pepón, el amigo común que había revivido en él el recuerdo de la joven Maruja de pelo revoltoso y trasero bien marcado en los tejanos Lee gastados, prosiguieron sus estudios acerca de las filosofías de vida clásicas, la transitoriedad de la existencia, el estoicismo, el priscilianismo o la presencia templaria en el islote de San Simón. Primero, debido a la sedación, apenas leía unas líneas y anotaba ideas. A medida que el cóctel de antipsicóticos redujo su potencia inhibidora para contrarrestar el intenso brote psicótico que había padecido, el ritmo de lecturas retornó a niveles de su última etapa en Santiago o, como evocaría los primeros meses de dicha interior desde la muerte de su hijo -quizá en toda su existencia-, a niveles de la "época de Diógenes".

Al mes de estancia, el director del centro, el psiquiatra don Héctor Lareira, con quien había entablado una complicidad intelectual, prácticamente profesional, le había hablado de Martiño Piñeiro. "Un fraile santiagués oriundo de Anceu, en el concejo de Puentecaldelas, que iba para teólogo y se había quedado colgado de una constelación familiar propensa a potenciar los efectos de cualquier adicción o dolencia". El ambiente opresivo del caserío familiar donde se había criado, combinado por una ambigüedad desde la primera juventud en la aldea y más tarde en los seminarios de Tuy y Santiago, habían ocasionado el "caldo de cultivo ideal" para padecer la misma enfermedad que su hermano menor, el pobre Gabriel, que nunca había salido del pueblo y en el ambiente que había forjado su existencia medicada moriría.

- Ya conozco a Martiño Piñeiro, don Héctor. Le conocí mientras dormía a la intemperie. Me ayudó desinteresadamente desde el principio. Los centros sociales de Santiago se empeñaron en tratarme como a un majarajá por no hacer un feo al "frade".

Y así, con el director de Montecelo de cicerón, Pedro Losada y Martiño Piñeiro se habían vuelto a encontrar, en esta ocasión como pacientes ingresados en el hospital de Montecelo con brotes especialmente severos de esquizofrenia paranoide. Con la ayuda de Lareira, compartieron tiempo y afición, indagando sobre el papel histórico desempeñado por el islote de San Simón, sus visitantes y residentes.

Si los meses en que ambos habían convivido en Montecelo habían tenido algún paralelismo con *Alguien voló sobre el nido del cuco* de Ken Kesey, éste se había limitado al desenlace: él había escapado con el oficio de un chalado que ha impostado serlo, como el buscavidas R.P. McMurphy, interpretado por Jack Nicholson en la adaptación cinematográfica de la novela; en cambio, el bueno de Martiño se había quedado allí, observando desde la ventana la escapada de su amigo Losada hacia San Simón, como el indio grandote de la novela, una actitud que contrastaba con su envergadura, facciones y voz, más propias de Valle-Inclán o Woody Allen.

6 LA REBELIÓN DEL CHARNA

Madrugada del sábado al domingo, algo más de quince días después de su primer encuentro con Pedro Losada.

La página web había estado fallando intermitentemente durante toda la tarde anterior. Si algo podía ponerle nervioso en estos tiempos de cultivo de racionalidad y paciencia, hasta el punto de acercarlo a la tapa del váter en cuestión de minutos, era el mensaje automatizado de alertas Pingdom, que le avisaba en el móvil cuando *faircompanies llevaba al menos un minuto sin responder a las conexiones de usuarios de todo el mundo. Cuando el sutil icono con la "P" mayúscula de Pingdom ocupaba la izquierda del menú superior de su teléfono, significaba que *faircompanies era inaccesible. Caput. Down. Out of service. La sutil señal le causaba inmediato pavor cuando aparecía a primera hora de la mañana en España, a partir de las 6, ya que ello significaba que sus dos colaboradores, ambos hackers cubanos exiliados en Salt Lake City (Utah, Estados Unidos) y Toronto (Ontario, Canadá), respectivamente, tardarían horas en recibir el mismo mensaje y ocuparse de la incidencia. La diferencia horaria con Toronto -Costa Este de Norteamérica, seis horas menos que en Barcelona-, y Utah -dos horas antes que Toronto y ocho menos que él, al hallarse en el huso horario de las Rocosas-, convertía cualquier inconveniencia técnica acaecida a primera hora en un ejercicio de paciencia que solía suspender. Le invadía el mal humor y le costaba más concentrarse en cualquier otra tarea. El mensaje de Pingdom era tan escueto como contundente: "Website DOWN", con la palabra "DOWN" en mayúsculas, subrayando la contundencia del acontecimiento. Un sitio web inaccesible era como una revista encerrada en un almacén con candado; las búsquedas de Google caían en zona muerta y, en función del tipo de error, en ocasiones lo único que encontraban los visitantes era una página en blanco. Cuando el error procedía de la misma aplicación que hacía correr el sitio y no del servidor virtual donde éste residía, aparecía al menos un "Oops! *faircompanies encountered an error! We are terribly sorry. Please, try again, or wait a bit." Un mensaje que constataba la imposibilidad de servir el contenido en cuestión. Por fortuna, el sitio había permanecido estable durante los últimos dos años, gracias a mejoras técnicas promovidas por sus dos amigos. Los dos cubanos eran expertos que le ayudaban en los pequeños tiempos muertos de sus respectivas responsabilidades en las universidades de Utah y Toronto, donde formaban parte de especializados departamentos de ciencia computacional. Nicolás Boullosa carecía de poco más que nociones básicas de programación y administración de sistemas, pero el tesón puesto en el proyecto le había obligado a leer libros, recursos web y documentos sobre temáticas tan oscuras para profanos como "usabilidad avanzada", a menudo firmados por el veterano ingeniero informático danés Jakob Nielsen; las guías de bolsillo sobre administración de sistemas usando línea de comandos (las famosas pantallas negras con líneas de instrucciones en forma de texto, sin interfaz gráfica moderna) de la editorial O'Reilly; o la guía para usuarios oficial del lenguaje de programación orientada a objetos Python, creado por un tal Guido van Rossum, holandés; entre otras gemas para "nerds", extendido anglicismo que designaba a empollones con vocación técnico-científica.

Mientras orinaba, su conciencia en duermevela sopesó echar un vistazo al móvil, que se cargaba, como cada noche, al lado del portátil cerrado, sobre el escritorio del despacho. Levantó la tapa; efectivamente, el sitio había caído y había vuelto a funcionar en dos ocasiones, gracias a los "scripts" o pequeñas aplicaciones que habían diseñado para que ello fuera posible. En la última, no obstante, había permanecido fuera de combate. Bajo la "P" que sentenciaba el estado momentáneo de la página justo cuando los estadounidenses, latinoamericanos y primeros asiáticos se conectaban después del trabajo, aparecía la hora local: 4:07. "Mierda". Ello implicaba desvelarse por completo. Abrió el portátil, se conectó a la aplicación de correo y, desde allí, comprobó que uno de los dos colaboradores permanecía en línea. Usaban castellano en el chat y el correo, mientras cambiaban al inglés en la aplicación para el control de versiones y actualizaciones de software para el sitio; de esta manera, se aseguraban de mantener un ambiente "virtual" próximo y distendido para la comunicación, mientras el uso de la lingua franca de facto en Internet para atender incidencias garantizaba su futura utilidad: cualquier futuro colaborador que no hablara ni entendiera castellano podría acceder al instante al historial de actualizaciones, incidencias y su contexto desde el primer momento. La Internet técnica hablaba en inglés.

- Hola, Julio. ¿Cómo va?
- Nico: ¿qué hora es en Barcelona? Veo que son las cuatro. ¿Trabajando tarde?
- De hecho, estaba durmiendo. Me levanté al lavabo. ¿Viste el mensaje de Pingdom?
- Deja ver -como buen cubano, Julio se ahorraba el pronombre-. Cierto. No te preocupes, le echo un vistazo.
- Gracias. ¿Todo bien?
- Sí...

El siguiente mensaje tardó una veintena de segundos, síntoma de que Julio había abierto un emulador de terminal de línea de comandos para recuperar el servidor virtual remoto -y, por ende, la aplicación que constituía el sitio web-, usando instrucciones de texto desde su "computador" (sólo era "ordenador" en España, habían reído en alguna conversación informal pasada). En treinta segundos escribía su respuesta a la última línea de chat de Boullosa, que a la sazón ya había comprobado desde su navegador en Barcelona que el sitio volvía a ser accesible.

- En quince días me voy a Hawaii con la mujer -Julio era joven; le faltaban unos años para la treintena, pero se había casado con una novia cubana que finalmente se había podido reunir legalmente con él en Estados Unidos.
- ¿A qué isla? Estuve en una ocasión cuando ya colaborábamos, ¿recuerdas? -Como un yonqui dando cuerda a quien le solucionará momentáneamente un problema de adicción, Nicolás dio algo de cuerda a la conversación para hacerla más distendida y menos intrusiva-. Mi cuñado el menor se casó en Kauai, en la costa norte de la isla.
- ¿La bahía turística del norte?
- Sí.
- Allá voy yo. Se llama Hanalei Bay.
- Exacto. Recomendable. No te sorprenderán ni el clima ni las

playas, siendo de Cuba. Pero ya verás con los gallos... Una plaga. Hay tantos gallos asilvestrados que no paran de cantar a miles desde las cinco hasta las siete u ocho de la mañana. No te preocupes: al final te acostumbras. Es como el ruido del tráfico.

- "Gallos de Hanalei Bay", qué divertido. Parece el título de una canción de hip hop hispano.

- :)

- Se nota que te van bien las cosas, Julio :) Enhorabuena. No te olvides de hacer fotos con las gafas Google Glass que te he visto puestas en las redes sociales ;)

- Las dejaré aquí en SLC; no quiero perderlas en el viaje ni quiero asustar a nadie. Ya sabes: son tiempos de espionaje de la NSA...

- Cierto. Siendo cubano como eres, no les haría gracia verte en el aeropuerto con un cacharro tan sofisticado guiando tu ojo.

- Cierto ;)

- En fin, veo que levantaste el sitio sin problemas, como siempre. ¿De qué se trataba?

- Apache se saturó. Tengo que mirar el registro para comprobar las trazas; a lo mejor podemos averiguar por qué hay tantas caídas últimamente.

- Gracias. Me voy a la cama. Que tengas una buena tarde.

Recordó lo que más le había sorprendido de aquel viaje familiar a Kauai, en el que apenas se habían movido de la playa y la enorme casa alquilada para toda la familia, había sido la única excursión, compartida con dos cuñados: Bob -marido de Jennifer; la tercera hermana del clan Dirksen, después de Emily, la mayor, y Kirsten-; y Colton, el cuarto en la línea y primero de los dos varones de la familia. La excursión recorría varias millas de exuberantes acantilados recubiertos de vegetación, debido a las copiosas lluvias y húmeda niebla tropical que registraba la isla. Los riscos reverdecidos apareciendo en perspectiva ante ellos, con su verticalidad cortada a cuchillo, hacían olvidar el sudor causado por la humedad ambiental; de vez en cuando, la inesperada rada de una playa virgen les hacía descender, para volver a subir más tarde y avanzar de risco en risco, a través del camino de tierra rojiza. Su última línea de chat antes de cerrar la pantalla del ordenador contenía el escueto nombre del recorrido de senderismo, que había comprobado en una rápida búsqueda. "Hanakapiai trail". Y un enlace que ofrecía más información en la página de turismo de la isla.

Permaneció una hora en la cama sin pegar ojo. Supo que se había vuelto a dormir al desvelarse en lo que pareció un instante después de la espera eterna que supone la lucidez en plena noche, cuando todos duermen y sólo algún coche esporádico rompe el relajante compás de las respiraciones. Había soñado con Julio. Nunca le había conocido en persona; ni siquiera había escuchado su voz, ya que priorizaban la comunicación menos intrusiva posible y más productiva cuando el equipo estaba conformado por personas con escaso tiempo para perder y residencia en distintos husos horarios. Era fundamental ir al grano, tanto en los mensajes de correo como en los del programa de control de versiones, Github; el mundo de la programación y el mantenimiento de aplicaciones web usaba tecnicismos y explicaba incidencias con la precisión de Hemingway. Existía la norma no escrita de que, en situaciones urgentes como la caída del sitio sin respuesta automática exitosa, tanto él como cualquiera de los dos colaboradores tenían licencia para "molestar": usar la mensajería instantánea, que en Internet equivalía a poco menos que una llamada telefónica o una videoconferencia, los mecanismos de comunicación más intrusivos y potencialmente interruptores de un buen momento productivo o de descanso. Julio y Luis eran la prueba fehaciente del carácter imparable de personas inquietas y en busca de un propósito vital racional. Educados en la Cuba castrista, se habían beneficiado de la flexibilización de la política de visados entre Cuba, Estados Unidos y Canadá, que permitía a los estudiantes técnicos más brillantes entrar en empresas y departamentos universitarios. Julio era mulato, pero ni su condición racial ni las dificultades para trabajar con Internet en Cuba le habían detenido. En la isla, además del férreo control gubernamental del tráfico y los nombres de servidor que usaban y a los que se conectaban los usuarios, los apagones y la lentitud de conexión eran la normalidad. Quizá por ello, tanto Julio como Luis habían aprendido a programar del modo más elegante, usando un estilo de programación escueto, conciso y parco en recursos, equivalente a los breves y hermosos haikus japoneses en la literatura universal. La comunicación con Luis era más intermitente y su compromiso con el sitio también menor, quizá por su voluntad de separar con mayor claridad el tiempo libre de las cuestiones computacionales y de la universidad, pero su estilo de trabajo era más cartesiano y académico. Cuando él realizaba alguna modificación, los resultados estaban garantizados. Kirsten y él le habían conocido en Barcelona, adonde Luis había acudido invitado por una oscura conferencia internacional sobre... reconocimiento de patrones (?). Blanco, con cabello lacio, ojos grandes y vivos y con apellido vasco, su aspecto caucásico le habría ayudado -conjeturó al conocerlo- a integrarse en su nueva existencia en las afueras de Toronto, donde vivía con su compañera, también cubana y científica computacional. Julio y Luis habían sido posibles en la Cuba castrista. Qué mejor destello de optimismo y confianza en la voluntad humana que compartir una "fluida" relación no presencial con dos brillantes buscavidas que habían usado su mérito intelectual para labrar su propio futuro, incluso partiendo de un régimen que conservaba el cerrojo, pese a la mayor laxitud económica que había seguido a la sustitución del convaleciente Fidel Castro por su hermano Raúl.

Confiaba en Internet como herramienta de progreso humano por su naturaleza libertaria y difícilmente controlable, capaz de aunar el trabajo y los intereses de personas de distinto origen, a menudo con distintos valores. Y, sobre todo, capaz de alumbrar con conocimiento hasta los lugares más recónditos y oscuros de la humanidad. Bastaba con una conexión intermitente para acceder a todo tipo de datos. Si bien mucha de esta información apenas era ruido superficial y de escasa calidad, Internet era un basurero universal donde se desenterraban -o erigían- hermosos edificios de conocimiento. Los mejor preparados para buscar, procesar y crear la información más relevante eran los ganadores del presente y el futuro. Algo así como el equivalente a los artistas de la Florencia del Renacimiento, o los poetas y resto de bohemios creativos del Montmartre parisino de finales del XIX y principios del XX.

Cuando el lloro de Nicky le volvió a despertar, cayó en que había llegado el día de la visita prometida a Pedro Losada. Un retorno familiar al hospital Sagrat Cor, esta vez para despedirse de la vida en vez de para darle la bienvenida, como durante los nacimientos de sus hijas; o acaso para curarla, como con la operación de codo que le subsanó la difícil rotura ocasionada por la caída en bicicleta en California. Nicky permaneció entre sus padres hasta que la luz del alba se proyectó en la pared de la habitación donde se emplazaba la cabecera de la cama baja japonesa, apenas una plataforma de madera clara con un firme y fino colchón de algodón y látex, así como un todavía más fino colchoncillo de lana. La orientación del dormitorio y de la misma avenida República Argentina en su tramo inicial permitía que los primeros rayos del sol iluminaran las fachadas occidentales hasta la curva del puente de Vallcarca; la orientación, ideal al ser perpendicular a la costa y buscar la luz de la mañana, era compartida por toda la ciudad racional que había crecido desde el plan Cerdà, introducido a regañadientes y con la oposición de todos los barceloneses de su época (detalle, más que olvidado, omitido por las subsiguientes generaciones de barceloneses). Cuando se despertaba y permanecía reclinada en la cama, con la luz matutina sobre su piel, el perfil nórdico de Kirsten le recordaba *Morning Sun*, el cuadro de Edward Hopper en el que una mujer de perfil sentada en la cama y con las manos sobre las rodillas se baña impasible en la luz que penetra por el generoso ventanal de un paisaje urbano, a su izquierda, representando la recurrente alegoría del pintor: la soledad y el aislamiento humanos en la ciudad moderna. La mujer, rubia y pálida, lleva el pelo recogido, apenas media melena, un síntoma de funcionalidad. Algo así como la evolución desde el cuidado del cabello con tocado en las mujeres retratadas por Vermeer, que se observa también en la luz de ambos pintores: desde la aspiración a captar la realidad fotónica en el pintor holandés, a su descomposición perceptiva por un realista a las puertas del expresionismo abstracto como Hopper, en cuyas creaciones se observan la sordidez del cine negro y de la gran urbe moderna. La diferencia entre la Delft del XVII y el Nueva York de mediados del siglo XX.

Diez años antes, durante su primera visita a Barcelona, Kirsten llevaba consigo el rostro del cuadro de Hopper, quizá por lo que representaba. Trabajadora televisiva freelance viviendo en un piso compartido del West Village neoyorquino. La historia de su encuentro se podría haber acabado en eso, apenas un escarceo entre una treintañera residente en Nueva York y un barcelonés viviendo en una buhardilla de la calle Boters, entre Puerta Ferrissa y la catedral. Un affair entre dos zurdos solitarios. Todo había cambiado con su visita a Nueva York aquel mismo verano. Recordaba dormitar abrazado a Kirsten fumando un pitillo mientras observaba el Empire State desde el terrado del viejo edificio cuyo último piso lo ocupaba el apartamento compartido de Waverly Place, una sobria finca de ladrillo con los característicos ventanales con cuadros de hierro forjado de finales del siglo XIX y principios del XX, puerta con puerta del restaurante del orondo chef-celebrity Mario Batalli y a cien metros del arco de triunfo de Washington Square. Conservaba una foto del momento: luz del amanecer, entorno de edificios bajos del Village y, a lo lejos, en el fondo de la imagen, las moles con ventanas iluminadas de Midtown, alrededor de Central Park, con el Empire State en primer término. En diez días, habían tenido tiempo para volar a San José, en pleno Silicon Valley, alquilar un coche y visitar a los padres de Kirsten, así como parar en algunos lugares emblemáticos de la Bahía de San Francisco. Para él, no eran tanto Alcatraz y las calles que Steve Mcqueen recorre en *Bullitt*, sino los garajes donde se habían forjado las empresas tecnológicas más influyentes del mundo. Si Kirsten le había mostrado en Barcelona su lado sensible, al llorar cuando él justificó su falta de convicción en una relación de pareja estable después de haber salido con alguien durante años, el viaje vacacional a Nueva York y California, en el que él se había gastado la mitad del poco dinero ahorrado, formalizó la relación y confirmó algo más que una cierta compatibilidad y receptividad entre dos creativos que practicaban el monasticismo mental voluntario como personajes anónimos en las respectivas ciudades donde residían. En adelante, Kirsten se encargaría de viajar a Barcelona cada pocos meses, trayendo consigo un puñado de discos duros y el ordenador para trabajar. Quizá su relación a distancia había influido sobre la autoconfianza y niveles hormonales de ambos. En cuestión de meses, Kirsten había invertido en una casa en los Hamptons -reducto exclusivo de recreo para neoyorquinos en la punta occidental de Long Island- con su hermano Colton, también compañero de piso en Waverly Place y alma mater de la operación; y su hermana Rebecca, que para entonces ya vivía en Chapel Hill, la pequeña y amable ciudad universitaria de Carolina del Norte. Mientras tanto, en Barcelona él mismo se había trasladado desde el piso de alquiler de Boters, por el que pagaba más de setecientos euros mensuales, a un pequeño cuchitril en propiedad del cercano barrio de Sant Pere; el piso, que había comprado caro, quizá influido por la euforia hormonal y de autoconfianza que le deparaba la nueva etapa vital en la que sentía encontrarse, estaba en una pequeña calle, Bou de Sant Pere, que por su ausencia de luz y estrechez bien podría haber sido "la panxa del bou, on no hi neva ni plou" de Patufet, el Pulgarcito catalán. La barriga del buey, donde no nieva ni llueve. Pulgarcito se encuentra atrapado hasta que una ventosidad le expulsa de nuevo al inframundo. Y así, Bou de Sant Pere 12, 2-2, se convirtió de la noche a la mañana en "The Castle", el castillo de la pareja, un apartamento de 35 metros cuadrados donde cabían dos habitaciones -una de ellas dormitorio-, una cocina-comedor y un pequeño lavabo con microbañera. Y ellos más contentos que unas pascuas, como dos pulgarcitos en su paradisíaca barriga de buey, esperando a ser escupidos por una ventosidad que les llevaría al espacioso piso con terraza del Gótico. Una de aquellas mañanas de domingo en que todavía seguía el rito de comprarse *El País* y leérselo de pé a pá en la terraza de algún bar -en aquella época, solía ser la barra del bar del recién reabierto mercado de Santa Caterina-, se había topado con la imagen de la pintura *Morning Sun* de Hopper. El texto explicaba que la solitaria mujer que se bañaba con los rayos de sol que penetraban por la ventana del dormitorio era en realidad la mujer del pintor. Pamplinas. La solitaria mujer de mediana edad, con mirada estoica y corto camisón rosa que mostraba las piernas -flexionadas- y no tapaba los glúteos sólo podía ser Kirsten. El recorte del cuadro había dado la bienvenida a Kirsten en uno de sus regresos desde Estados Unidos, junto con un escueto mensaje en la pequeña mesa redonda de la entrada. Por aquel entonces, recordaba, Kirsten volaba desde Nueva York y abría con sus propias llaves. Un año y medio después, se habían casado y estrenaban el espacioso piso de Escudellers Blancs, cuya terraza era dos veces más grande que la totalidad de "The Castle". Y así, sin apenas planearlo, dos solitarios urbanos separados por miles de kilómetros habían acabado fundando una familia convertida en una escuela filosófica informal, con los vídeos de Kirsten y sus artículos de la página web. Ella había empezado la relación como un retrato de Hopper; él había mutado desde un joven aprendiz de los tics bohemios y autodestructivos de algún personaje segundón de Wim Wenders o Jim Jarmusch a un solitario joven europeo en busca de la filosofía de vida que el proyecto profesional con su mujer le ayudaría a desentrañar.

Y la luz penetrando por la ventana de tenement neoyorquino de finales del siglo XIX con marco de recuadros de hierro forjado o acaso acero se había transformado en la luz del dormitorio familiar de la colina del Putxet barcelonés. Un vídeo registrado por Ricardo Baños en 1908 mostraba el recorrido autocomplaciente por la Barcelona más homologable de la época, en un tranvía que ascendía de manera rectilínea desde el centro hasta el extremo norte de la Barcelona burguesa, consolidada a principios de siglo con las anexiones de las municipalidades colindantes. La película muda de Ricardo Baños, conservada en la Filmoteca Española y presente en bitácoras nostálgicas que copiaban el vídeo desde la versión que alguien había publicado en YouTube, esconde la Barcelona canalla, portuaria y anarquista surgida en el hacinamiento de la ciudad vieja, y muestra en cambio una ciudad moderna, urbana, con estética y vocación europeas, en un momento en que viandantes, vehículos tirados por animales y bicicletas competían todavía con el transporte moderno, representado por el mismo tranvía -punto de vista del espectador durante el ascenso- y los automóviles. Los vehículos deben sortear a los experimentados ciclistas y viandantes que se cruzan a su paso, en ocasiones acompañando divertidos el ascenso del tranvía, averiguando quizá acerca de la cámara y el operador asidos al techo; algunos visten a la impecable manera urbanita de principios del siglo XX. Los varones, traje de buen corte, chaqué, sombrero y, según en qué edades y estatus, bastón o báculo; las damas visten en función de la edad y la posición, desde la pulcra sencillez de las miñonas a la mayor sofisticación de las señoritas y señoras que pasean sus vestidos de encaje y volantes, acompañados de complementos tan o más importantes que el vestido. "Barcelona en 1908; vista tomada desde un tranvía", anuncia el fotograma que sigue a la palabra (mayúscula y en ancha y recargada tipografía modernista: BARCELONA): se suceden el Paseo de Gracia, la diluida plaza de Nicolás Salmerón, la calle Gran de Gracia, una irreconocible la plaza de Lesseps y una avenida República Argentina más parecida a una avenida, con anchas aceras flanqueadas por esbeltos plataneros. Una niña con un gran sombrero emplumado a la francesa, seguramente muerta hace tiempo, se anima cuando el tranvía se adentra en la calle, dejando atrás la iglesia de los Josepets. Es una niña que comparte la ilusión cotidiana de cualquier otra niña de su edad atravesando la misma calle desde entonces, como Inés o Ximena hacen 105 años después, en una calle con sonoro tráfico motorizado de bajada, aceras más estrechas y árboles más pequeños, como los del primer tramo desde Lesseps, replantados algunos de ellos hace apenas una década, con la última y polémica remodelación de la plaza. Más allá del puente de Vallcarca, la colina del Putxet aparece despejada en el vídeo de 1908: el lugar era todavía la zona de veraneo de los barceloneses que podían comprar una "viña" y edificar su "torre" para los fines de semana; finalmente, el tranvía gira hacia el poniente por una irreconocible calle de Craywinckel, delimitada por casas ya desaparecidas, para finalizar en el cruce de la avenida Bonanova con la avenida de San Gervasio. "FIN".

Por alguna razón, el vídeo de Ricardo Baños, al que había llegado hacía un par de años a través de alguna entrada de bitácora o red social, volvía a él aquel domingo de finales de octubre, mientras la luz matutina de una mañana otoñal jugaba con la silueta de sus dos hijas, que corrían a contraluz hacia la iglesia de los Josepets. Aguardaron en la ancha acera que dividía el lado de montaña de la dividida plaza Lesseps, frente a la iglesia y ante la fachada del café Fiorino, frente al que el bebé pudo brincar y reír, celebrando un acontecimiento especial: no sólo era una mañana radiante, sino que sus hermanas y sus dos padres estaban allí. "Nicolito" sabía que, cuando uno de sus padres salía con él -o con él y sus hermanas-, el otro se quedaba "aprovechando" el momento de introspección... casi siempre para trabajar. "¿Qué harías cuando yo salgo con los niños, si no tuvieras que trabajar?", le había preguntado Kirsten en una ocasión. Silencio.

Había buscado una respuesta racional, convincente. "Me gusta lo que hago. Es la 'incomodidad productiva' que recomendaban los filósofos; ya sabes, cuesta partirse los cuernos para alumbrar un texto que aguante la autocrítica. Cuando lo consigues, en ese momento te sientes bien. Y, normalmente, has aprendido algo más -cuando charlaban sobre algo que trascendiera lo cotidiano, movía las manos de manera acompasada y hablaba con la certidumbre de hallarse ante el interlocutor al que, sin saberlo, había aspirado desde los años preuniversitarios, cuando le quedó claro que necesitaba algo más de lo que le aportaba Sant Feliu-. Es algo así como levantarse por la mañana, subir una montaña para bajarla a continuación desandando lo andado. Lo que no explica pero quizá sugiere el mito de Sísifo es que el que baja lo hace con la experiencia de haber subido. Y el que baja dos veces es que ha subido al menos otras dos. Y no hay una subida idéntica, como tampoco hay una bajada igual. Uno se fija o ve cosas distintas, se percibe el cambio de temperatura y de las estaciones, surgen ideas como de la nada, y así...".

El 32 acudió en 10 minutos, que les dejó veinte minutos después en Viladomat con Londres. La ciudad aparecía sosegada y su conciencia se empeñaba en apreciar incluso las calles que más detestaba en la zona -empezando por avenida Príncipe de Asturias, infestada de tráfico, edificios de segunda ennegrecidos por éste y locales vacíos-, en las que aparecían personas paseando con cierta dignidad antigua, alguna tienda con cierto encanto, algún árbol remarcable, la luz sobre alguna azotea de la calle Balmes, los plataneros de la avenida Diagonal... Era difícil no dejarse embaucar en algún instante, incluso en épocas de vacas flacas -o en las de vacas gordas, a veces peores, como había demostrado la orgía post-olímpica del Fórum de las Culturas y la rúa brasileña que había puesto más gente en el Paseo de Gracia que la manifestación de repudia por el asesinato de Ernest Lluch-, por una ciudad que la escritora realista gallega del XIX Emilia Pardo Bazán ya había destacado como la más europea de las peninsulares. Una urbe portuaria, canalla y a la vez burguesa, que ya no daba la espalda al mar, carecía de barracas y había transformado los bares de charnegos en restaurantes con estrellas Michelín, en la que la millonaria familia india Mittal planeaba la boda de uno de sus miembros y, a la vez, una legión de pakistaníes repartían bombonas de butano por las calles de la ciudad vieja, donde familias depauperadas -los más veteranos del barrio- convivían con "jóvenes" -a veces, rozando los cuarenta- en pisos compartidos, familias de profesionales depauperados, inmigrantes extracomunitarios -con predominio de pakistaníes o magrebíes, según la zona-, y una legión de turistas que había roto la frontera del centro y conquistaba el resto de distritos usando hoteles, albergues y pisos turísticos en torno a los hitos remarcables: los distintos parques y monumentos de Gaudí y otros modernistas; Montjuïc; las distintas playas; las estaciones de tren y metro más destacadas; etc. En ocasiones, los turistas eran la fuerza positiva que mantenía a flote a muchas economías, desde los propietarios y trabajadores del sector turístico a todo tipo de comerciantes y a quienes desoían la normativa y alquilaban el piso por días o semanas sin tener licencia para ello, sirviéndose de servicios de alojamiento entre usuarios como AirBnB. El submundo del dinero negro también había crecido en Barcelona. Recordaba la visita de un amigo portugués, un joven intelectual con aspecto desgarbado que había veraneado en Anceu, aldea natal de su madre. Inés era pequeña; quizá hubieran pasado cinco años. Pagó el viaje y la manutención en Barcelona trabajando en un restaurante de comida rápida del Puerto Olímpico, justo al pie de la torre de oficinas Mapfre, zona que un barcelonés no habría pisado durante la noche ni aunque le hubieran subvencionado la farra. Entre el salario en el restaurante y lo que sacaba de sobresueldo vendiendo latas a los turistas, el amigo portugués -más un nihilista intelectualoide depauperado que un inmigrante económico-, aún ahorró. Antes de marcharse, le explicaba divertido cómo los vendedores ambulantes de latas de cerveza, abrumadoramente pakistaníes, le llamaban la atención e incluso insultaban por hacerles competencia “desleal”. En el submundo barcelonés, donde se vendían rosas y latas de cerveza, pero también cualquier tipo de sustancia, hasta las faenas más precarias tenían reglas no escritas. Las latas y las rosas eran territorio paki, mientras el top manta estaba controlado a pie de calle por africanos recién llegados, relacionados con chinos y gitanos españoles -los cuales no querían ser confundidos por nada del mundo con los gitanos búlgaros o rumanos-, que proporcionaban la mercancía. Los sectores de economía sumergida sometidos a mayor presión, le decía un amigo policía local, eran la prostitución y los hurtos. Las putas se quejaban de las dificultades para trabajar en la calle y el miedo de los clientes potenciales a ser multados; con lo que había sido una ciudad portuaria y canalla como Barcelona... La ciudad ya no rivalizaba con Hamburgo y Rotterdam en la misma liga de puterío institucionalizado, y la persecución de la actividad en espacio público o lugares no acondicionados había fomentado una cultura del sexo con hurto, sobre todo a turistas pasados de vueltas. Las putas africanas y del este más granujas cazaban a su presa en La Rambla o incluso en el Petritxol, insigne pequeña calle burguesa, "botiguera" y de galerías de arte donde había nacido la soprano Montserrat Caballé, en cuyas sombras se agazapaban chicas listas para completar el servicio con el robo de la cartera. La escuela de carteristas de Barcelona, especialmente activa durante el franquismo y los ochenta, había desaparecido. El hurto limpio y con clase -tronío torero, en ocasiones- de los carteristas locales de hacía treinta, cuarenta o cincuenta años, había pasado a la historia. A menudo vestidos como un policía secreto o un falangista (pantalones de pinzas y chaqueta, camisa con bolsillo y cajetilla de tabaco negro en su interior, zapatos Sebago, llavero del Barça, Espanyol o Betis colgando del bolsillo, peine de púas en el bolsillo trasero del pantalón), acechaban a sus víctimas con la profesionalidad de un trabajador gremial y el porte de Skip McCoy, el insolente ratero de bajos fondos interpretado por Richard Windmark en *Pickup on South Street*. Los titulistas españoles, archifamosos por buscarse problemas con su originalidad creativa, habían preferido el expeditivo título *Manos peligrosas*, que tanto valía para un mangante de las Ramblas como para uno de la Gran Vía o la calle Preciados madrileñas. Alejarse del Gótico implicaba amputar buena parte de esa memoria colectiva, con la que había soñado hacer una novela negra. Algún día. Sería muy triste, pensaba, que sólo Bevilacqua y Chamorro, los dos guardias civiles creados por el escritor mediático Lorenzo Silva, se pasearan por las calles atestadas de guiris y ni-nis, donde aparecían personajes impostados, que nunca habían tenido a un entusiasta de los discursos parlamentarios de José Antonio o un pistolero anarquista en la parentela; esos personajes tenían familias aptas para Hollywood, figurines de cartón piedra como los de *La sombra del viento.*

Sin guiris ni hipsters a la vista, el autobús les dejó en la Avenida de Josep Tarradellas, a cinco minutos del hospital. Aprovecharon para andar por la arboleda, en la que convivían abuelos con nietos, personas paseando al perro y un par de sin techo tomando la única auténtica medicina en una mañana soleada de noviembre: el efecto tonificante de la luz del sol sobre cada uno de los castigados poros de la piel descubierta. Uno de los sin techo, de mediana edad, ojos pequeños y azules, cabeza redonda y nuca plana, apenas veía lo que tenía delante y se esforzaba por enfocar la mirada a través de unas gafas seguramente no acondicionadas a su visión. Eslavo; quizá de los balcanes, pensó. Cabeza de turco. No se refería al sentido figurado de la expresión, sino a la apariencia de su figura de perfil; el sin techo casi ciego era tenía el arquetipo de la cabeza de un turco o la de un eslavo, sugirió bromeando. El comentario hizo gracia a Kirsten, acostumbrada a las extrañas apreciaciones de su marido. A principios de la pasada primavera, habían visitado un gélido Londres para grabar unos vídeos para la página web y el canal de YouTube, acompañados sólo del bebé, mientras Inés y Ximena permanecían en Barcelona con los abuelos maternos, de visita unos días antes de viajar a ver a otra de sus hijas en Sídney, Australia. Al final de dos días de actividad frenética y grabaciones dentro y fuera de un Londres nevado y frío como en pocas ocasiones, decidieron saltarse la norma no escrita de comer en un restaurante, entrando en el primer local de cocina turca en Hackney, muy cercano la casa de los "amigos de amigos" donde se alojaban. Tomarse la libertad de entrar en la cotidianeidad de una pareja prácticamente desconocida -ella, joven profesora universitaria sin plaza fija en una universidad del norte de Inglaterra a la que tardaba tres horas en llegar usando un tren regional; él, un australiano desconocido para Kirsten- era uno de los tantos alegatos de frugalidad nómada a los que se había acostumbrado la pareja. El restaurante turco, con cristalera a la calle, planta cuadrada, cocina abierta y una temperatura tan elevada que invitaba a los comensales a volver cuanto antes al frío gélido, no fuera que estallaran los sesos al sobrepasar niveles de confort razonables, estaba lleno y se adaptaba con oficio para acomodar a quien entrara por la puerta. Así fue cómo habían acabado en una mesa para dos prácticamente pegada a comensales delante, detrás y a un lado, mientras el otro lado lo ocupaban la pared y uno de los mortales radiadores. El bebé, cansado durante todo el día y sofocado, no se conformó con un par de capas de ropa menos y lloró durante lo que les había parecido una eternidad. Les había gustado, pese a lo atropellado de la situación, el uso del agridulce en los platos que se sucedían con la rapidez de un establecimiento de comida rápida. La mejor manera de echar a un comensal hambriento con un bebé es, claro, presentarle los platos con compulsiva rapidez. Amamantado por su madre, Nicolito había dejado de llorar y se quedaba dormido. Ambos apuraron los platos y pidieron la cuenta; satisfechos y algo sofocados por el ambiente, charlaban distendidamente cuando entró una pareja de chicas en la treintena con aspecto de eternas alumnas tesistas.

- ¿Por qué no jugamos a las conjeturas? -Había sugerido a su mujer.
- Explícate.
- ¿Ves la pareja de chicas que acaba de entrar? Voy a intentar describirlas del modo que las veo. Luego, antes de salir, aprovechando tu simpatía natural -bromeaba y, a la vez, lo decía convencido-, les entras y les preguntas de dónde son, qué hacen en Londres y lo que se te ocurra. ¿Hace?
- ¿Hace el qué?
- Es una expresión. ¿Jugamos o no?
- Sí.
- Bien. Tienen un aspecto casual y deportivo, como si fueran geólogas norteamericanas en Mongolia. Chaqueta Patagonia, pantalones tejanos gastados, zapatillas deportivas de montaña... La del pelo corto tiene la sutil combinación de rasgos mediterráneos y amerindios que sólo se aprecia en el Cono Sur. Yo creo que es medio mapuche. Chilena, por tanto.
- Honestamente no lo veo -respondió Kirsten, divertida-. ¿Por qué crees que es chilena?
- No lo sabría explicar racionalmente. Obviamente, la conjetura que explicaré es políticamente incorrecta, de manera que tómalo todo con un granito de sal.

- ¿Un granito de sal...?
- No pienses que lo digo al pie de la letra. Es un juego.
- Entiendo.
- Prosigo, entonces. Los chilenos son una combinación particular entre europeo y amerindio distinta que, pongamos, países caribeños como Venezuela, o entre caribeños y andinos, como Colombia. Ahí tienes a una chilena con sutiles rasgos mapuche. Lástima que tenga tanto bello facial y esos enormes dientes tan desiguales, como de escualo. Es un bigote femenino descomunal, como los bigotes de las euromediterráneas hippies o de pueblo.
- ¿Por qué europeas hippies o de pueblo? -Preguntó Kirsten, fingiendo cierta indignación.
- Me refiero a mujeres mediterráneas que no se afeitan. Sus niveles de testosterona son tan elevados... Créeme.
- ¿Cómo lo sabes? ¿Tienes mucha experiencia? ¿Has estado con muchas "mediterráneas" con bigote?

Cuando Kirsten se divertía en una conversación, mostraba una animada cara pícara que había heredado de su madre, que le evocaba una y otra vez a la Gena Rowlands haciendo de mujer y madre algo chiflada, desgalichada y a su manera atractiva en *A woman under the influence*, de John Cassavetes.

- El trato era conocer acerca de ellas, ¿recuerdas? Prepárate: cuando traigan la cuenta, salimos y te paras a hablar con ellas, fingiendo que las oyes hablar español. Estoy seguro de que hablan español, no te preocupes; si no es así, te puedes disculpar.
- ¿Lo dices en serio?

Kirsten no podía ocultar su genuina curiosidad. Siempre le sorprendían los dobles saltos mortales cognitivos de su marido. Por alguna razón, pensaba, solía acertar con sus conjeturas. Pero esta vez iba de farol. Ella observaba a dos chicas morenas, con piel aceitunada y rasgos eminentemente mediterráneos. Para ella, podían ser italianas, españolas o lo que fuere. Llegó el momento de salir. Kirsten se paró a hablar con ellas. Efectivamente, eran chilenas. Seguramente pareja. Demandó a su marido que le explicara el secreto.

- Has escuchado el acento. Las has oído hablar. Dime la verdad.
- Te aseguro que no las oí. Simplemente, creo que los chilenos tienen una cara reconocible. Es algo sutil, pero perceptible por cualquiera.

Cruzaron la acera, se adentraron en la calle Londres y se toparon en el siguiente cruce con el Hospital Universitari Sagrat Cor, presidiendo la fachada suroeste de una manzana del Eixample en la calle Viladomat. Nicolás se agachó y llamó la atención de sus hijas. Señaló una ventana a la altura del segundo piso. En alguna de aquellas habitaciones habían descansado ambas con sus padres durante su primera noche en este mundo. Mientras les explicaba cómo había ido el parto en las dos ocasiones, mezclando ambas historias y poniendo a prueba su capacidad de síntesis y sugestión, notó que una emoción casi eufórica le apresaba la garganta. Ante él, cuatro enormes y bonitos ojos azules escrutaban cada palabra y gesto de su cara, con el interés genuino de los niños que escuchan por primera vez algo que les atañe directamente. Habían pasado casi siete años desde el primer parto y algo más de cuatro del segundo. Él mismo se había ocupado de los camisones de Kirsten, los conjuntos de bebé debidamente separados en bolsas de ziploc para facilitar la tarea a las enfermeras, el pijama para él, los cepillos y pasta de dientes... Divertidas, Inés y Ximena se arrodillaron ante Nicolito, que les miraba sentado en el carro.

- ¿Ves allá, Nicolito -decía Ximena-? Allí nacieron "la" Inés y "la" Ximena (el artículo catalán que no faltara).

El bebé señalaba también, animado y balbuceando, la funcional mole edificada en los años sesenta, frente a él. La diáfana entrada, dominada por cristaleras y una generosa puerta giratoria, así como los amplios ventanales de la cafetería, a pie de calle, daban un toque de modernidad al edificio, remodelado en los últimos años. Seguramente justo antes del estallido de la crisis. La mayoría de las cortinas de los innumerables ventanales estaban corridas, a excepción de un puñado diseminadas en orden aleatorio. Quizá se trataba de los optimistas; o quizá fueran los más desesperados, familiares junto a moribundos que decidían abrir la cortina y respirar con la mirada, para toparse de frente con otro edificio del Ensanche barcelonés y certificar que no había escapatoria, antes de girarse de nuevo hacia la cama del enfermo. Permanecía de cuclillas entre sus tres hijos, respetando el silencio que se había formado, mientras Kirsten había comprendido que no era necesario decir nada. Se levantó, como intentando desprenderse de una capa de pegajosa melancolía, parecida a la incomodidad física que padece el cuerpo durante el principio de una gripe, al recordar para qué estaban allí. Habían venido a visitar al que hacía menos de un mes era un perfecto desconocido, alguien ajeno a su existencia, que les recibiría en su lecho de enfermo terminal. "¿Quiénes son, familiares?", le preguntarían los médicos o enfermeros. "No", respondería él, "un conocido". Por circunstancias, en ocasiones uno moría lejos de su casa y sus allegados, y quienes se acercaban a decir adiós eran a menudo personas relativamente nuevas en la existencia del enfermo. O así lo pensó. Un beso a Kirsten y una sonrisa cómplice de ambos rompió la burbuja del momento de retorno de los padres al hospital de las pruebas de embarazo, las clases de parto de primerizos, los dos primeros partos y, en su caso, pruebas y seguimiento de la cirugía del codo roto en California haciendo el cafre con la bicicleta.

- ¿Preparada?
- ¿Para qué?
- Para conocer a Pedro Losada.
- Por supuesto.

Inés se apresuró a preguntar quién era el tal Pedro Losada. No se conformó con el aséptico "an old friend of papá" de su madre, un viejo amigo de papá. Decidió tomar las riendas él mismo.

- ¿Recuerdas aquella vez en que hablamos de casualidades? ¿Cómo a veces suceden cosas que no planeábamos pero que se convierten en parte de nuestra vida o de lo que hacemos?

Inés le miraba con sus enormes ojos azules en su inquisitivo y hermoso rostro de niña, que Kirsten y él habían comparado con el de una Lauren Bacall infantil. Muy alta para sus seis años, su cuello era delicado y su complexión, estilizada, aventuraba en el futuro a una elegante y alta mujer con aspecto nórdico y algún rasgo quizá más mediterráneo, como la forma de los ojos. Escuchaba con las manos depositadas sobre el estómago, todavía con la prominencia de las barrigas infantiles.

- El señor Pedro Losada es de Galicia, el lugar donde nació el yayo Manolo. Hace un tiempo conoció a un primo hermano del yayo, que también es primo mío y...

- ¿Cómo se llama tu primo? ¿Le conozco yo?

- No, no le conoces. Recuerda que sólo estuviste una vez en Anceu, cuando eras un bebé como Nicky. Se llama Martiño.

- ¿Y yo no había nacido? -Ximena preguntó triste, indignada por volver de nuevo a ese pasado mitológico acaecido antes de su propia existencia.

- No, pero no te preocupes, Xime, pues un día de estos iremos a Anceu y ya verás qué de cosas hay. Nosotros jugábamos en unos graneros de piedra que parecían casitas de muñecas, que se llaman hórreos y...

- Volvamos a la historia, papá -insistió Inés-. ¿Y dónde está el Bambino ahora?

- ¿Martiño? Mi primo Martiño está un poco enfermo y su hermano mediano, Javier, le cuida a él y al hermano menor, que se llama Gabriel y tiene la misma enfermedad que Martiño.

- ¿Qué enfermedad es esa?

- Se llama esquizofrenia y cuando la tienes necesitas reposar y tomar medicina fuerte.

- ¿Sabe tan bien como el jarabe Dalsy? -Inquirió Ximena.

- No lo sé. Nunca la tomé... Volviendo a la historia, Pedro, el señor enfermo al que vamos a visitar, conoció a Martiño y, por una cosa u otra, acabó leyendo aquel libro que yo estaba escribiendo. ¿Os acordáis de aquellos días en que...?

- El señor leyó tu libro y le gustó tanto que quiere ser tu amigo... -sentenció Inés, victoriosa, como dando por sentado que no podía haber ocurrido otra cosa.

- Algo así -respondió el padre, con una mueca burlona, a la que Kirsten respondió con una afirmación categórica con la cabeza, certificando la hipótesis de su hija mayor.

Traspasaron la puerta y acudieron a información, mientras Ximena se quedaba parada junto a los modernos bancos de la entrada, ante los nuevos ventanales que llenaban el diáfano vestíbulo de luz natural. El olor a limpiacristales era nítido y penetrante. Ximena lo percibía, abriendo al máximo las fosas nasales. Lo asociaba al olor de la escuela los lunes a primera hora de la mañana, después de que el viernes y el sábado el ejército de productos desinfectantes hubiera invadido hasta el último rincón. Ni el piso nuevo de la familia -pensó la pequeña- ni el anterior jamás olieron así. Algo universal, intuyó, debía conectar escuelas con hospitales que, por alguna razón, no afectaba a su casa. Alguien habrá escrito una tesis sobre la obsesión ibérica por la lejía, pensó su padre, intuyendo los pensamientos de la pequeña. Al menos, los hospitales tenían una argumentación de peso para practicar la desinfección a ultranza; menos lógico era optar por lejías y jabones tan perfumados que, una vez usados, establecían una frontera entre ambientes casi palpable físicamente; por alguna razón, Ximena reaccionaba al fenómeno con especial sensibilidad. Sólo otro lugar, El Corte Inglés de Plaza Cataluña, producía en ella un estado de alerta sensorial tan pronunciado. En el caso de El Corte Inglés, al chorro de aire -extremadamente frío o caliente, según la estación- de las puertas, se unía el puñetazo aromático de la descomunal mezcla de perfumes y demás cosmética que abarrotaba la planta baja, quizá hasta el punto de narcotizar a los sensibles y despistados.

Se acercaron a información. Venían a visitar a Pedro Losada.

- ¿Familiar?
- No. Digo.... sí, pero no directo.
- Ah.
- ¿Número de habitación?
- Lo desconocemos. Tenemos su propia confirmación de que lo ingresaban aquí. Padece cáncer de laringe. En fase cuatro.

El rostro de la secretaria se ablandó visiblemente, al haber oído la palabra mágica. Cáncer. Se volvió a sumergir en la pantalla. Encontró algo que quizá no estaba segura sobre cómo interpretar.

A lo lejos, todavía junto a la puerta, Ximena, siempre dispuesta a probar sensorialmente cualquier entorno ajeno a lo cotidiano, se impregnaba ahora de las sensaciones que le evocaban tanto los rostros como los ademanes de quienes esperaban sentados. Miraba fijamente a una chica joven, quizá ya en la treintena, vestida con el descuido y la insipidez de quien ha sido arrastrada a un lugar contra su voluntad. Quizá compartía con su hija la misma capacidad de especulación sensorial. La chica sufría, seguramente por algo ajeno. ¿El accidente de un allegado?¿Una extenuante enfermedad?¿La historia de una existencia atormentada con pequeñeces acumuladas en las dificultades de los últimos tiempos?

- Existe un alta reciente, pero... El nombre que aparece es Losada Barreiro, Pedro Miguel. -Su estómago dio un vuelco. Tenía la confirmación. Se trataba del "indignado solitario" del islote de San Simón caracterizado en *El Faro de Vigo.*
- En efecto, hablamos de la misma persona, disculpe. Preguntamos por Pedro Miguel Losada Barreiro.

Los ojos de la secretaria, iluminados por la luz de la pantalla plana reflejada en su pupila, se movían por las líneas con la agilidad propia del estado REM. Algo andaba mal.

- Me temo... déjeme consultarlo.

La secretaria se desplazó hacia un teléfono que, en el otro extremo del cubículo, le concedía algo de privacidad.

- Me comunican que uno de los doctores de guardia, el señor Urgell, les atenderá en un instante.
- No hace falta... Venimos simplemente a visitar al paciente y ello no requiere ningún tipo de seguimiento familiar. Somos familia muy lejana y este tipo de enfermedades son un drama, pero puede llamar

al doctor de guardia y decirle que no necesitamos... apoyo.

Tanto él como Kirsten supieron que se habían equivocado de conjetura al observar la reacción de la secretaria, que negaba con la cabeza a media frase.

- No se trata de apoyo -les comentó, visiblemente nerviosa y tratando de mantener la sonrisa-. El señor Pedro Losada...

¿Había muerto en tan poco tiempo? Sabía que el cáncer avanzado podía precipitarse, pero apenas habían pasado dos o tres semanas, no lo recordaba con exactitud, desde su primer encuentro y paseo con Losada por el escarpado parque del Putxet.

- El señor Pedro Losada ingresó en el hospital y se registró el ingreso, pero hubo que cancelarlo al día siguiente, al comprobar que el paciente no había pasado la noche en el recinto. El señor Urgell les explicará los detalles -la secretaria movió la cabeza hacia un hombre de mediana edad, alto, con algo de sobrepeso, cara ligeramente mofletuda (como reteniendo al niño prepúber de hace unas décadas) y gafas con una fina y poco pretenciosa montura metálica, que se acercaba desde el pasillo que conducía a los ascensores y escaleras de acceso a las distintas plantas del recinto. La secretaria le señaló con la mirada a los visitantes.
- Bon dia. Discúlpenme; llegué hace un rato y todavía no tuve tiempo de ponerme la bata. Me di cuenta en el ascensor y no quería hacerles esperar, así que aprovecho para tomar un café en la máquina y hablar con ustedes antes de... ¿Les apetece un café?

Kirsten negó con la cabeza mientras su marido respondía al doctor:

- No, gracias, ya hemos desayunado y llevamos algo de café con nosotros en un termo -la mirada incrédula del doctor Urgell invitaba a proseguir con la explicación-. Usamos uno de esos contenedores de acero con doble cámara para llevar el café con nosotros...
- Ya veo -el doctor sonrió.
- Nos explicaba su compañera que ocurrió algo con Losada.

- En efecto. Yo mismo formalicé su ingreso. También habíamos recibido su historial y detalles del tratamiento, desde un hospital gallego. Estamos en contacto con ellos por este caso. ¿Es usted familiar? -Urgell dirigió la pregunta a Nicolás, descartando implícitamente que el aspecto nórdico de Kirsten tuviera algo que ver con el frágil y enfermizo paciente prófugo.

- Sí. Familiar lejano -mintió-. Primo segundo por parte de padre.

La respuesta le sonaba a chiste, como si hubiera logrado el desapego de su cuerpo, observándose a sí mismo como espectador. Mentir, aunque fuera recurriendo a la tan católica mentirijilla piadosa, tenía un nuevo estatus en su existencia desde que compartía su vida con Kirsten y se sentía tanto o más partícipe de los valores racionales de un Estados Unidos imaginario -e inexistente, o sólo existente en los textos de la Declaración de Independencia, la Constitución y los escritos de Jefferson al respecto- que del enfermizo y renqueante sustrato cultural que le había cobijado desde el nacimiento. Ser coherente con uno mismo, no recurrir a argucias que contradijeran el propósito personal de actuar con racionalidad y control de los propios impulsos, y autorrealizarse sin importar lo hostil que fuera el entorno; esos eran sus objetivos desde el último retorno a Barcelona. La situación social y política, muy tensa, tenía sobre él el efecto narcotizante y paralizador que los ambientes esterilizados y perfumados producían en la familia, especialmente en Ximena.

- ¿Está usted corriente del historial médico de su familiar?

- Creo que sí. Quiero decir, sí, pero no tan al detalle como me gustaría.

- Su primo es esquizofrénico. Y por supuesto conoce el suceso desencadenante de la enfermedad... Sin mencionar el cáncer -Urgell se quitó las gafas y buscó la alfombrilla en el bolsillo de la camisa, azul marino a cuadros y de algodón grueso, como las que se obtenían veinte años atrás en las últimas mercerías y camiserías de categoría que habían sucumbido a la modernización de la vida Barcelonesa. Hasta hacía apenas dos décadas, la mayoría de aquellas camisas de buen algodón procedían de casas textiles catalanas, cerradas hacía tiempo. Abrió los ojos, aumentando el tacto de su tono con la expresión-. No hay demasiadas esperanzas y el desenlace puede ser inminente. Nos preocupa que el señor Losada no esté ingresado; no importa tanto el lugar como que se mantenga en cuidados intensivos, sea aquí, en Galicia o donde sea. Uno no puede huir de las enfermedades, sobre todo si hablamos de dolencias incurables que requieren una medicación tan específica como marque la evolución del paciente.

- Quizá se encuentre bien y haya retrasado el ingreso... ¿porque quiera visitar Barcelona? Había estado aquí sólo en una ocasión, hace muchos años. El sol de otoño hace que sea una gozada pasear por según qué sitios...

- Me temo que el dolor no le dejará disfrutar demasiado. Nos falta confirmarlo, pero la metástasis se ha propagado hasta los huesos, con lo que ello conlleva. Su debilidad le impedirá pronto valerse por sí mismo.

El doctor Urgell miró al suelo mientras buscaba la manera de decir algo más:

- Quizá yo haya provocado, de manera indirecta, que el señor Losada no volviera a la habitación asignada a última hora de la tarde del mismo día del ingreso, tal y como nos había prometido. Le expliqué que necesitábamos seguir con las pruebas agresivas para, si no combatir el cáncer, sí paliar al máximo sus efectos. Como teníamos que esperar dos días para las pruebas, y prediciendo que pasaría la noche sin los paliativos necesarios, ya que se le habían acabado, le extendí una receta. Él insistió en que aumentara tanto la dosis como la intensidad de los medicamentos recetados, tal y como según él le habían recomendado en el hospital del que procedía. Hizo el ademán de enseñarme sus últimas recetas, pero yo no tenía demasiado tiempo. Así que le extendí la receta y le ayudé a localizar en el ordenador la farmacia abierta más cercana. Era domingo.

- ¿Cuántos días cree que puede durar la medicación recetada? -preguntó Boullosa.

- Depende.

- ¿De qué?

- De la tolerancia al dolor del propio paciente y de cómo se automedique. Debido a la ficha que nos llegó desde el hospital de Montecelo, añadí un par de opioides a los acetaminofenos y antiinflamatorios no esteroidales, uno leve y otro más fuerte, llamado oxicodona.

- Pongamos que tiene una tolerancia al dolor elevada...

- Entonces, hablamos de una semana y media o dos de medicamentos. Si la metástasis ha llegado a los huesos, el señor Losada volverá cuando se acabe la oxicodona, un medicamento imposible de obtener sin receta médica. Ni siquiera por Internet, suponiendo que su primo fuera ducho tratando de comprar ilegalmente por Internet.

- Lo desconozco, pero en cualquier caso agradezco su honestidad con nosotros. Como familiares, obviamente compartimos su preocupación...

Antes de encaminarse hacia la cafetería del hospital, visiblemente remodelada desde la última vez que tenía conciencia de haber mirado hacia ella (quizá después del nacimiento de Ximena), el doctor Urgell le sostuvo afectuosamente los antebrazos, cerrando la mano a la altura de ambos codos.

- Espero que pasen un buen domingo. Les rogaría que usaran cualquier resquicio, conocimiento sobre el paciente o contacto familiar para averiguar dónde se encuentra y acompañarlo hasta el hospital; nosotros le esperamos con los brazos abiertos, pero lo entenderemos si su voluntad es... pasar sus últimos días en su tierra, cerca de los suyos. Me consta que sus padres siguen vivos y, si es así, deben ser muy mayores. Además del dolor del paciente, me preocupa también su estado psíquico... Cualquier cambio de hábitos radical puede producir un nuevo brote de la esquizofrenia que padece y acabar con la estabilidad de los últimos años justo en el momento en que requerirá mayor serenidad espiritual.

- Gracias, doctor. Así haremos -Boullosa recordó que contaba con el teléfono móvil del enfermo-. Por cierto, ¿qué teléfono les dejó Pedro?

Se acercaron hasta el punto de información para cotejarlo con la secretaria que les había atendido. En efecto, coincidía con el que él tenía apuntado. Y sí, habían llamado al número con insistencia, sin recibir contestación. No les quedaba nada que hacer en el hospital Sagrat Cor... O quizá podían aprovechar y visitar las habitaciones de la unidad de maternidad. Así que subieron y enseñaron a Inés y Ximena las habitaciones en que habían dormido su primera noche tras venir al mundo en la aledaña sala de partos. Animado por la irresistible perspectiva de un pasillo brillante sin barreras físicas hasta el horizonte de la pared del fondo, Nicky hizo acto de presencia, exigiendo bajar del carrito a grito limpio. "Atá, atá". El pequeño, con una sonrisa ganadora, avanzó decidido por el pasillo flanqueado el jaleo por sus dos hermanas, todo lo rápido que su pequeño cuerpo permitía sin que flaqueara el equilibrio. Sucedió lo inevitable: un recién nacido lloró desde una de las habitaciones; los visitantes de otra habitación salieron para observar al enorme bebé de un año y medio avanzando por el pasillo, feliz de ir acompañado por sus dos hermanas mayores; finalmente, una enfermera apareció por el pasillo lateral que conducía a los servicios de maternidad para demandar silencio. Su "shh" perdió el tono intransigente y se endulzó, apagándose de manera relajante, al ver cómo el bebé levantaba la mano izquierda y, con la enorme y transparente sonrisa que había heredado de su madre, le dedicaba un "aya" que equivaldría quizá a un saludo en el idioma universal olvidado por los adultos. Los lugares con solemnidad impostada, pensó Nicolás Boullosa, tales como una biblioteca infantil donde los bibliotecarios se desgañitan para mantener un tenso silencio castrense; las iglesias cuando se oficia una ceremonia; los velatorios y entierros; o los pasillos de los hospitales en general -fueran en unidades de enfermos terminales o en las maternidades, un canto a la vida en cualquier caso, desde su final o su principio-... Todos ellos carecían del avance imparable del Ahora disfrutado, lo que Stewart Brand, hippy de los Merry Pranksters -grupo contracultural fundado en California en torno a Ken Kesey- y editor de *Whole Earth Catalog*, había llamado "the Long Now", "el Largo Ahora". Momentos de existencia pura, sin el remordimiento y la tristeza enquistada de lo que no podemos cambiar en el pasado ni la congoja existencial de lo que pueda deparar el porvenir, sobre todo en situaciones de incertidumbre generalizada, como la oleada de populismo que afectaba a toda Europa y que en Cataluña se había transformado en una fiebre cada vez menos racional por el sueño intangible que muchos llamaban "independencia". Menudo desengaño, reflexionaba a menudo, cuando todos los soñadores que habían apostado sus mejores energías de los últimos tiempos para conseguir su objetivo colectivo se dieran cuenta de que su estado de frustración personal no se resolvería con la gran "bala de plata" de la independencia. Él prefería disfrutar, y lo había conseguido al menos en aquel instante, sobre lo que tenía ante sí. No era poco. Una familia sana, estabilidad económica, una pareja que le retaba intelectualmente y animaba a diario a buscar mayores cotas intelectuales, libertad para escribir y montarse su propio horario, un despacho luminoso con ventanales a dos fachadas, libros que leer, la inmensidad de Internet, viajes por hacer, rutinas que conservar con el máximo celo... La visita familiar a un misterioso canceroso terminal se había convertido en un canto a la existencia racional y su transitoriedad. En efecto, los lectores renacentistas e ilustrados de *De rerum natura*, el poema atomista del poeta epicúreo Lucrecio, tenían razón sobre la auténtica potencia de la obra: cuando el individuo racional interioriza que no es más que un conjunto de partículas -los "átomos" descritos por el presocrático Demócrito y mencionados después por Aristóteles, Epicuro y el propio Lucrecio- agregadas en una entidad temporal, en un contexto eterno de creación y destrucción, más que caer fulminado por la depresión reacciona para aprovechar hasta el último instante de su conciencia mortal. Porque todo, decían los atomistas y epicúreos, está conformado por las partículas en movimiento que se agregan y desagregan temporalmente, incluyendo la conciencia. Cada vez estaba más convencido del valor filosófico y científico de las hipótesis recogidas en *De rerum natura*, daba las gracias al renacentista italiano que había redescubierto la obra en la polvorienta biblioteca de un monasterio del sur de Alemania. Hasta entonces, sólo se conocía la obra por las menciones y alabanzas que hacen de ella otros autores en sus escritos. El resto era historia: Giordano Bruno, Nicolás Copérnico o Michel de Montaigne, entre otros, habían fundamentado la esencia de su obra en las ideas de los atomistas epicúreos. En un momento de fuerza anímica como el que compartía con su mujer en ese instante del espacio-tiempo, procuraría no verse inmiscuido en ninguna guerra esencialista colectiva como la que se avecinaba en Cataluña, y elevar al máximo su potencial como individuo autorrealizado. No tenía ninguna intención de convertirse en un mártir a lo Giordano Bruno. Más bien, capearía la intransigencia de otros, manteniendo la autosuficiencia espiritual reivindicada por Michel de Montaigne, una estrategia que había recomendado más tarde, inspirándose en las filosofías de vida clásicas, el escritor y filósofo trascendentalista estadounidense Ralph Waldo Emerson. Al fin y al cabo, los propios Spinoza y Montaigne eran el fruto intelectual de la intransigencia y persecución de sus respectivas familias, ambas sefardíes. Era posible autorrealizarse pese a la incomprensión y desapego entre el individuo y el contexto. Esa misma semana, había concluido uno de sus artículos para *faircompanies con una frase de Sócrates que ahora revoloteaba en su mente, levantando una agradable brisa en su conciencia.

"Quien quiera mover el mundo, que se mueva primero a sí mismo."

LA REBELIÓN DEL CHARNA

Finales de noviembre de 2013. La información periodística producida en Barcelona se elevaba como una única voz coral, prácticamente sin matices; o al menos así lo hacía la que él observaba desde una atalaya cada vez más alejada; vivía en Barcelona como lo podría haber hecho en Sebastopol, Crimea; o en Sebastopol, California, esta última una amable localidad del condado de Sonoma cercana a la casa de sus suegros, que se habían instalado unos años atrás en Cloverdale tras vender su casa en Silicon Valley para afrontar obligaciones crediticias; los seis hijos de la pareja habían estudiado en las mejores -y más caras- universidades de Estados Unidos. Lo habían hecho sin poner un centavo de su bolsillo; rara vez ocurría en Estados Unidos, donde el alumno no becado que quería una educación cara se la pagaba a plazos, actitud que habría sido considerada en Europa como poco menos que la esclavitud, o algo así como la "hipoteca del futuro". Cuando no había suerte, como ocurría a menudo, estos préstamos condicionaban al deudor durante años; no había sido el caso para los Dirksen.

Estudiar periodismo en la Universidad Autónoma de Barcelona le había servido para seccionar la calidad mediática de Cataluña con las herramientas que habían usado sus élites para crear unos medios con pocos matices, siempre demasiado cercanos al poder. Al carecer de televisor, desconocía lo que ocurría en "la" televisión catalana. En Cataluña todo era su televisión pública, amplificadora de personajes y acontecimientos, así como omisora de otras realidades alejadas del proceso de "normalización". Una década atrás, había abandonado Sant Feliu después de que la chica de siempre -que seguramente nunca abandonaría mentalmente aquel rincón metropolitano- oficializara una ruptura cantada tras varios años de noviazgo y uno de convivencia en el piso que había sido de su abuela paterna. Entonces, había comprado un puñado de muebles y un pequeño televisor como utensilios de supervivencia imprescindibles en la gran urbe. Nunca armó algunos muebles y complementos del Ikea; durante aquellos primeros meses de vida en la soledad en una deliciosa buhardilla de sesenta metros cuadrados en la calle Boters número 6, sí usó la tele a menudo, una pequeña Sony Trinitron, todavía con tubo de rayos catódicos. Allí arriba, en aquella especie de palomar con tejado inclinado y pequeños ventanucos, sucumbió por última vez a un medio que nunca le había causado cosquillas en el córtex, como sí podían hacer la radio e Internet. La televisión que recordaba tenía todavía un fondo abombado, era herciana y carecía de aspectos imprescindibles; ahora, la televisión digital y en pantalla plana había perfeccionado su dudosa programación fidelizando a los de siempre, mientras perdía el favor de los más jóvenes. Que él supiera, los humoristas que todo el mundo veía en Cataluña, a los que todos reían las gracias, seguían siendo los mismos una década después, pero cada vez había más personas preguntando en las conversaciones informales de qué hablaban sus contertulios, al no entender las referencias a programas televisivos supuestamente populares que, en silencio, habían dejado de serlo. Eso sí, en vez de montar los gags con un millón de euros como antes, estos programas de humor necesitaban más de diez por temporada para lograr un producto similar. Todo más caro pero la fórmula -y los participantes- seguían siendo los mismos.

Más que informar sobre la realidad del modo más aséptico y desinteresado posible, conservando las filias y fobias que se presuponían a cada medio, profesional o generación, las dificultades económicas y políticas se habían transformado en Cataluña en un claro y unísono clamor en contra de España, a la que se consideraba fuente de todos los males, tanto los objetivables como los viscerales. Y así iban pasando los meses, sin que cambiaran el tono ni los participantes y protagonistas de los artículos de opinión y editoriales de *La Vanguardia* o los comentarios de las tertulias más importantes, por no mencionar la sincronización transversal entre algunos de estos profesionales. El director de *La Vanguardia*, un tal Antich, estaba casado con una periodista que desde hacía años escribía por y para la independencia de Cataluña, sin ganar ni perder ni un solo lector; mientras que el responsable del mayor programa humorístico de Cataluña, o más bien "el" programa humorístico, era a su vez el director de *Ara*, un nuevo diario supuestamente privado que congregaba a la supuesta intelligentsia periodística y académica del país. Que él recordara, lo dicho y publicado por los principales medios públicos y privados catalanes jamás había estado tan alejado de toda la prensa publicada en Madrid sin excepción. Ni siquiera *El País* jugaba el papel histórico que había mantenido durante años y había perdido fuelle entre los profesionales barceloneses. *El Mundo* seguía atizando a todo y a todos, pero a su director no podía negársele la capacidad para publicar todo lo que llegara a su mesa desde las cloacas del Estado, que era bastante; *El Mundo* era el único periódico que sistemáticamente publicaba escándalos. El resto de medios actuaban como comparsas y se salvaban algunos articulistas, pero abundaba la mediocridad manierista, según la opinión generalizada. Él no sabía qué pensar; hacía tiempo que se había desentendido de los medios catalanes y madrileños y su receta informativa residía en el agregador de noticias que había sustituido al difunto Google Reader, en el que aparecían artículos en profundidad y entradas de bitácora producidas en su mayoría en Estados Unidos, aunque también en otros países, y que tenían la ventaja de contrastar y relativizar las cuestiones locales. En la Península, la caverna mediática catalana acusaba a la caverna mediática española de "caverna mediática", y los espectadores que no habían caído en seguir el juego de acción-reacción alentado por los opinadores-hooligan de ambos bandos, clamaban por una información menos sesgada y tóxica. Mientras tanto, se preguntaba si sus hijas crecerían en un país con una sola caja de ahorros-banco, un único equipo de fútbol, una televisión, un diario, un partido político, una lengua... Cataluña habia propuesto una lectura literaria para prepararse para 2014, *Victus* de Albert Sánchez Piñol. El personal acudiría caliente a la votación y -soñaban muchos- quizá sonara la flauta. Él nunca se había sentido más ajeno a aquella tierra, un charnego en toda regla. Surgía una nueva terminología, alentada por la prensa, para definir a quienes compartían su origen y ligazón con el resto de España. Se había convertido en un constitucionalista, un unionista. En *La rebelión de Atlas*, la escritora y filósofa objetivista Ayn Rand, defensora del capitalismo liberal, el individualismo y el uso de la razón como motores para autorrealizarse, describía a una sociedad cuyo objetivo era obtener la sanción de sus víctimas, que sucumbían a los parásitos intelectuales que diluyen con sus argucias las conquistas de la Ilustración y de la prosperidad de Occidente: el libre mercado y la libre competencia, la propiedad privada, la cultura del esfuerzo, el cumplimiento de los contratos... Para él, *La rebelión de Atlas* avanzaba hacia *La rebelión del Charna.* "Who is John Galt?", repetía la trepidante novela filosófica de Rand. "¿Quién es John Galt?". "¿Quién es el charna?". El charnego era él.

Con este estado de ánimo se esforzaba por subir a la carrera hasta la estación de bomberos de Collserola, una vez abandonada la carretera de las Aguas y en plena pista de tierra de la carretera de Vallvidrera. Esta última remontaba abruptamente hacia la torre diseñada por Norman Foster, el eco lejano de la Barcelona feliz y joven, ciudad próspera homologada -en unos Juegos Olímpicos que habían unido a todos- y homologable, que encarnara lo mejor del Mediterráneo hasta la llegada de lo más crudo de la crisis. Ahora predominaba el sálvese quien pueda y él tenía la sensación de entrenarse físicamente para soportar la presión de mantenerse íntegro según su propia conciencia en un momento en que mucha gente buscaba réditos en la polarización entre partidarios del maximalismo catalanista y quienes querían aprovechar este acelerón de la "sociedad civil subvencionada" catalana, como había sido definida por los críticos de su fácil manipulación -una sociedad civil es, por definición, plural y difícil de manipular-, para recentralizar el Estado. Los aspirantes al cosmopolitismo ilustrado y librepensante, en tierra de nadie, corrían como pollos sin cabeza sin saber qué escribir ni sobre qué, a quién arrimarse ni por qué. Él lo tenía más fácil: con treinta y seis años, jamás había trabajado para ninguna administración en cualquiera de sus niveles; nunca se había plantado en ningún sitio clamando ser "amigo de" o "amigo de amigo" o "amigo de amigo de amigo". Saboreaba ahora a sorbos de oxígeno de Collserola la principal ventaja de haberse buscado siempre la vida y haber carecido de padrinos. Obedeciendo siempre a sus convicciones y tratando de actuar con racionalidad, procuraba mantenerse informado dentro de lo posible en un entorno emponzoñado para denunciar lo que a él, en tanto que miembro de esa sociedad, le parecía impepinable, que era mucho. La crítica no interesada y con criterio era tan escasa en la Europa de la crisis de la deuda que se sentía con el deber moral de explicar la versión de la calle desde un punto de vista sereno, no interesado, mínimamente formado e informado. Él mismo había sentido el vértigo de decir lo que uno piensa, sobre todo cuando es un punto de vista que matiza o enmienda la corriente de opinión mayoritaria. Se encontraba remontando, nadando a contracorriente, andando solo por la calle; lo hacía sin miedo ni rencor. Le reconfortaba plantarse ante el populismo que había anidado en el miedo, y también ante el nihilismo interesado de quienes preferían mirar hacia otro lado mientras crecía la tensión entre nacionalismos. Si la refriega de nacionalismos y la situación económica atentaban contra su vida cotidiana de manera insoportable, como había ocurrido para tanta gente en la Europa de entreguerras -hasta culminar en destrucción y aniquilación-, su familia abandonaría la ciudad, el país, el continente, como millones de personas habían hecho cíclicamente antes que ellos. Kafka había muerto de tuberculosis en 1924, librándose de comprobar los escenarios y situaciones aplastantes de su ficción en la realidad cotidiana de millones de personas. Otros librepensadores conscientes y denunciantes de hacia dónde se encaminaba la situación en los años veinte, como Stefan Zweig, no habían tenido la suerte de librarse del espectáculo. Zweig se había suicidado junto a su mujer en Brasil años después, asqueado de la humanidad. *El proceso* de Kafka se había publicado póstumamente en 1925, pero la alegoría sirvió de poco: la sociedad de la época era fácilmente voluble a la opinión dominante en los medios de masas y se impuso la "solución" de la fuerza paternalista y populista, el ánimo visceral, la maquinaria racional al servicio de la irracionalidad, las supuestas misiones colectivas apisonando (o gaseando, para ser más exactos), las libertades individuales y demás conquistas intelectuales de la Ilustración. El materialismo mutando desde el kafkianismo que permite a la viscosa y gregaria maquinaria colectiva absorber las libertades individuales -deteniendo a Josef K., protagonista de *El proceso* por una razón que desconoce, por todo y por nada, por esto y aquello, por existir y ser librepensante-; al grouchomarxismo, un absurdo sintetizado en el célebre gag de la película *Una noche en la ópera*, en torno a un contrato que no hace falta que uno lea porque "es un duplicado", y debe respetar aunque parta de lo absurdo: "Dice que: La parte contratante de la primera parte, será considerada como la parte contratante de la primera parte". Varias cláusulas después, a los firmantes les quedaba todavía más de medio metro. Al final, el firmante no sabe escribir y la pluma no tiene tinta, pero qué más da. La noche anterior, después de trabajar un rato, había leído unas páginas de la biografía del periodista británico nacionalizado estadounidense Christopher Hitchens, *Hitch 22*. A menudo Kirsten y él apagaban el ordenador a las 11.30, ya que la noche, al acostarse los niños, les concedía una tregua introspectiva, casi siempre más fructífera que cualquier otro momento del día; después de poner los yogures en la yogurtera charlaban un rato, ya en la cama, y a menudo leían media hora. Había acabado un capítulo referido a la polémica con su amigo Salman Rushdie en relación con *Los versos satánicos*, libro por el que había sido amenazado de muerte. Para Hitchens, el caso era uno de los últimos episodios mundiales que mostraban la claudicación del mundo ilustrado por miedo a ofender a intransigentes que violaban las libertades individuales en nombre de supuestas verdades inscritas en antiguos textos "sagrados"; los autores y editoriales que habían rechazado publicar el libro actuaban con un miedo y falta de escrúpulos que constituía, una vez más, la sanción de la víctima buscada por el atacante intransigente. El capítulo finalizaba con una cita en latín: "Mutato nomine et de te fabula narratur": cambia sólo el nombre y esta historia es sobre ti. Cuando toleramos que se vulneren las libertades individuales, aunque sea con la excusa de un objetivo colectivo supuestamente noble, la excepción se convierte en el precedente de lo que podría llegar a continuación. En la Cataluña contemporánea, el primer aviso de ello acababa de llegar: se había anunciado un simposio, subvencionado con dinero público y celebrado en el edificio del Institut d'Estudis Catalans, bajo el título *España contra Cataluña: una mirada histórica*, presidido por un miembro del gobierno y dirigido por un historiador, Jaume Sobrequés, que en un pasado no muy lejano había aspirado sin ningún escrúpulo a una plaza funcionarial en el Ayuntamiento de Barcelona para encargarse de fondos históricos del consistorio... en 1969. Franco había muerto en 1975 (en la cama de El Pardo, sin ser molestado por una sola mosca, aunque gente como Sobrequés se hubiera dedicado desde entonces a marcar paquete antifranquista). Sobrequés había logrado la plaza seis años antes, lo que le convertía en tan señorito funcionario del Movimiento como los que el simposio caricaturizaría en el apartado dedicado a la España franquista. Sobrequés, claro, había disfrutado de la asistencia de otro excelso historiador oficialista, ni más ni menos que el humorista (todo fuera dicho, al menos licenciado en Historia) responsable, casualidades de la vida, del Programa (con mayúscula, pues sólo había uno) de humor del país, con presupuesto elefantiásico y presencia en todos los hogares catalanes con televisor; el canon catalán del humor, el precio que había que pagar para reír en el Principat. Este historiador era, en efecto, el mismo que había fundado el diario *Ara*, gran espada de las hazañas catalanistas de los últimos tiempos.

Y sintiendo de nuevo la responsabilidad de decir lo que pensaba sobre lo que ocurría en la sociedad de la que le separaba un abismo, respiró hondo y observó el viento jugando con los cipreses de la pista forestal abierta por los bomberos de Barcelona en medio de Collserola, junto al poste que anunciaba, unos metros más abajo, la Escuela Judicial, a la que cada mañana acudía un microbús con futuros magistrados que se habían apeado minutos antes en la estación de Vallvidrera de los Ferrocarriles de la Generalitat. Inconscientemente, se había cobijado en la autoconfianza y estatus de "extranjera homologable" de Kirsten y evitaba al máximo los encontronazos frontales con la parte más exaltada del idealismo que dominaba la vida cotidiana española. Los intentos, artificiales e interesados, por revivir las dos Españas (o tres, o cuatro, o cinco), funcionarían si el miedo frío y viscoso que había percibido Franz Kafka no era roto por una bocanada de aire fresco informativo y el ejercicio cotidiano de la racionalidad. Con una economía todavía devastada y uno de cada dos jóvenes en paro, la visceralidad tenía cancha para seguir dominando la agenda informativa.

Evocando el oxígeno que en su opinión requería la parte de la sociedad más dispuesta a actuar con racionalidad si se daban las circunstancias que se presuponen a cualquier sociedad avanzada, abrió la boca y llenó los pulmones de aire fresco. El olor a humus le recordó la estación y pensó en las setas que ya debían aparecer, como por arte de magia, en este pino y no en aquél, siguiendo el aleatorio algoritmo de la vida que los micelios interpretaban con una maestría primigenia cuasi neuronal. Sentía con claridad el aire frío en los pulmones, el olor de la tierra húmeda y con la primera fina escarcha de la temporada en los bajíos que aparecían a cada curva de la pista, flanqueada por pinos, cipreses, encinas y algún roble entre arbustos, cuyos aceites esenciales peleaban por prevalecer en el ambiente y que él acogía con todos los poros de su piel: reconocía aquí y allá a durillos, torviscos y retamas, pujando por su atención desde las distintas lomas con suaves formas femeninas. Los muros de pizarra más expuestos al sol al construir la pista curaban sus heridas humedecidas por la escarcha con las chumberas, el característico cactus que en los últimos siglos había colonizado el polvoriento y árido margen de los caminos del Mediterráneo, Canarias, el Marruecos atlántico, Italia: incluso aquel rincón conservaba el recuerdo de la fecunda relación entre la Barcelona menestral y el comercio indiano, abierto desde mediados del siglo XVIII y especialmente fecundo con los territorios del Caribe. La chumbera había llegado con quienes iban y venían de América y las plantaban para obtener su fruto, el higo chumbo, nopal en la Nueva España de entonces. Y de las chumberas, que parecían una supuración marciana de la herida de la roca en un paisaje homérico, su mente dio un salto a *Triskelion*. Ah, la aventura de los tres muchachos españoles, uno de ellos un pastor del Pirineo que prueba suerte en Barcelona y luego tiene que marcharse a México a reinventar su destino, porque éste depende de su voluntad... Pedro Losada había reabierto la herida de la novela histórica, con el cuento chino de que no se trataba de ficción, sino de una realidad tan supurante como la chumbera que acababa de pasar. ¿Qué había ocurrido con Losada? ¿Dónde se había metido? Le costaba confesarlo, pero le preocupaban los últimos días del enfermo. Estaba dispuesto a llamar al hospital de Montecelo y preguntar por él, a personarse de nuevo en el Sagrat Cor y, en caso de no haber logrado su paradero, a denunciar su desaparición.

Le costó aparcar el repentino pesar de la existencia de Losada. En las últimas curvas de la pista, antes de su confluencia con la carretera de las Aguas, aparecía Barcelona, siempre optimista y un tanto presumida, mostrando la racionalidad de su entramado y las curvas de sus colinas con el Putxet en frente, muy próximo y con su pezón verdoso, compuesto por árboles que ya conocía al detalle, después de innumerables paseos hasta el mirador de su cúspide. Una ciudad sin grandes hitos arquitectónicos que mostraran musculatura, masculinidad o quizá inseguridad: quién los necesitaba, con ese mar y las vistas a la suave pendiente de sus calles desde el anfiteatro de Collserola. Centró su vista por un instante en el Hotel Vela, en la punta de poniente de la Barceloneta, hasta donde había corrido cada mañana durante seis años, mientras habían vivido en el Gótico: calle Avinyó abajo -la misma que hasta principios del siglo XX había contado con las señoritas de compañía retratadas por Picasso durante su estancia en la ciudad-, se adentraba en la Barceloneta, corría por la playa hasta llegar al barrio del Poble Nou, tras dejar atrás el paseo de la Villa Olímpica; y vuelta sobre sus pasos. Con la claridad de un cuerpo en pleno esfuerzo y la mente oxigenada, sin la presión cognitiva de encontrarse frente al ordenador o escuchando una de las tóxicas tertulias radiofónicas que transformaban su humor -y a las que recurría de vez en cuando con cierto masoquismo, en lo que consideraba una necesaria "pelea en el barro" para saber cómo iban los ánimos entre la "opinión pública subvencionada"-, pensó que durante aquellos años había corrido a pie de calle o en la orilla del mar, buscando la Barceloneta para poder enviar la mirada hacia el horizonte a primera hora de la mañana. Ahora, en cambio, las mañanas de Sísifo le permitían, una vez lograda la ascensión, observar el bosque urbano en su totalidad, sobreponiéndose a la presión cotidiana de sus habitantes atrapados, que uno podía literalmente tocar mientras se movía a codazos por según que rincones del centro de la ciudad. Quizá por ello la música pop y rock había dado paso en su conciencia a melodías clásicas con movimientos imparables, inexplicables con palabras y a la vez evocadores de un descenso solitario, amortiguando las piernas y acomodándolas al rítmico y preciso equilibrio inducido con el contrapeso de los brazos en movimiento. Todos los sentidos alerta, todos los poros de la piel dispuestos a absorber el aire y los aceites esenciales de ese rincón periurbano de bosque mediterráneo. Y allí, en ese preciso instante, el golpeo de sus zapatillas minimalistas, sin apenas suela, marcaba el compás del *primer concierto* de Tchaikovsky, o del último movimiento del *segundo concierto* de Rachmaninoff; y, al aparecer la ciudad ante él ente claros intermitentes obra de la pendiente en una curva, la fuerza imparable de las mencionadas melodías se transformaba en el flirteo femenino de la ciudad de los layetanos. Y entonces sonaba, quizá, la *sonata número 2 en mi bemol mayor para viola y piano* de Johannes Brahms, interpretada por Kim Kashkashian.

Más tarde, sentado ante el escritorio, pudo reproducir la sensación de ligereza y agilidad mental. Se esforzó por no perder las mariposas mentales visitando el correo electrónico, las redes sociales y las últimas entradas de las cien o ciento cincuenta bitácoras que seguía con cierta regularidad. Así que acudió al editor básico de texto de la distribución de Linux que usaba y la abrió como siempre en forma de barra vertical, situándola en el extremo derecho de la pantalla: no usar artimañas como el corrector ortográfico automático o la herramienta de sinónimos le mantenía alerta, como un niño resolviendo operaciones de álgebra sin calculadora. Abrió el navegador de Internet, que permaneció de momento en blanco en el espacio central, cuatro quintas partes de la pantalla del portátil de catorce pulgadas. Anotó con agilidad los temas que había barajado para la nueva entrada de blog y el nuevo reportaje; proseguía con las filosofías de vida y temáticas relacionadas. A continuación, anotó las cuatro o cinco tareas cotidianas más perentorias: llamar a la inquilina del otro piso, que todavía tenía que pagar octubre y se acercaban peligrosamente a diciembre; comprobar el saldo de las dos cuentas corrientes, donde estaban domiciliados los impuestos de la seguridad social, el servicio de Internet y poco más; así como acudir a dos reuniones de comunidades de propietarios a las que no podía faltar, pues era época de gastos y ambas fincas: la del piso de menos de cuarenta metros, "The Castle", que había comprado en 2003; y la del piso del Gótico donde habían vivido desde 2006 hasta 2013, que ahora alquilaban a la hippy sesentona acostumbrada a lidiar con situaciones similares. Nicky hablaba desde el comedor, imitando a Pavarotti, cuyos grandes éxitos sonaban de fondo, acompañando con un "aaaahh" cuando llegaba algún momento que el bebé consideraba especialmente memorable; con Pavarotti, eran unos cuantos por canción. El bebé calvo se emocionaba con los compases más conocidos de 'Una furtiva lagrima' de la ópera *L'elisir d'amore* de

Donizetti, aunque los mayores aspavientos y ataques de hilaridad retornaban con *Che gelida manina*, la declaración de amor de Rodolfo en *La bohème*, que empezaba con los primeros compases y la melosa voz del joven Pavarotti en su interpretación inaugural de la obra de Puccini, en 1961:

...Ma per fortuna
é una notte di luna,
e qui la luna
l'abbiamo vicina...

Sonó el timbre. Kirsten se apresuró a contestar, dejando al bebé brincando como Platero sobre la alfombra. Cogió las llaves y bajó a abrir a un mensajero, pues la comunidad de propietarios cerraba con llave la puerta de entrada. Subió con un paquete.

- Mira, está a tu nombre. ¿Esperabas algo de Amazon?
- No -contestó Nicolás-. Además, la caja no lleva el logo de Amazon, sino que es mensajería ordinaria.
- ¿Has preguntado por el remitente?
- No. Lo siento, no lo pensé. Sólo me hizo firmar en el aparato que usan para confirmar la entrega. ¿Crees que debería haber hecho algo más?
- No, está bien. Simplemente me pregunto quién es el remitente.

Echó un vistazo a la caja; la curiosidad había dado al traste con el esfuerzo de inmersión que necesitaba para escribir. Combinaba una cierta dosis de presión auto-infligida para salir de la tóxica zona de confort cognitiva, que conducía tan fácilmente a la modorra y la procrastinación, con la perspectiva de una recompensa que apreciaba cada vez más: llegar a la hora de comer con la agotadora sensación de estar urdiendo un texto más o menos consistente, según la temática, el día y la capacidad para abstraerse. Cualquier distracción con cierta entidad -problemas técnicos en la página web, algún recado perentorio que requiriese su atención, alguna gestión administrativa, o en este caso un misterioso paquete ante él- desvanecía el trabajo previo, tan etéreo y frágil que su mera evocación producía el mismo efecto de destruir su estructura. Según el día, el acontecimiento se parecía más a una pompa de jabón quebrada; o bien a la reacción en cadena producida por el estallido de una supernova. Llevaba semanas sin problemas para cumplir con el mandato de su autoexigencia: lo que en otros momentos del año -por ejemplo, durante los agotadores días de la mudanza y montaje del puñado de muebles que habían comprado para el nuevo apartamento- habría mutado en frustración y mal humor, se convirtió esta vez en una mueca.

- ¿Lo abrimos?

Kirsten le miró a los ojos, requiriendo a su marido el contacto visual. Su mirada no requería respuesta verbal. Se resumía en algo así como: "ábrelo cuando quieras; si crees que es digno de un segundo de mi atención, ya me comentarás. En caso contrario, voy a trabajar, que el vídeo para el lunes está a medias". Así que llevó la caja hasta el largo y claro mostrador de contrachapado, cuyos irregulares y pequeños nudos de picea decoraban las vetas, evocando una acuarela a base de marrón claro con sombreados amarillos. Agarró un cuchillo plano y se dispuso a abrir el paquete, con el tamaño de dos cajas de zapatos. Seccionó la pegajosa cinta marrón del envoltorio y tiró de ella hasta abrir las dos solapas de la caja, que mostró un mar de virutas de porexpán en las que, por un instante, quiso sumergirse, pues el instante dedicado a abrir la caja le empezaba a pesar en la conciencia como una ociosa eternidad. Se le escapó un chasquido con la lengua, lo que suscitó el interés de Kirsten, que trataba de acceder a los fragmentos de vídeo necesarios para la pieza que preparaba para la semana entrante, almacenados en el descomunal sistema de almacenamiento externo Promise Pegasus R6, con 6 discos duros RAID que sumaban 12 terabytes de memoria.

- ¿Qué es?
- Todavía no lo sé. Espero que no sea una chorra...

Su voz se disipó de repente, como si en una décima de segundo hubiera sido teletransportado al éter espacial o, como en efecto había ocurrido, hubiera entrado en un repentino estado de shock.

- ¿Qué?

En esta ocasión, la voz de Kirsten era de preocupación. Rodeó la enorme mesa de ping pong y entró en la cocina. Comprendió que, fuera lo que fuese, el contenido del paquete había sorprendido a su marido hasta producirle un desapego entre cuerpo y mente, similar al que había observado en él durante el parto del bebé Nicolás, cuando los nervios del joven doctor y la comadrona de turno, presentes en el Hospital del Mar la mañana del 19 de agosto de 2012, le habían suscitado tantas dudas que por un instante se había quedado paralizado, para volver en sí poco después y tranquilizarse con los movimientos precisos de las manos del obstetra y el sosegado estado de alerta de su ayudante, que le había indicado al vuelo que cualquier mareo en la sala de parto implicaba sentarse en el suelo, reclinado contra la pared. "No quiero tener que preocuparme por el padre cuando todavía no ha salido el hijo", le había dicho la comadrona.

Había vuelto en sí antes de que ella acabara de hablar:

-¿Qué te ocurre?

Nicolás miró a su mujer como se observa a una figura familiar junto a la piscina mientras uno la cruza buceando, incapaz de volver a la realidad hasta asomar de nuevo la cabeza. Su sobresalto no distaba tanto de la conmoción sufrida por el detective que protagoniza Brad Pitt en *Se7en* al abrir una caja con el contenido más macabro y cruel que puede recibir, remitida por un psicópata obsesionado con los siete pecados capitales. Como capaz de leerle el pensamiento, o quizá debido a que la conciencia sincronizada de la pareja apuntaba en ocasiones a la "superconciencia" sugerida por el biólogo Edward O. Wilson para los insectos sociales, su mujer le sacó del bloqueo con una pregunta:

- Te comportas como si la caja tuviera algún resto humano... Déjame ver...

Kirsten retiró las pocas virutas de porexpán que todavía ocultaban parcialmente el objeto del interior, mucho más pequeño que el embalaje. Era una caja de madera clara (abedul, pensó) rematada con una fina y clara película de ámbar que protegía las inscripciones en su superficie: dominando el espacio central, una espiral; bajo ésta, varios ideogramas. Uno, dos, tres, cuatro y... un quinto signo ilegible que había sido tachado, a juzgar por las marcas en la madera; la resina protectora había sido añadida con posterioridad, dedujo. Los signos le evocaron los jeroglíficos del proyecto en que trabajaba Inés en la escuela: cada alumno de primer curso preparaba una pequeña momia y un sarcófago de papel, pues la clase había consensuando su nombre y temática de trabajo para el curso: eran "los egipcios" y los proyectos girarían en torno a la antigua civilización surgida a orillas del Nilo.

- Es una caja. ¿Quieres cogerla? ¿La vas a abrir?, -prosiguió Kirsten.

Nicolás miró fijamente a su mujer, midiendo hasta dónde había interpretado el paquete:

- ¿No te suenan los signos?

Kirsten volvió a mirar. Levantó la caja y la acercó a los ojos. ¿Era posible?

- ¡Son los signos del enigma de tu novela! -Repitió el nombre de la novela, pese a que sólo había una "novela" si hablaba del "autor" ante él-. No me lo puedo creer... ¿Es una broma?

Kirsten rió nerviosa, cada vez más consciente de que su marido relacionaba el envío con el enfermo terminal de cáncer que habían ido a visitar al hospital, sin éxito. El primer signo era una hélice esquemática con tres brazos en espiral, el mismo tríscele celta inscrito sobre piedras en media Europa; el segundo, una "C" invertida; el tercero era una cruz entreverada en un círculo; el cuarto, lo que parecía un árbol esquemático, con copa y raíces; el quinto y último era imposible de descifrar, como había ocurrido a los personajes de *Triskelion*. Kirsten recordaba con claridad el papel de los ideogramas en la novela de su marido, que aparecían en distintos lugares en apariencia inconexos, hasta contribuir a resolver el enigma del final de la novela. Más que el viejo truco del señuelo, *Triskelion* se nutría de los ideogramas encriptados que tanto habían admirado los ilustrados y francmasones. Los vetustos cinco símbolos del misterio de *Triskelion* (cinco de ellos, visibles; y un sexto signo borrado -con los protagonistas preguntándose el porqué-) tenían el arcaico trazo del románico, todavía heredero de la elegante y clara tipografía romana que recuperarían los tipógrafos renacentistas, entre ellos el mismo Poggio Bracciolini que había redescubierto (en la olvidada biblioteca de una abadía del sur de Alemania) la primera copia completa de *De rerum natura*, el tratado atomista y epicúreo de Lucrecio que hasta entonces vivía sólo en las citas y referencias conocidas de sus contemporáneos. En contacto con los viejos textos clásicos, Bracciolini desarrolló la clara y elegante tipografía romana en la que se sustentaba toda la tipografía moderna.

Pero los ideogramas de la pequeña caja nada tenían que ver con Bracciolini, el insigne miembro de la curia romana, de la cual reveló intrigas y un desenfreno que habría sorprendido al mismísimo Calígula. Ante ellos, un pequeño y tosco cofre, con la áspera elegancia del paso del tiempo, moldeado a imagen y semejanza de lo explicado en *Triskelion*. En busca del cobijo de alguna referencia de su marido, Kirsten rompió el tenso silencio:

- ¿En qué pasaje aparece un cofre?

Kirsten daba por sentado que aquella entidad de materia, sujeta a las mismas leyes de átomos agregándose y disgregándose que conforman el universo según los atomistas y la ciencia moderna, debía aparecer en algún lugar concreto de la novela de su marido. Pero el autor se negaba a reconocer la mayor: nada en su novela, más allá del contexto histórico, tenía cabida en la realidad. Nada que no fuera una broma macabra obra de un psicópata, un conocido sin escrúpulos o un individuo que cumpliera ambos requisitos. Se conjuró para no perder el sentido de la objetividad histórica que tanto faltaba en Cataluña y España en general en los últimos tiempos, en los que la historia era estirada como un chicle para obligar a la población culta y secular a tomar partido por alguno de los dos bandos, los nacionalistas catalanes o los nacionalistas españoles negadores de la pluralidad de España. Al menos, se consoló todavía sin contestar a Kirsten, desde la visita al hospital tenía la certeza de que Pedro Losada existía, descartando la hipótesis más dolorosa: que todo hubiera surgido de su imaginación, confirmando el primer brote de la esquizofrenia de dos primos hermanos de su padre padecían. Con Kirsten tan sorprendida como él por el cariz de los acontecimientos, se sentía parte de un equipo que no descansaría hasta desentrañar lo que con casi toda seguridad era la maquinación del desaparecido Losada, de quien sí había constatación de episodios de la enfermedad mental crónica. Nadie se curaba del todo de una dolencia que tenía la capacidad de alterar la percepción de la realidad.

- Creo que es... más bien "sería" -corrigió al vuelo- el cofre que Pedro da Boullosa, el antepasado del personaje gallego de la novela, Mingo, encuentra bajo la losa suelta del suelo de la ermita en ruinas del islote de San Simón.

- ¿Y qué encuentra don Pedro en esa caja -la nomenclatura "don" alcanzaba otro significado, pronunciado por una anglosajona: "he is a 'don'"?

Con un rostro pálido y brillante por la transpiración, Nicolás se tocó el pelo, como si el gesto físico le ayudara a recordar:

- Durante el asedio anglo-holandés de la batalla de Rande de 1702, que en realidad ocurrió, la pequeña compañía de Pedro da Boullosa se atrincheró en los islotes de San Simón y San Antón para protegerlos del pillaje y ofrecer apoyo a las fragatas francesas que custodiaban a la flota española de Indias, todavía cargada de los tesoros procedentes de América. Fue un episodio naval importante en la Guerra de Sucesión Española, que puede considerarse una guerra mundial en episodios, pese a que en Cataluña la estudiemos como una conflagración orquestada por los "españoles" para pisotear los derechos del Principado. En fin, esta batalla tuvo lugar en la ría de Vigo doce años antes del 1714 dichoso que ves por todas partes si paseas por Barcelona, como avanzadilla de los actos de conmemoración del tercer centenario del sitio de Barcelona por Felipe V y los aliados franceses.

- ¿En qué te basaste para relatar el episodio de San Simón?

- Ese es el caso... En nada. Que yo supiera mientras escribía la novela, en nada. De Pedro da Boullosa conocía la fecha de nacimiento y de defunción, gracias al árbol genealógico de mi padre, y poco más. Pero Pedro Losada me avanzó en nuestro último encuentro documentos que, según él, acreditarían la participación de mi antepasado en la batalla de Rande y la defensa de San Simón...

- ¿Tú lo crees?

- ¿Cuál es la probabilidad de que una historia particular expuesta al azar para que encaje en su contexto histórico se adapte como un guante a lo ocurrido en realidad? Supongo que inferior a que te toque la lotería. Estamos ante la alucinación persecutoria de un esquizofrénico que padece cáncer terminal cuya última misión vital es convencerme de que la novelucha que escribí me fue dictada por los dioses. Algo así como la divina concepción de las obras literarias. Ya puestos, en lugar de convertir lo narrado en acontecimiento histórico, yo habría elegido convertir lo narrado en historia y prosa de Lev Tolstói...

- ¿Vamos a abrir la caja o no?

Kirsten se impacientaba y, a la vez, tenía la mente en otro lugar. A estas alturas, estaba dispuesta a preguntar a la madre de Teo, uno de los compañeros de Inés en la escuela. Irene era antropóloga especializada en egiptología y supervisora de la inmersión de los niños en la disciplina de Indiana Jones. Al menos, ella tenía acceso a medievalistas y laboratorios que sabrían qué hacer con la caja y el contenido no desvelado y, en el mejor de los casos, sugerir su antigüedad.

- Evoco la escena -Nicolás se resistía a responder; al fin y al cabo, Kirsten había leído la novela-: Pedro da Boullosa encuentra los ideogramas que aparecen también en esta caja tallados en una piedra del interior de la puerta de la vieja iglesia de San Simón. La inscripción data quizá de la época de los templarios, antes de que éstos fueran excomulgados justo cuando el enclave pasó a manos de franciscanos y, más tarde, de los pascualinos de San Simón, también excomulgados. Todo el que entraba en la isla, acabada excomulgado. Pedro da Boullosa se adentra en el interior y, tras un reconocimiento, se da cuenta de que la losa de piedra que domina el centro de la nave responde al golpeo con un sonido distinto: hueco. La losa cede y en su interior recupera una verema, la concha o "vieira" de los peregrinos a Santiago. Retira un poco de tierra y... tachán, aparece una pequeña caja de abedul. Voilà.

- Ya recuerdo -espetó Kirsten-. En su interior encuentra los dos manuscritos carolingios idénticos del tratado sobre la felicidad de Séneca, ¿verdad?

- Dos copias de *De vita beata* de Lucio Aneo Séneca, el estoico cordobés. ¿Qué hay más excitante que la transubstanciación de lo imaginado por uno mismo? -Preguntó divertido.

Al menos en parte, Nicolás se sentía liberado de la tensión suscitada por haber recibido el supuesto testimonio físico de un episodio literario fabulado por él mismo. Se sentía como Miguel de Cervantes abriendo con dificultades, debido a su condición de manco desde su participación en Lepanto, un paquete enviado por los herederos de Alonso Quijano, con los pertrechos de un supuestamente real Don Quijote de la Mancha. Eso le pasaba, pensó, por incluir personajes y referencias reales siempre que le había sido posible, y fundir la realidad histórica interpretada con la inventada en una suerte de olla podrida, como se estilaba en la cocina de las casas hidalgas de la España de finales del XVIII-. Y a la armadura de Don Quijote se encomendó cuando cogió la tosca caja de madera de abedul recubierta de ámbar y, levantando un pequeño pestillo de bronce, o quizá oro, supervisó con minuciosa atención un viejo y pequeño libro con encuadernación de piel que apareció ante sus ojos. Sus fosas nasales, abiertas hasta la desfiguración, exhalaban el olor extraño que desprendía el interior de la caja, a medio camino entre el alcanfor, el interior de un viejo piano y una casa victoriana sin ventilar. Pese a lo intrincado de la tipografía carolingia empleada por el copista del libro -fuera falso o tuviera en realidad siglos de existencia- se podían leer, en la claridad pastel de la luz natural de finales de otoño que inundaba la cocina y el comedor desde el patio trasero del edificio, la hendidura sobre la piel antes rellena de tinta dorada de la que apenas quedaba una sombra, con el título y el autor de la obra copiada. Arriba, en lo que parecía una única palabra: "De-vita-beata"; y abajo, "Lucius-Annaeus-Seneca". Observó la diferencia entre la gruesa piel de la encuadernación, una tablilla cubierta de vacuno, y las páginas interiores, fino pergamino escrito por ambas caras, quizá de piel de cordero. Una imitación de los libros medievales producidos en los escriptorium que se habían salvado del destino de los palimpsestos, o copias que se borraban para escribir textos teológicos.

- Tengo que reconocer que el empeño de Pedro Losada puede con mis conocimientos sobre libros medievales. No sé si lo que tenemos ante nosotros es una edición postiza del Círculo de Lectores o, en efecto, un "becerro" de la época de los templarios.

- ¿Becerro?

- Así se llamaba a los códices encuadernados con la mejor piel y con páginas de piel de cordero sin usar, en vez de recurrir a pergaminos borrados para usarlos de nuevo.

- A Inés le interesará mucho echar un vistazo a la enigmática caja y a su todavía más enigmático libro... -Kirsten hablaba emocionada. Se cruzó de brazos respondiendo a un escalofrío y sus finos labios describieron una mueca característica.

- Los egipcios producían el mejor papiro; pero estas páginas parecen pergamino, que a diferencia del papiro sí puede conservarse durante siglos en un ambiente sin humedad ni insectos. -¿En realidad estaban conversando sobre pergaminos y papiros?, se preguntó Nicolás.

La cajita no había revelado todos sus secretos. Un paño de lino grisáceo raído con bordados en azul índigo de la espiral matemática de Fibonacci, representación en la naturaleza del número áureo, tan presente en la geometría y el ideal de proporciones del Renacimiento y la Ilustración, envolvía un bulto entre algodones, expuesto una vez retirado el manuscrito. El bordado evocaba la espiral de las caracolas de mar, una de las cuales ilustraba el fondo de pantalla de su cuenta de Twitter, o de las escaleras de Gaudí y tantas otras cosas. Un recordatorio matemático de las numerosas aplicaciones -geométricas, de computación, artísticas, matemáticas, en la teoría de juegos- de la sucesión infinita de números naturales formulada por Leonardo Pisano, alias "Fibonacci", en el siglo XIII, justo cuando un joven Ramon Llull aprendía en Mallorca los secretos matemáticos árabes, la lógica de la cábala judía y las enseñanzas de los estoicos, aderezándolo todo con una pátina de teología cristiana no más gruesa que la película de ámbar que protegía la madera de la caja que sostenía en sus manos. 0,1,1,2,3,5,8,13,21,34,55,89,144,233... Una serie en la que el número siguiente equivalía a la suma de los dos anteriores. Una serie formal de potencias donde cada coeficiente o factor constante era a su vez elemento de la sucesión. El muro de piedra de un edificio donde todos los ladrillos contaban. La alegoría de un grupo de átomos que se dan tregua por un instante en la eternidad para agregarse y otorgar estabilidad transitoria a un cuerpo, animado o inanimado. La belleza de una representación fractal, como el brócoli con el que acompañaban a diario al menos una de las dos grandes comidas.

- La espiral de Fibonacci, Nico...
- Eso parece...
- Este trapo parece más viejo que el que trajo mi madre cuando nos casamos, los que habían pertenecido a mi abuela y vete a saber qué antepasados míos de Nueva Inglaterra. Algunas de las cosas procedían, según mi abuela, de Inglaterra.

Depositó el libro en el mostrador de la cocina con sumo cuidado, junto a la ventana del patio trasero. El viento movía las hojas de la copa del enorme árbol de follaje perenne plantado que se asomaba desde la finca colindante. Sostuvo la cajita con la palma de la mano derecha mientras, con la izquierda, desenrolló el paño, que envolvía un objeto como si se tratara de una diminuta mortaja. La áspera calidez del lino teñido por los años -o, en su defecto y si se trataba de una imitación, un lino aviejado con oficio- dio paso a la fría precisión del metal pulido: una pieza de oro blanco con el tamaño de un alfil o una reina en un ajedrez convencional mostró su impúdica silueta.

- ¿Una llave? -preguntó Kirsten.
- Me temo que es... qué digo... me temo que alguien quiere hacernos creer que es "La Llave".
- ¿Te refieres a la llave que resuelve el enigma de *Triskelion*? ¡Comprobémoslo!

Su marido señaló la esbelta figura metálica con la mirada, invitándola a sostenerla. Kirsten accedió, demostrando al autor de *Triskelion* que recordaba el final del libro: una vez en sus manos, situó la llave en posición vertical y estudió con esmero la cabeza de la pieza metálica, dominada por una precisa espiral de Fibonacci.

- ¿Recuerdas cómo encuentran una llave como ésta los tres aventureros de *Triskelion*, y para qué sirve? -preguntó Nicolás.

Kirsten sonrió, sorprendida por el cariz que había tomado la mañana. Las fronteras entre realidad y ficción se difuminaban también para ella.

- La llave estaba oculta en el interior de una figura de estaño, un soldadito que había pertenecido a Pedro da Boullosa y que su lejano descendiente había encontrado en el viejo arca de la casa familiar. Mingo lo lleva consigo como amuleto y, al final de la aventura, cuando los tres jóvenes platican con fray Junípero Serra después de la cena en la misión californiana de... ¿dónde era, Monterey?
- La misión franciscana estaba emplazada en Monte Carmelo, ahora "Carmel", el pueblo turístico del que Clint Eastwood ha sido alcalde. En Monterey está el presidio -explicó Nicolás.
- Eso es... Junípero Serra les menciona que lo que vienen a buscar, la solución de un enigma, no tiene nada que ver con él, pero menciona un viejo verso sobre un custodio y una llave. Se van a dormir; y Mingo recuerda poseer la figura de plomo. La lanzan al fuego y, al fundirse, el plomo da paso a una llave como... ésta. -El renqueante tono de Kirsten, con un acento cada vez más estadounidense, confirmaba su emoción contenida-. Nico...
- ¿Qué?
- Sé que el azar tiene su parte de irracionalidad, pero, ¿es factible

que tu fidelidad con el momento histórico, la casuística de los personajes de *Triskelion* y los mismos objetos del contexto hubiera creado una interpretación histórica de algo en realidad ocurrido?

- Hablas como Pedro Losada -refunfuñó Nicolás Boullosa, a la sazón descendiente real de Pedro da Boullosa y Domingo Antonio Boullosa Nogueira, "Mingo"-. Me estás preguntando si creo que lo que inventé es real.

- ¿Y si, debido a la precisión de lo investigado, hubieras acotado tanto el destino de los personajes que, por mera intuición no racionalizada, hubieras optado por lo que ocurrió en realidad?

- Un momento... Me estás llamando Demiurgo -visiblemente molesto, Nicolás depositó la caja en el mostrador, dio la vuelta e hizo un aspaviento de opereta, digno de su tan admirado Rodolfo de *La bohème*-. Mejor aún, me consideras el sucesor de hechiceros y farsantes como Nostradamus... O de alguien que no conoces, tan patético y cómico como las ridiculeces que afirma, un curandero español que aparecía hace unos años en la televisión, un tal Carlos Jesús.

- No sé de qué me hablas. No quiero que te enfades. Simplemente, confío en la seriedad de tu trabajo. Hay familiares que nacen en distintos continentes y conservan varios rasgos en común por su herencia genética, y no hablamos sólo de gemelos. Quizá exista una conducta común a todos los Boullosa que se manifieste bajo determinadas circunstancias, según la presión del entorno: sea la reacción ante guerras, pogromos, una catástrofe natural...

- Hablas como una antropóloga. Yo también he leído el mismo par de ensayos de Jared Diamond que tú y creo en la existencia de un cierto determinismo, pero el contenido de esta caja va mucho más allá, ¿no crees?

- ¿Recuerdas a la madre de Teo, el niño que va a la clase de Inés? Se llama Irene. ¿Te importa que le enseñe la caja?

- En absoluto. Por mí, como si la quieres vender o donar a un museo de imitaciones, si es que existen tales colecciones. No te animaré a que la quemes, ya que podríamos aprovechar la caja y la llave como juguete para las niñas. Y en cuanto al libro, qué más da que sea una imitación -lo sostuvo de nuevo entre sus manos-. Es una delicia... Me dan ganas de refrescar mi latín y leerlo. Todavía conservo el diccionario por ahí y no se me daban mal las declinaciones. Arqueología gramatical. Al fin y al cabo, qué son el castellano o el catalán, si no latín macarrónico, como decía un maestro que tuve en EGB.

- ¿EGB?

- Así se llamaba en España a la educación primaria.

- ...

Lo que ellos percibieron como un instante se tradujo, en la cronología de la convención que la conciencia humana conoce como realidad, en tres horas. De repente, Nico balbuceaba con buen humor desde la cuna, jugando quizá con la luz que entraba por las tres ventanas de la habitación: dos de ellas se abrían a la calle Ballester, mientras la tercera era una apertura practicada en el tabique de pladur con cristal fijo que separaba la habitación del comedor, contra el que descansaba un sofá-cama de inspiración japonesa; madera de hevea y colchón de algodón y látex con funda negra. La apertura acristalada del tabique de pladur, cuyo exterior estaba recubierto de láminas del mismo contrachapado de los muebles de la cocina, permitía a la luz suroeste del patio trasero entremezclarse con la luz natural del noroeste que a primera hora de la tarde empezaba a bañar la habitación, improvisando espectáculos de sombras chinescas. El pequeño Nico apreciaba los matices lumínicos caleidoscópicos, a juzgar por el movimiento aflamencado de dedos y muñeca que realizaba delante de sus redondos ojos azules, captando y ahuyentando fotones. La comida sirvió a sus padres como tregua y no se refirieron ni al paquete recibido ni a la novela que que era el origen de todo. Así que, sin saber por qué, el bebé percibió la genuina atención de sus padres y pareció disfrutarlo con cada célula de su pequeño ser, recurriendo a menudo a su sincera e irresistible sonrisa. Su padre, por el contrario, se mostró taciturno en los intervalos en que decaía su atención por el chiquillo. Difícilmente podría producir un texto potable después de comer, así que se resignó a consultar bitácoras, buscar temas en que indagar para artículos futuros, preparar algo de contabilidad para las cuentas, preparar las cuentas trimestrales y anuales de 2013 que presentaría en enero, y contestar a algunos correos. Una vez mentalmente planeado el plan B, similar a los de otros días de difícil concentración, pudo relajarse; en ocasiones, la existencia de una alternativa liberaba cierta presión negativa y lograba instantes de concentración memorables, donde el discurso y las ideas se desencadenaban, fruto de una creatividad febril en que la competencia entre oraciones le recordaba el diálogo socrático entre un brillante profesor y sus alumnos motivados, dispuestos a extraerle hasta el último axioma de brillantez antes de soltar la presa. Entró en el despacho decidido, con la taza de café recién rellenada en la mano izquierda; había dejado el espresso por el copioso y líquido café americano, del que bebía hasta siete tazas diarias, sin leche y con dos cucharillas de azúcar moreno sin refinar. Avanzó hacia la silla con la mirada en las tres cruces del Calvario del Parc Güell, sin ánimo de hacer paralelismos con el esfuerzo que requería la concentración intelectual productiva. Supo que lo había logrado cuando, en lo que pareció un suspiro, Kirsten se despedía desde la puerta empujando el carro de Nicky.

- ¡Ah, y me llevo la caja, el libro y la llave! Quiero enseñar los objetos a la mamá egiptóloga.
- Me parece bien -no había parado a pensar en el colegio, más allá de sus condiciones objetivas; se preguntó cuántos colegios tendrían padres dedicados a disciplinas tan románticas-. Una sola cosa... Que tenga cuidado. No sabemos si es valioso o no.

La respuesta de su marido dio a Kirsten la pista que buscaba: hasta el mismo autor de *Triskelion* dudaba sobre la posibilidad de que su historia, su "novela", fuera más fehaciente que la historia atizada por los catedráticos a la opinión pública, estirándola como un chicle para enfrentar a catalanes con el resto de los españoles. El último historiador hispanista nacido en España sin la pulsión adaptadora había sido precisamente catalán -y miembro del Institut d'Estudis Catalans-, Ferran Soldevila, autor de la única *Historia de España* (sobre la convulsa historia de luces y miserias en Iberia desde tiempos prerromanos) que carecía de la pulsión ensalzadora de unos mitos y realidades, así como anuladora de otros. Desde Soldevila, los mejores hispanistas habían sido siempre extranjeros, muchos de ellos británicos. Hacía falta observar el contexto sin la sobredosis de oxígeno auspiciado por el sistema universitario clientelista de la democracia, en el que los historiadores locales dependían de las subvenciones otorgadas por el poder político, para entender por qué episodios ocurridos tres siglos atrás eran para unos una guerra mundial y para otros se reducían al asedio de Barcelona en 1714 (un ataque a la ciudad que se explicaba de manera diametralmente opuesta en distintos lugares de España). O por qué la enseñanza de historia en secundaria e incluso la universidad olvidaba la aportación musulmana y sefardí al progreso no ya de Iberia, sino de Occidente. El Renacimiento habría sido menos fecundo sin el aristotelismo de los polímatas del siglo XII Maimónides (sefardí cordobés) y Averroes (árabe cordobés). Las reflexiones de ambos se reflejan un siglo más tarde en Roger Bacon, alias Doctor Mirabilis, sabio franciscano del siglo XIII y contemporáneo del otro gran filósofo franciscano de la época, el mallorquín, Ramon Llull, Doctor Illuminatus. Ambos eran mencionados en *Triskelion*, cuyo trasfondo hablaba sobre la influencia de la razón antropocéntrica y la filosofía de vida derivada de ella, tal y como había sido planteada por Sócrates, Aristóteles, los estoicos y los atomistas epicúreos, entre otros. El método socrático y el empirismo aristotélico se habían introducido en los resquicios teológicos de la Iglesia más aristotélica, la escolástica, como un puro y pacífico parásito hasta que los avances científicos y sus consecuencias filosóficas habían desbordado el huésped durante el Renacimiento y la Ilustración. Los renacentistas habían leído *De rerum natura* de Lucrecio con la mirada preparada, alejados ya de la cada vez más insostenible ortodoxia de la Iglesia. El papel de la Península Ibérica no había sido siempre el de represor de las nuevas corrientes e ideas, o al menos no durante la época de Averroes, Maimónides, Llull, Bacon y Fibonacci. Más adelante, Miguel Servet y Juan Luis Vives se toparían con la Iglesia de una península con una identidad basada en la religión y erigida ganando terreno a los almohades. Ello explicaba en parte la expulsión y persecución de los descendientes de andalusíes y sefardís. Michel de Montaigne -renacentista francés, descendiente de sefardís aragoneses- en el siglo XVI; y Baruch Spinoza -ilustrado holandés descendiente de sefardís portugueses-, en el siglo XVII, habrían sido perseguidos, o quizá no habrían cultivado las materias que dominaron, si sus ascendentes hubieran permanecido en la

Península Ibérica. Su potencial se habría perdido para siempre, como lo hacen incluso las plantas más resistentes en el terreno yermo. Juan Luis Vives, contemporáneo de Montaigne y brevemente mencionado en *Triskelion*, pertenecía a una familia que había pagado el precio de permanecer en Valencia: la conversión al cristianismo y la persecución desde entonces, con el miedo siempre presente a ser denunciados por apóstatas, criptojudíos o blasfemos. La persecución a su familia se llevó una parte de su energía que las humanidades jamás recuperarían; sólo dejando la Universidad de Valencia para estudiar e impartir clases en el extranjero liberó su conciencia librepensadora.

Otro contemporáneo de Montaigne y Vives en el Renacimiento tardío, Francisco Sánchez, de padre gallego oriundo de Tuy (vieja ciudad seminarista y con diócesis eclesiástica colindante con Portugal, donde había estudiado su antepasado Domingo Antonio Boullosa, Mingo, uno de los tres protagonistas de *Triskelion*) y madre portuguesa, había profundizado su aristotelismo e ideas escépticas en varias universidades europeas, después de que su familia, también de origen sefardí y obligada a convertirse al cristianismo, abandonara la Península. Sánchez, que había pasado a la historia con el sobrenombre de "el Escéptico", tenía razones -entre ellas, su propia experiencia vital- para impulsar la corriente filosófica propuesta por su contemporáneo Michel de Montaigne e inspirada en respaldar cualquier información con evidencias racionales, tal y como habían hecho los sofistas griegos. Francisco Sánchez, que no era mencionado en *Triskelion* pero cuyas ideas estaban presentes a través de la personalidad y conciencia del seminarista Mingo, había conocido a Montaigne y entrado en contacto con el aristotelismo y el estoicismo en la universidad de Toulouse. Sánchez se había decantado por la medicina, y Montaigne por el derecho.

¿Otros alumnos de las facultades de Derecho y Medicina de Toulouse? Los polímatas perseguidos por la Iglesia Miguel Servet (estudiante entre 1528 y 1530; hijo de infanzón -hidalgo aragonés- y judeoconversa) y Giordano Bruno (había sentado cátedra en Toulouse entre 1579 y 1581), ambos quemados en la hoguera por la

Inquisición por exponer con convicción el sinsentido de "verdades" eclesiásticas como la transubstanciación o la Santísima Trinidad. Como había ocurrido con los mencionados Montaigne, Sánchez y el posterior Spinoza, su lectura de *De rerum natura* del atomista epicúreo Lucrecio habían inspirado a los dos herejes para perseguir la razón empírica -Bruno defendió la cosmología copernicana, a su vez basada en las ideas presocráticas aparecidas en *De rerum natura*- y refutar dogmas. Todos ellos fueron presionados para, por ejemplo, renunciar "racionalmente" a la idea de que los planetas, incluida la tierra, giraban en torno al sol conformando un "sistema" del que se derivaban leyes para el universo; y, a la vez, obligados a creer que, durante la Eucaristía, la sustancia del pan y el vino se transformaban en realidad en el cuerpo y la sangre de Cristo. Con el mantenimiento de la ortodoxia católica y la persecución de moriscos y sefardís, Iberia había activado la diáspora intelectual que polinizaría las ideas del Renacimiento tardío y la Ilustración. El socratismo, aristotelismo y filosofía de vida estoica de los filósofos escépticos, muchos de ellos descendientes de marranos, eran el eslabón entre la Europa protestante y empirista y la Iberia perdida de Maimónides, Averroes y Ramon Llull. La Sefarad imaginaria de estos polímatas no era fervientemente talmúdica, sino urbana, librepensante y polímata, la Iberia de los burgos que habían habitado, los rincones más laicos de Hispania desde que el colapso de Roma diera paso al caos posterior de Suevia y los señoríos, la unificación goda y la posterior invasión árabe, tal y como explicaba, con el oficio desapasionado de un historiador que aísla su propia conciencia para interpretar la historia, el Ferran Soldevila del que habían renegado los "interpretadores" Joan B. Culla, Jaume Sobrequés y otros mantenidos de la "nueva" historia apócrifa de Cataluña, artificialmente desgajada del lugar que le había tocado en el Mediterráneo e Iberia y aislada como una rara cepa genética, tan autónoma y milagrosa como el propio fenómeno de la transubstanciación. Quizá el celo por europeizar Cataluña destacando sus orígenes y vocación -geográfica, cultural, comercial- en detrimento de la historia paralela del resto de la Península Ibérica separara, más que fortalecer, la tradición ilustrada de su extremo nororiental del revisionismo histórico. Todo lo negro, nefasto y subdesarrollado, explicaba el cuento de la nueva historia, procedía del resto de España, mientras cualquier intento y logro homologables tenía que partir de Cataluña. En ocasiones, había sido así; otras veces, la historia era más cabezota y no permitía dibujar líneas claras entre lo catalán y lo español. En *Guerra y paz*, Lev Tolstói ponía en la boca del viejo y astuto general Kutuzov, la reflexión de que la realidad era más compleja de lo que los historiadores y grandes estatistas de cada época contaban. Las grandes descripciones, alabanzas y relatos de acontecimientos mezclaban tradición literaria, realidad y fantasía; un ejemplo claro eran las propias guerras, en las que las "minucias" de la vida -las inclemencias del tiempo, la moral de la tropa y los mandos, la percepción cultural de la disciplina, los imprevistos, la orografía, el equipamiento de cada soldado, la distancia de casa, la posibilidad de enviar y recibir cartas de amadas y familiares, y tantas otras cosas-determinaban las batallas. La existencia era compleja y su relato, si bien una simplificación de ésta, debía mantener una aspiración concienzuda, interdisciplinar, atenta a la vocación escéptica de Montaigne y sus fuentes clásicas.

Llegó el último sábado de noviembre, el penúltimo en que Inés y Ximena irían a la coral antes del concierto de finales de año. En el equipo musical Sonos del comedor sonaba, al moderado volumen de costumbre, *With God on Our Side* de Bob Dylan. Inés, Ximena y Nicky jugaban sobre la alfombra bereber a lo que parecía un híbrido entre lucha libre y el pilla pilla, con periódicos refunfuñeos y algún que otro rasguño. En el extremo del gran espacio compartido del apartamento, sentado en el banco de madera con cojín blanco relleno de algodón junto a la puerta de entrada, Nicolás Boullosa se ponía las bambas, dispuesto a llevar a sus hijas a la coral. El café recién hecho llenaba su termo de acero y en el bolsillo pequeño de la mochila Jansport que le había dado su suegro el verano anterior en Cloverdale ya había introducido billetes de metro, cartera, móvil y libro electrónico. Inspirado en el artículo de la semana para la página web, que había dedicado por segunda vez en menos de un mes a la utilidad y -según su opinión- pasmosa vigencia del método socrático -las buenas herramientas no se pasan de moda, pensó-, dedicaron el viaje en metro hasta el centro de la ciudad al juego de las preguntas. Se encallaron en una de ellas: "Si tuviéramos que vivir en otro lugar,

¿dónde elegiríais?". Ximena usó la deliciosa ingenuidad de un cerebro de cuatro años para confirmar que le daba igual, siempre y cuando volvieran a casa después del viaje, dando por sentado que el cambio de aires sólo podría ser provisional. Al fin y al cabo, sentenció, ya se habían mudado no hacía tanto y ella todavía echaba de menos la enorme terraza del viejo apartamento del Gótico. Inés no lo tenía tan claro; como Ximena, no quería ser trasplantada de nuevo si ello implicaba cambiar de escuela, amigos y rutina. Así que su respuesta originó otra pregunta:

- ¿Por qué movernos? -Inés se refería a "mudarse"-. Tú dijiste una vez que somos los mismos aunque nos movamos de un sitio a otro.
- ¿Y qué ocurriría si a tu madre y a mí ya no nos gusta vivir en esta ciudad si cambiaran algunas cosas que no podemos controlar?
- ¿Qué es "algunas cosas"? -respondió Inés.
- La situación general. Si quienes nos gobiernan quieren obligarnos a hacer las cosas como ellos creen, o como ellos dicen que la gente quiere, ya que quieren que haya una votación para cambiar cosas. O si llega un momento en que la gente que vive en la ciudad piensa de una manera muy distinta a la nuestra, hasta obligarnos a hacer las cosas cotidianas como ellos prefieran.
- ¿Eso se puede hacer?
- Yo creía que no -respondió su padre-. Ahora ya no estoy tan seguro.
- ¿Qué ha cambiado?; ¿por qué antes creías que no podía pasar y ahora sí?
- Porque pensé que la gente no votaría en contra de sus intereses. Pero a veces es difícil distinguir entre intereses. A veces, la mayoría piensa que cambiando todo será mejor y los que piensan diferente no pueden hacer nada, porque la mayoría ganaría democráticamente. Así que, a veces, lo único que se puede hacer es reconocer el cambio; o mudarte, si este cambio no te gusta.
- Pero yo no he visto ningún cambio. A mí me gustan mis amigos -respondió Inés.

Su padre sonrió antes de responder. El metro iba por Paseo de Gracia. Faltaban dos paradas de la línea verde.

- A mí también me gusta Barcelona. Es nuestra casa, ¿verdad, niñas?

- Sí -Inés y Ximena respondieron al unísono.

- Yo creo que no hará falta mudarnos. A lo mejor no cambia lo esencial. A lo mejor la gente no se enfada entre sí y podemos ocuparnos de lo nuestro.

- ¿No es siempre así?

- Sí y no. Es importante cumplir las normas, pero todavía más importante que las normas sean justas y respeten nuestra libertad. Si hay ideas que no creemos justas, ¿debemos cumplirlas?

- Jo, papa, yo no quiero cambiar de cole otra vez -respondió Inés, rindiéndose a la terminología abstracta usada una vez más por su padre.

- No te preocupes, es sólo un juego.

- Sí, es sólo un juego, Inés -sentenció Ximena, afirmando su presencia en una conversación que intuía importante, aunque le costara seguir sus derroteros, a juzgar por su rostro embelesado y un gesto que la caracterizaba en momentos de incertidumbre cotidiana: la boca abierta, como su padre a su edad ante situaciones similares.

Al salir a la Rambla desde la estación del Liceo, ya eran las 11 en punto de la mañana, hora de inicio de la clase. El sol convertía las poco afortunadas baldosas de la Rambla en un mar ondulado que Inés y Ximena supieron aprovechar: estaban de vuelta en su antiguo barrio y lo percibían con toda su fuerza: mucha más gente por la calle, tiendas abiertas por todas partes y turistas, pese a la hora y la fecha. Acortaron el camino hasta la irregular calle de la Palla adentrándose en el corredor bajo el aparthotel Citadines, que conectaba el lateral de la Rambla con la plaza de la Vila de Madrid. La decoración de Navidad ya estaba puesta en las principales calles aledañas, Canuda y Duc de la Virreina, en la última de las cuales residía una de las antiguas compañeras de clase de Inés. De madre estadounidense y padre catalán, esta amiga le había espetado no hacía mucho, tras un encuentro para jugar propiciado por ambas madres: "Sigues siendo una de mis mejores amigas, concretamente mi tercera mejor amiga, después de Fulana y Mengana". Fulana y Mengana, claro, no la habían abandonado yendo a otra escuela. Inés se había tomado bien el comentario; en el mundo de los adultos, se olvidaba la época en que uno había hablado sin doble sentido ni voluntad de herir a personas cercanas. En el comentario de la amiga de Inés pensaba su padre mientras cruzaban por el paso que, en el centro de la plaza, se elevaba sobre los elegantes y bien restaurados sepulcros romanos que flanqueaban una vía de entrada a la antigua ciudad amurallada, cuya linde se encontraba precisamente a la altura de la calle de la Palla, hacia donde se dirigían. Al inicio de la calle aledaña de Francesc Pujols, en la esquina de mar del edificio del poniente de la plaza, cuya planta baja albergaba la tienda deportiva Decathlon, dos de los numerosos sin techo de la ciudad se divertían jugando al ajedrez. La imagen le dio esperanzas: se había acostumbrado a verlos impasibles, borrachos o drogados, con el rostro a menudo demacrado y el atisbo de adicciones, enfermedades físicas y mentales, sufrimiento. No llevaba las gafas, pero no necesitó acercarse del todo para comprobar que el individuo de la derecha le era familiar...

Había encontrado a Pedro Losada.

8
LA REBELIÓN DEL CHARNA

- Mira, papá, ¡juegan al ajedrez!

Apenas hacía unas semanas, el autor de *Triskelion* había comprado un ajedrez electrónico con opción de juego convencional y posibilidad de batirse contra la máquina, para enseñar a Inés, que en febrero cumplía 7 años y ya disfrutaba de los pocos juegos de mesa que conocía; de paso, refrescaría sus nociones básicas del juego, que había sido popular en el Sant Feliu de su infancia. El ajedrez había sido arrinconado en las casas, como las damas y tantos otros juegos. A Inés le gustaban todos los que probaba. Conecta 4 era su preferido, siempre y cuando Ximena no rondara durante el juego, siempre al acecho y tratando de sacarle unas fichas para salir a continuación escopeteada hacia la otra punta de la mesa de ping pong.

Salieron del paso elevado que dominaba el centro de la plaza Vila de Madrid y, a apenas unos metros de los sin techo jugando al ajedrez, dignos de la escena de la película de Bergman que enfrenta al cruzado con la muerte, Nicolás decidió evitar a Losada, pese a haberlo prometido en el hospital y a tener una curiosidad genuina sobre las reliquias, que había encajado como el aviso macabro de un psicópata, a la espera de que la mamá egiptóloga del compañero de Inés les respondiera con algún detalle sobre lo que daban por buena imitación. Quizá Irene conociera a alguien en la universidad interesado en custodiar tanto la caja como la llave e incluso el libro... Con los años, se había hecho más pragmático y había buscado conscientemente un entorno sencillo, poco recargado de objetos, renunciando a coleccionar una gran biblioteca o a añadir más discos compactos a los que habían crecido en el estante de su juventud. Entonces, quizá emulando a su hermano mayor, melómano con espíritu coleccionista, había comprado lo que se suponía que debía comprar. En su primera juventud había confundido en ocasiones comprar un libro o un CD con leerlo y escucharlo; ahora ocurría lo contrario. Tomaba libros prestados de la completa red de bibliotecas de Barcelona -para algo había servido la Diputación-, que complementaba con ediciones electrónicas de los ensayos y grandes novelas contemporáneas que aparecían en inglés y leía antes de que existieran versiones traducidas. El cambio de hábitos musicales había sido todavía más radical: los CD acumulaban polvo y quizá acabarían en la casa de sus padres, si ellos se dignaban a acogerlos; mientras tanto, reproducía todo tipo de música -infantil, clásica, alternativa- usando el reproductor de alta fidelidad conectado a Spotify.

Había leído y experimentado sobre la frugalidad voluntaria, o lo que Mohandas Gandhi había llamado "no posesión". Consistía en renunciar a bienes exceptuando puñado de objetos imprescindibles y así evitar el coste económico o anímico de su mantenimiento, así como de su posición en el espacio y el tiempo; allí, ante él, los objetos innecesarios carcomían el espacio, batallando por una atención egoísta y sin valor, cadáveres de tardes de frustración y testimonios de proyectos inventados, anidando como bolsas de basura en el interior de la casa de un anciano con el síndrome de Diómedes. Ni siquiera aquella hermosa edición del escueto *De vita beata*, de su venerado Séneca, más un libro de poesía filosófica que un ensayo, tenía por qué ocupar espacio en su despacho, clamando por su atención. Se conformaba con conservar la moderna y austera versión de Alianza editorial, con comentarios de Julián Marías, que había consultado de la biblioteca en varias ocasiones y ahora poseía gracias a su hermana, lectora de sus escritos en *faircompanies, que se lo había regalado. Si la edición-reliquia falsa acababa en casa, pensó, quizá su superficie se podía convertir en parte de un nuevo proyecto que planeaba con el microscopio que había comprado para que Inés y Ximena vieran sus cabellos, las células de su piel o las células de la piel de una cebolla ampliadas varios cientos de veces. Qué mejor homenaje a los atomistas que introducir a sus hijas en el mundo cotidiano ampliado al microscopio; su propia versión de lo que debía ser una auténtica "catequesis". Al fin y al cabo, "katejismos" procedía del griego clásico "katejein", κατηχεῖν, instruir. Sin que siquiera fueran conscientes de ello, el método socrático, o el aprendizaje a través de diálogos basados en preguntas que avanzaran en cualquier temática elegida, como les había explicado, ya formaba parte de su cotidianidad.

Inés le agarraba del brazo, mientras se sacaba de encima a Ximena, que le preguntaba si era el mismo juego que su padre practicaba con su hermano mayor.

- ¿Podemos mirar un rato, papá?
- Llegamos tarde, Inés. En otro momento -susurró su padre, a dos pasos de que la esquina de mar del edificio del Decathlon, le permitiera salir del campo de visión periférica de Losada.

En ese momento, su noción del tiempo desapareció. Intuyó, o quizá se trató de una combinación de pavor, vergüenza y miedo a enfrentarse a la existencia desdichada, la enfermedad terminal alimentada con la muerte de un hijo, la dolencia mental que se burla de la transitoriedad y el sentido macabro de la existencia. La vida debía ser para Losada muy distinta a su propia visión. O quizá no tanto... Al fin y al cabo, habían sucumbido a la misma literatura, los mismos libros de sabios, el mismo tipo de introspección aristotélica. Ambos cobijaban la sombra de un escolástico, aunque acaso el escolástico de Losada fuera más similar a un poeta maldito que él mismo; más que Rodolfo de *La bohème*, Losada era un Rimbaud sin aspiraciones. Al fin y al cabo, su tristeza abúlica se alimentaba del mismo opio parisino de "los malditos". Entonces, a un paso de perderse en la ancha calle de Francesc Pujols, que moría apenas cincuenta metros más allá en la calle perpendicular del Duc de la Victòria, oyó la voz de Losada y supo desde el primer instante que volvería sobre sus pasos y charlaría con él un instante. Al fin y al cabo, era pleno día en un lugar céntrico y tenía la excusa perfecta para zafarse después de saludar. Pedro Losada vestía ropa técnica deportiva, acorde con el anuncio adhesivo que ocupaba la ventana de cristal en cuya repisa se reclinaba junto a su acompañante, uno a cada lado del tablero de ajedrez de "El séptimo sello": botas de montaña de la marca del establecimiento, pantalones de caza y camisa de caza con camiseta interior, así como un generoso plumón de esquiar, todas las prendas en distintas tonalidades de verde militar y sin dibujos ni estampados, a excepción de la camisa, a cuadros. Una braga negra tapaba su cuello, de donde surgía la incipiente barba blanca que ahora cubría todo su rostro, otorgándole el aspecto del Vicente Ferrer de los últimos años, o acaso una enjuta y castigada versión meridional del actor sueco Max von Sydow años después de protagonizar la película de Bergman que le había evocado la escena. Su acompañante no era la muerte, o no lo parecía. Él podía dar fe de ello, ya que se trataba del pilluelo hombre con aspecto entre eslavo y báltico -cabeza redonda y frente despejada, ojos azules y pequeños, cejas rubias y ausencia de pestañas, nuca plana- con el que se había cruzado a menudo cuando vivían en el Gótico. Le recordaba a la perfección debido a la patosería de su estrategia para pedir dinero, al menos desde el punto de vista de los habitantes de la ciudad, aunque ésta sirviera con el público objetivo: los turistas de paso. Vestía ropa casual para acercar su aspecto al estilo aseado y despreocupado del norte de Europa (Holanda, Alemania, quizá algún país Escandinavo) y ponía ante sí un cartel donde, en inglés, explicaba que le acababan de robar la cartera -con pasaporte, dinero y tarjetas de crédito- nada más aterrizar en Barcelona. Al fin y al cabo, semejante suceso era plausible y la ciudad se lo había ganado a pulso durante años. Primero, con la escuela de carteristas de Barcelona; y después con la importación neta de rateros del resto de Europa. Al comprobar que el pillo, ahora ante él, no cambiaba el cartel y se apoltronaba día sí y día también a la puerta de la camisería de la esquina entre la Rambla y la calle de la Boquería, le había espetado un día que modificara un poco la estrategia, aunque fuera por pudor o deferencia hacia los residentes habituales. Había recibido como contestación un escueto "no hablo español", así que había transmitido el mismo mensaje en el fluido inglés adquirido en el seno familiar. Como única respuesta, se había llevado una mueca y apenas una deshilachada disculpa en un acento eslavo. Y en efecto, el hombre al que le robaban a diario la cartera y la documentación en Barcelona, según su cartel, le había confirmado su procedencia, Polonia. Y le encantaba el clima de Barcelona. Se habían dado la mano al despedirse. Del encuentro había pasado quizá un año y medio.

- ¿No me va a presentar a sus hijas, señor Boullosa?; ¿o prefieres que te tutee a partir de ahora? Ahora sabemos mucho más el uno del otro... Te vi entrando en el hospital.

- ¡Señor Losada, no le había conocido!

- No tenemos tiempo para excusas ni cumplidos. ¿No es maravilloso? -Respondió el gallego.

Notó en el sereno rostro de Losada el cálido efecto narcotizante de la fuerte medicación mezclada con alguna sustancia. Seguramente alcohol, pero no podía descartarse la heroína fumada, tan barata y de moda entre la muy cosmopolita comunidad de buscavidas de los bajos fondos barceloneses. Eso sí, ni él ni su acompañante tenían bebida alguna a la vista ni parecían más drogados que las personas que pasaban por la plaza con el rostro compungido, buscando el sol bajo y agradable con el desentendimiento de un sábado matutino antes de que el parque infantil del extremo de montaña de la plaza, justo frente al restaurante del Ateneo Barcelonés, se colapsara con decenas de niños.

- Veo que vuelves a Galicia -contestó Nicolás, mirando mochila de montaña Altus reclinada contra la pared.
- En absoluto. Nada más lejos de la realidad. Si lo dices por la mochila, ahí llevo todo lo que necesito. Después de los días de frío, la temperatura ha subido y las noches de noviembre barcelonesas parecen noches al raso en el verano gallego de mi infancia, donde uno se helaba si no salía con al menos un pulóver o una rebeca.

El término pulóver para designar un jersey retrotrajo a Nicolás a los veranos de su infancia en Anceu, donde los calcetines de vestir eran para los niños locales "ejecutivos", las zapatillas de deporte o playeras, "bambas" en Barcelona, eran simplemente "los tenis", mientras los jerseys de entretiempo, tan necesarios en el clima atlántico, eran "pulóvers". O así recordaba al menos el castellano de los vigueses con familiares en la parroquia.

- ¿Disfrutando de una partida -preguntó Nicolás para romper el silencio creado-? Creí que nadie jugaba ya al ajedrez, más allá de los cuatro jubilados que lo hacen junto al café Zurich, al principio de la Rambla.
- Les vi -sonrió Losada-. Te presento a Krzysztof.
- Creo que ya nos conocemos. Charlamos en una ocasión, o al menos así lo creo...
- Non e vero... Soy extranjero y no tengo demasiado tiempo en

España -Krzysztof bromeó buscando en la mirada de Losada la confianza que le faltaba: recordaría, dijo, haber hablado con un caballero con tan buen aspecto, acompañado por dos niñas tan angelicales.

El pillo del cartel, que había mejorado su castellano, negó con una rotundidad no impostada.

- Yo vivo en la calle, ¿sabe? -Se excusó Krzysztof.
- Todos vivimos a la intemperie tarde o temprano -sentenció Losada, que dedicó toda su atención (y la pizca de esperanza que conservaba en el ser humano) a leer el rostro, sereno y transparente, de las dos niñas rubias y de ojos azules-. Pero a mí lo que me importa en la vida es conocer el nombre de estos dos ángeles...

Preguntó el nombre a Inés, que le contestó con una sonrisa dominada por los enormes y rectilíneos incisivos centrales, ya definitivos, flanqueados por dos diminutos y renqueantes incisivos laterales, todavía de leche. Ximena no contestó, observando al extraño con la boca abierta y cobijándose en la natural portavocía ejercida por su hermana mayor.

- Tu sonrisa me recuerda a alguien, Inés -Losada había perdido la noción de encontrarse junto a Krzysztof y el autor del libro que había dado sentido al último tramo de su existencia.
- ¿A quién?
- Ahora no importa, porque no está aquí. Ahora tú estás aquí, y eso es bueno -respondió un Losada repentinamente melancólico, con un reflejo de alegría presente en sus ojos cristalinos que tamizaba como una tela de araña un trasfondo de tristeza profunda, enquistada como el percebe a la roca, incapaz de apartarse ante el embate de la ola fecundadora.
- Ya sé. A tu hijo...

Nicolás quiso interrumpir la conversación entre su hija y el extraño, sobre todo ahora que recordaba la muerte de su hijo a un esquizofrénico con cáncer terminal durmiendo en la calle mientras juega al ajedrez colocado de opiáceos y, quizá, de caballo. Losada, no obstante, levantó su mano izquierda sin agresividad, confirmando con un respetuoso ademán que el dolor era soportable y la niña se merecía una respuesta.

- Sí. Era... Es mi hijo. Mi hijo tiene tu sonrisa. A lo mejor, tu hermana Ximena también la tiene, pero ahora está un poco más seria -Ximena se acercó a su padre, que sabía que la niña había percibido el nauseabundo y frío dolor que manaba del cuerpo de aquel hombre risueño.

- ¿Dónde está ahora? Le puedes preguntar si quiere jugar con nosotras cuando salgamos de la clase de canto coral.

- No hará falta, pero... ¿Sabes qué, Inés? Me has caído bien, así que le diré a mi hijo que venga a jugar con vosotras. Ah, finalmente... -Losada respondió a la sonrisa de Ximena, que borraba su rostro serio, con una sonrisa igual de profunda y bienintencionada.

Y, como espantando los fantasmas del pasado, Losada puso las manos en las rodillas y se incorporó. Nicolás observó ante él un físico igual de demacrado, pero mucho más relajado, seguramente por los efectos de la medicación que Losada habría aprendido a administrar y mezclar con otras sustancias. Y poniendo cuidadosamente las manos sobre la cabeza de Inés y Ximena:

- Ahora, si me disculpáis un minuto antes de iros, voy a hablar con vuestro padre -las niñas, sintiéndose excusadas, se dispusieron a hacer de equilibristas caminando por la cornisa lateral del escaparate a lo largo de la calle de Francesc Pujols, imitando las siluetas deportivas.

- Y bien.

- Me sorprende que todavía no me hayas preguntado cómo les fue.

- ¿Cómo les fue a quiénes?

- A los protas de tu libro.

- El libro se acaba donde se acaba. El resto son conjeturas. Cualquiera puede conectarse a Wikipedia y comprobar escuetamente la biografía de los personajes célebres que sí existieron y aparecen en el contexto de la novela y en infinidad de documentación histórica: el barón de Maldà, la Perricholi, Samuel Johnson, James Boswell, Adam

Smith, Benjamin Franklin, Thomas Jefferson, Junípero Serra, Gaspar de Portolá...

- No hace falta que sigas. He leído el libro y conozco los personajes -respondió Losada con cierta brusquedad.

- Lo has leído hasta el punto de la obsesión. Has perseguido a su autor hasta su casa, tratando de convencerle de que una novela que no ha leído nadie es en realidad una joya literaria que, además, narra una historia real y no una fabulación -Losada le miraba atentamente, sin rencor, lo que le ayudó a moderar su discurso y buscar una perspectiva desde la empatía que debía sentir ante un ser moribundo que tanto padecía física y mentalmente-. Quería aclarar algunas cosas contigo en el hospital... Fuimos a verte: me refiero a toda la familia, Kirsten y los niños. Hablamos con el doctor Urgell, ya sabes, el que había formalizado el ingreso. No podían creer lo ocurrido y me suplicaron que, si daba contigo, por favor te convenciera para volver al tratamiento. El doctor fue más expeditivo de lo que por prudencia suelen serlo: me comentó que tanto le daba si volvías a Montecelo o te quedabas en Barcelona. La cuestión es que, a estas alturas, necesitas estar en el hospital.

- Sé que me queda algo de tiempo. También sé cómo encontrarte.

- Y, por lo que hemos visto, también sabes enviar paquetes.

- Así que lo recibiste -Losada sonrió, dejando claro que la respuesta era retórica: por supuesto que habían recibido el paquete.

- Me reconforta que no niegues el envío de esas imitaciones encargadas a imagen y semejanza de mis descripciones... Ni yo mismo las habría imaginado tan bellas. El libro de Séneca me ha impresionado bastante; donde sea que lo encargaras, es una obra de arte. Eso sí, el lujo de la edición es paradójico, teniendo en cuenta que es el escueto libro de un estoico, sin alambiques lingüísticos ni retóricos. Al principio, se publicaría en humildes rollos de pergamino.

- Cúlpate a ti mismo y culpa a la historia, porque ambos coincidís: hablas de una edición de *De vita beata* que existió... existe -se corrigió a sí mismo- y fue custodiada por distintas personas. La que yo te envié permanecía todavía en el interior de la losa de la capilla de San Simón que describes en la novela. No he podido confirmar lo ocurrido con la copia que Samuel Johnson encontró en la librería de su padre en Lichfield, como tampoco estoy seguro de lo ocurrido con la copia que custodiaba Joaquín de Eleta, el confesor franciscano de Carlos III. Hay una entrada en la Biblioteca Nacional del Paseo de Recoletos, pero todo el mundo sabe el cachondeo que ha habido siempre en el fondo y la mutilación de libros y mapas medievales, además del robo de obras enteras. Un mero apunte bibliográfico sin microfilm, ya que se le perdió el rastro con la reordenación de los fondos a finales del siglo XIX, coincidiendo con la pérdida de las últimas colonias.

Inés y Ximena se habían sentado. Inés dibujaba algo en la libreta que siempre llevaba consigo en uno de los bolsillos con cremallera de la chaqueta polar REI de color azul cielo, que había pertenecido a su prima Claire, hija de la hermana de Kirsten residente en Seattle. En el otro bolsillo solía llevar al menos un lápiz, rotulador o bolígrafo, en función de la prisa con que hubiera salido de casa. Nicolás miró su reloj:

- Voy a dejar a las niñas en la coral y me paso en diez minutos. ¿Seguirás aquí?
- De aquí no me muevo.
- Hecho, pues -confirmó Nicolás, decidido a volver para aclarar de una vez por todas qué se ocultaba detrás de toda aquella maquinación con tintes delirantes.

Inés supo que se marchaban cuando su padre daba la mano al "hombre triste", como Ximena le había bautizado. Observándole a lo lejos, Inés le había dibujado junto a alguien. Corrió para regalarle el dibujo.

- ¿Y esto? -preguntó Losada.
- Es un dibujo para ti -respondió Inés.
- ¡Es un dibujo para ti! -secundó Ximena.
- ¡Gracias! Veamos qué maravill... -la incipiente barba blanca no ocultó una mueca de emoción, que Losada aplacó con rapidez para no suscitar preocupación entre las niñas.
- ¿No te gusta? -Inés, siempre comedida y prudente, había regalado un dibujo a las primeras de cambio y se mostraba preocupada por la

reacción del venturoso que sostenía su dibujo en bolígrafo sobre una hoja cuadriculada arrancada de un cuaderno con propaganda comercial en su esquina inferior derecha.

- Al contrario: es el mejor regalo que me han hecho nunca. Veo que has dibujado a tu padre contigo, ¿o es con tu hermano?

- Eres tú... -Inés había recordado la conversación mantenida por sus padres en el metro días atrás, de vuelta desde el hospital; en silencio y haciéndose la distraída para evitar que sus padres edulcoraran lo ocurrido, le había conmovido la historia del señor enfermo que asiste a la muerte de su hijo, luego se vuelve loco y después se pone muy enfermo.

- Me gusta mucho el dibujo. ¡Me lo quedo! -Y empezó a doblarlo con cuidado, mientras sonreía melancólicamente al padre de las niñas.

Losada pensó en la edad que ahora tendría Elías. Habían pasado muchos años y el niño, que recordaba como Ximena, sería ahora un hombre. Si hubiera tenido, claro, la oportunidad de existir. Sus lecturas filosóficas, empezando por los estoicos, le habían convencido de que el presente esquivo, con el peso de los recuerdos y la incertidumbre del porvenir, era la existencia. Su derrotismo existencial había chocado contra el pensamiento estoico, pero su tormento físico y mental le habían permitido observar con mayor claridad la belleza de una filosofía de vida que sólo prometía la plenitud que partía del cultivo interno y las acciones coherentes con los propios principios.

- Bueno, creo que debéis ir a la coral con vuestro padre. Encantado de conoceros.

- ¡Adiós! -Y Ximena empezó a correr hacia la calle del Duc de la Victòria, mientras Inés arrancó a andar, cabizbaja.

- No me has preguntado quién es el niño -espetó Inés.

- Pensé que eras tú...

- Es tu hijo. Y yo sé que le gustará.

- Gracias, yo también lo sé -Losada, emocionado, se despidió de la niña con una voz desahogada, propia de la complicidad entre allegados que comparten una memoria dolorosa. Nunca había que subestimar la estatura de la conciencia de un niño, pensó.

Eran las once y cuarto pasadas cuando llegaron a la vieja puerta de la coral en la sombría y serpenteante calle de la Palla, flanqueada por tiendas de anticuarios, galerías de arte y una vieja librería con memoria retrospectiva: allí se podía bucear entre textos y serigrafías de la época narrada en *Triskelion*, así como de todo el XIX y el XX, sin más criterio que el que quisiera encontrar el visitante. Justo en frente, la coral ocupaba una parte del ala de poniente del viejo edificio cuyo extremo orientado hacia el naciente, con fachada barroca a la plaza de Sant Felip Neri, albergaba la escuela concertada a la que habían acudido Inés y Ximena hasta cambiarse de barrio. Las paredes interiores del viejo edificio, en realidad una laberíntica composición de varias casas medievales entre el gótico tardío y el barroco, conservaban en su base la piedra de la antigua muralla romana, visible en la pequeña Plaza Frederic Marès, justo al lado, una indentación siempre cerrada al público con una alta verja metálica coronada por un contemporáneo parasol. Al fondo de la pequeña plaza dura, eran visibles las torres y la muralla, romanas en su base y desordenadas superposiciones góticas y barrocas: sólo el Mediterráneo agolpaba el arte con semejante profusión. Tres tilos jóvenes y esbeltos buscaban el sol desde una hilera central que aportaba una amabilidad sobria a ese oscuro rincón del Gótico, a apenas unos pasos del río de turistas que desbordaban la plaza Nueva, en el extremo de poniente de la plaza de la catedral. Los guiris desfilaban sin cesar desde el Portal de l'Àngel hasta la rampa de la calle del Bisbe, que conectaba la plaza Cataluña con la plaza de Sant Jaume ofreciendo pequeñas arterias medievales por explorar, entre ellas el delicioso rincón de la propia plaza de Sant Felip Neri, con tan malos recuerdos para represaliados de distintas épocas, que contrastaban con los buenos recuerdos para su familia. Las mismas piedras, distintas personas y situaciones. Su década viviendo en Barcelona se podía reducir a la esencia de un epicentro físico y a la vez imaginario: en un radio de menos de cien metros se concentraban la buhardilla de la calle Boters, la coral, la escuela Sant Felip Neri y, como un punto a parte que observa los otros tres en perspectiva tangencial, el emplazamiento de su primera cita con Kirsten: las escalinatas de la catedral de Barcelona. En la calle Boters

-continuación de la comercial Porta Ferrissa hasta la plaza Nova- y a la misma longitud que la coral y la escuela, se encontraba su primer lugar de residencia en Barcelona y auténtico refugio después de su emancipación, cuando habían quedado atrás su antigua novia, Sant Feliu, sus amigos de la infancia y la primera juventud. Desde la azotea del patio de luces de Boters se observaba, un poco más allá, el tejado de la coral, tras el espacio ocupado por la estrecha calle de la Palla. A vista de pájaro, bastaban unos pasos para trazar un radio perpendicular a Boters y la Palla; ¿una cruz arzobispal o de Caravaca, o acaso las racionales anotaciones geométricas de una muy socrática dimensión espacio-tiempo? El radio incluía su primer apartamento, la coral y la escuela. En apenas unos pasos en línea recta, se concentraban tres momentos cotidianos de tres épocas distintas de su vida, la misma tríada ancestral que daba nombre y sentido a su primer libro: el tríscele, símbolo del pasado, el presente y el porvenir; la propia transitoriedad de la existencia, con su sentido urdido entre los pequeños momentos que conformaban el Ahora, siempre esquivos como el aire, el agua o el propio pensamiento. El futuro quedaba en la misma línea recta, pero mucho más al norte de la ciudad, en el nuevo epicentro descrito en torno al apartamento de República Argentina. Los tres espacios eran, además, observables desde las escaleras de la catedral, donde había empezado su nueva existencia compartida. Poco más allá, cuando la plaza Nova se convertía en Pla de la Seu, había quedado por primera vez con Kirsten junto a las escalinatas que conducían a la catedral, ahora remodelada. La explanada contigua de la plaza de la catedral había albergado una maraña de peligrosas e infectas callejuelas en la época del joven Mansió Vilalta, el coprotagonista catalán de *Triskelion*, cuya vida cambia una noche de 1771 a las puertas de la Taberna del Bou, en la calle del hostal del Bou de la Plaça Nova que había existido en el emplazamiento de la primera cita con Kirsten. Allí, Mansió había matado a un desconocido en defensa propia, tras ser atacado por la espalda. Ahora, la plaza Nova era un corazón con ventrículos alimentados por el gentío procedente de las arterias Arcs -continuación del Portal de l'Àngel-, Boters, Palla y Bisbe, coronado por el dibujo minimalista del friso del funcional edificio del colegio de Arquitectos de la ciudad, obra de Picasso.

Para evitar el jolgorio de una plaza de la catedral con las típicas paradas navideñas de la feria de Santa Llúcia, descendió por la Palla hasta la plaza del Pi, otro escenario de su libro, debido a la estrecha relación entre el señorito ilustrado don Rafael de Amat y de Cortada, barón de Maldà, y el barrio del Pi: este sobrino del virrey del Perú tenía su palacio en la Casa Cortada, conocida con posteriodidad como la casa Maldà, el mismo caserón entre el Pi y el Petritxol que albergaba las desmerecidas galerías Maldà, fundadas después de que los herederos de la abuela del desaparecido escritor y bon vivant profesional José Luis de Vilallonga, lo malvendieran para seguir viviendo de las rentas. Rafael de Amat jugaba un papel secundario pero fundamental en *Triskelion*, así como la Casa Cortada, escenario en que Mansió Vilalta, alias el Pastoret, aprendiz del maestro azulejero Ramon Milà, coloca unos azulejos firmados con los mismos signos enigmáticos que aparecían en distintas localizaciones a lo largo de la novela, entre ellas la portada de los códices idénticos de *De vita beata* de Séneca. Mansió y sus futuros compañeros de aventuras en el viaje a Nueva España, el extremeño Martín Capelo y el gallego Domingo Antonio Boullosa, averiguarán al final de la aventura el porqué de aquellos signos en apariencia inconexos, una historia que reflejaba la búsqueda del sentido de la vida a través de la recuperación de la filosofía clásica durante la Ilustración, evitando la fórmula novelesca ambientada en épocas y escenarios similares, como esas historias -tan populares entre usuarios frecuentes de líneas aéreas; por alguna razón, este tipo de historias siempre estaban sobrerrepresentadas en las librerías de los aeropuertos- que combinaban acción con un chorrito de francmasonería.

Ya en la plaza de Sant Josep Oriol, frente a la iglesia del Pi, tomó la primera calle a la derecha, después de pararse un instante ante el cartel que anunciaba el cierre de la juguetería Monforte. Había oído la historia: el negocio, que pertenecía a la bisnieta del fundador, ya anciana, no podía afrontar el nuevo alquiler, que pasaba de renta antigua a los precios prohibitivos actuales del centro de Barcelona; se rumoreaba que eran 6.000 euros mensuales. Había abierto en 1840 y cerraba cinco generaciones y 173 años después; los habitantes de la

Casa Cortada y varios personajes del libro, ya ancianos, habrían reparado en la misma tienda ante él. Giró por la calle del Pi y divisó la Casa Cortada, todavía imponente. Habían remodelado las galerías Maldà. La fachada de la casa seguía distinguible, pero era difícil hacerse una idea del palacete en la época del ilustrado Rafael d'Amat, autor del celebrado dietario *Calaix de sastre* y a quien había hecho amigo de paseo y tertulia del maestro azulejero Milà. Tenía memorias del edificio, detalladas y entrañables, aunque fueran prestadas: durante sus primeros meses de estancia en la buhardilla de Boters, había leído los dos tomos de la autobiografía de José Luis de Vilallonga, en donde el escritor repasaba sus memorias en el lugar; el relato de Vilallonga era apresurado, quizá elaborado al dictado por necesidad económica, pero la lectura se hacía amena y, sobre todo, cualquier joven podía divertirse con las andanzas del gentilhombre que acabaría siendo amigo del exilio español en Francia, de los políticos franceses más ilustres y, con la vuelta de la democracia, también de la nueva clase política española; el autor rememoraba sobre todo sus veladas con Felipe González. La lectura de las memorias del marqués de Vilallonga le había reconectado con Sant Feliu justo cuando abandonaba la ciudad dormitorio. Su ilustre antepasado el virrey Amat, tío de Rafael de Amat y amigo personal de Carlos III, se había encaprichado en el Perú de la mestiza Perricholi, hasta el punto de regalarle una suntuosa carroza que ahora descansaba en la cochera del Palacio Falguera de Sant Feliu, la casa paterna de José Luis de Vilallonga. En las memorias aparecían menciones del palacio y de la gente de Sant Feliu, incluyendo a su barbudo alcalde del PSUC Francesc Baltasar, el mismo alcalde que saludaría a Nicolás por la calle años después, cuando ya estudiaba periodismo en la UAB, como deferencia a uno de los "bachilleres" prometedores del pueblo. Tras ganar las primeras elecciones municipales democráticas, Baltasar había pedido personalmente a la madre de José Luis de Vilallonga, entonces marquesa de Castellbell, que abriera las puertas del jardín del palacio a los vecinos. La marquesa le prometió que escucharía al alcalde si se afeitaba; el alcalde acudió afeitado a la nueva cita y la marquesa accedió a abrir los jardines del palacio Falguera a los vecinos del barrio con el mismo nombre, que había crecido con la inmigración de los años 70 procedente desde otros puntos de España.

Paró un instante junto al callejón verjado con uno de sus nombres preferidos del callejero del Gótico: la callejuela d'En Perot lo Lladre, lateral de la misma Casa Cortada. Miró el correo electrónico en el teléfono, en ocasiones un reflejo para espantar cualquier deriva de la conciencia. Correo de Kirsten. "Extraño", pensó. El asunto apuntaba un escueto, "llámame". Kirsten nunca quería que la llamaran. De hecho, carecía de teléfono móvil y salía a la calle con una tableta electrónica con conexión a Internet, desde la que podía consultar el correo y gestionar su siempre animado canal de YouTube: sus más de 600 vídeos producían a diario decenas -a menudo más de un centenar- de comentarios por día; se ocupaba de editar sólo los que contenían comentarios vejatorios, racistas, sexistas o que contuvieran violencia explícita contra ellos o los protagonistas del vídeo. Abrió el correo. No se podía creer la línea que leyó. Volvió a leerla. En efecto, no había error posible en la lectura:

"Ha llamado Irene, la mamá egiptóloga. Un compañero medievalista experto en códices y encuadernación medieval asegura que el libro tiene como mínimo mil años de antigüedad...".

Su encuentro con Losada, que le esperaba, tomaba un cariz por el que nunca habría apostado. Apresuró su paso para a continuación pararse en seco, como un animal aturdido por el pánico antes de ser atacado, en la confluencia entre la calle del Pi y la siempre abarrotada Portaferrissa. Su conciencia no había desarrollado ninguna estrategia para afrontar la constatación empírica de una hipótesis que ni siquiera había considerado plausible. Su corazón latía con rapidez. La topografía de la ciudad, el tiempo y los recuerdos tomaban una viscosidad líquida, flexible, influenciable por su estado perceptivo y fuerza de voluntad. Le invadían las dudas con la fuerza de un ejército invasor en estado eufórico y la calidez embriagadora de una conversación intelectualmente estimulante durante una sobremesa regada con buen vino de sabor terroso. Como los relojes derretidos de Dalí, *Triskelion* era ahora una novela en plena transformación en su conciencia. Observaba el desarrollo de sus recovecos narrativos, avanzando como maraña de micelios de hongos que se extendían por el subsuelo en relación simbiótica con los árboles y conformaban micorriza, diseños del azar programado que competían en belleza con los dibujos de células nerviosas y neuronas de Santiago Ramón y Cajal: se trataba de la misma fuerza de la vida en ebullición convirtiendo moléculas inertes, proteínas simples y estímulos inanimados en vida, conciencia, idea, aliento creativo, posibilidad. *Triskelion* adquiría de pronto parte de la belleza de *De rerum natura* y él tomaba prestada la conciencia epicúrea de Lucrecio, como había hecho Montaigne al anotar azarosamente cada página de su ejemplar del poema que daba cuenta de las ideas atomistas sobre el universo y la existencia con una elegancia y belleza sin parangón. Y sí, era posible que su diseño narrativo describiera también una fractal tan plausible y viva como las hifas de micelios y las dendritas neuronales. Quizá los caminos escogidos para cada personaje y los acontecimientos sugeridos hubieran existido en la realidad flexible en la que cabían relojes derretidos y personajes de una dimensión con licencia para navegar entre la realidad y la ficción de un limbo alucinógeno, un bestiario con banquetes donde los personajes de Lewis Carroll compartían experiencias con Don Quijote y Carlos Castaneda. Donde quizá sonara de fondo *Vengo de todas las cosas*, la milonga con acento argentino de Facundo Cabral.

Llamó a Kirsten al teléfono de casa, sin éxito. Sentía la energía de un infante a primera hora de la mañana de un sábado de verano. Eran las 11.30; quedaban cuarenta y cinco minutos para recoger a Inés y Ximena. Se acercó a la plaza Vila de Madrid.

- Hola, Pedro.
- Hola, Nicolás. Te estaba esperando. ¿Nos podemos tutear al fin? -Sugirió Pedro Losada con una sonrisa entre los labios.
- Por supuesto. Tengo la sensación de haber entrado en un universo paralelo desde que te conocí -Nicolás se metió la mano en los bolsillos de la chaqueta negra polar Patagonia, que había adquirido en Portland durante el viaje familiar en autocaravana del verano anterior, con la voluntad empática inconsciente de quien pretende sincronizarse con el campo magnético terrestre y el interlocutor ante

él-. ¿Sabes?, al principio temí que fueras una creación de mi conciencia... Trabajo duro y no veo a mucha gente a diario, a excepción de Kirsten, a los niños y de vez en cuando a mis padres y hermanos. Poco más. Así que especulé con la posibilidad de una... alucinación.

- ¿Algo así como esquizofrenia?

- Algo así.

- Estás ante un esquizofrénico paranoide -sentenció Losada-. Vamos, que estoy loco de remate, además de tener cáncer hasta en el tuétano de los huesos, y eso es literal -Losada tuvo la osadía de bromear con una mueca, seguida del tránsito de su índice derecho por su pálido y barbado pescuezo, cuya prominente nuez escondía el epicentro del cáncer que padecía.

- Lo averigüé -reconoció Nicolás.

- ¿Qué más averiguaste?

- Leí un artículo sobre ti en *El Faro de Vigo* y hablé con el periodista que lo escribió. Ahora trabaja en Madrid. Todavía se acordaba de ti con nitidez.

- Un rapaz majo. Mantuvimos una buena charla allí, sentados en un banco de la isla de San Simón, bajo el porche de la capillita... El chaval se empeñaba en darme la paliza con los indignados, el 15M y no sé qué más cosas. No le entraba en la cabeza que mi búsqueda, mi miseria, tenía principio y fin en mí mismo, en mi interior. Aquello no era un reality show como la película esa en la que un magnate de la tele crea un decorado con un pueblo y su contexto y mete dentro a una persona que desconoce que su universo es sólo un decorado. Una versión macabra de la alegoría de la caverna de Platón.

- ¿*El show de Truman*?

- Sí, creo que así se llama. Al final, el chico se aleja en barca del pueblo y choca con los límites del decorado. Lo que para él había sido horizonte hasta aquel momento, se convierte en el límite postizo de una realidad determinista que él no había planeado. Al menos, la fuerza de voluntad le lleva a descubrir el ajo, que ya es mucho...

- El periodista te relacionó con los indignados igualmente, o al menos mencionó la expresión en el titular y el texto.

- En efecto. Pero no le culpo. Es el mundo en que vivimos. Hemos perdido la conexión con nosotros mismos, ya nadie se evalúa a sí mismo a diario, a la manera que enseñaban los filósofos clásicos a sus discípulos: sin excusas, sin responsabilizar a la Providencia de lo bueno y lo malo, sin supeditar al individuo al tutelaje de una fuerza exterior a él mismo. Muerto Aristóteles, nadie estuvo a su altura para ampliar y mejorar las cuestiones existenciales más profundas... Tres siglos después de su muerte, cuando los estoicos habían salvado al menos la filosofía de vida que Aristóteles recomendaba para ser feliz a la larga, un tal Andrónico de Rodas, estoico estudioso del maestro de la lógica, no sabía qué puñetas hacer con los catorce libros de la *Filosofía primera* cuando preparaba su edición aristotélica, así que los situó después de la física. Y allí se quedaron, en la metafísica... No hemos evolucionado tanto desde Aristóteles, mi querido Nicolás, más bien involucionado en varios momentos. Yo creo que ahora hemos entrado en una involución similar a la del Imperio Romano en decadencia, la época posterior a Marco Aurelio: el hedonismo, lo material y superficial nos dejan groguis... Sólo salimos de esta búsqueda constante del siguiente premio para saciar nuestra insatisfacción crónica cuando nos ocurre algo traumático: nos arruinamos, padecemos una enfermedad devastadora, alguien muere a nuestro alrededor, perdemos la salud mental... o un poco de todo esto -sentenció al final, mientras se señalaba a sí mismo con el mismo índice que usado para emular la guadaña en el pescuezo.

- ¿Qué tiene que ver Aristóteles con los indignados?

- Nada de nada... y todo. Hubo una época en Roma, cuando la devoción por los dioses que partía de la costumbre y el respeto por el pasado se convirtió en rito no religioso y el sustituto populista de las religiones abrahámicas todavía no había calado entre el pueblo llano, en que un número notable de ciudadanos supieron cultivar su corta existencia aprendiendo, leyendo, escribiendo, contribuyendo al bien común, practicando un ocio productivo y enriquecedor, sin supeditar sus logros a la Providencia. Fue la época del "otium ruris", el "otium cum dignitate", el "beatus ille". Un ocio rural con sentido y propósito, un ocio con dignidad. Dichoso aquél que sabe aprovechar el tiempo.

- Empezamos a entendernos... -respondió Boullosa, sorprendido por el cariz de la conversación y la erudición de su interlocutor.

Losada estaba ahora solo. Krzysztof se había escabullido entre las sombras de la ciudad histórica, que se preparaba, tristona y gris como no lo había estado nunca en la era post-olímpica, para unas Navidades plagadas de incertidumbre política: el gobierno catalán aceleraba para que la mayoría del Parlamento autonómico catalán aprobara la fecha y las preguntas sobre un referéndum de autodeterminación: para muchos comerciantes del populismo y la opinión pública, era ahora o nunca. La crisis y el descrédito de las instituciones, la opinión pública, las supuestas afrentas históricas y continuadas de España a Cataluña debían saldarse, según ellos, en caliente y cuanto antes. Ello situaba la pregunta en 2014, justo 300 años después del asedio borbónico a Barcelona. Desde el gobierno español se negaba cualquier conflicto, pero el ruido estaba servido, tanto dentro como fuera de España; en Cataluña, la consulta sobre el supuesto y etéreo "derecho a decidir" (¿decidir el qué, cuándo, según quién, por qué y para qué?) se había convertido en monotema. "El tema" engullía al resto de preocupaciones y quien no tomaba partido en la centrifugación era un individuo que se moría de frío a la intemperie, lejos de gregarismos en tiempos de cierre de filas. Quien no elegía bando y denunciaba la polarización era sospechoso de algo. Los que no habían elegido ni tomado parte en luchas colectivas en que no creían, como el propio Nicolás Boullosa, trataban de perfeccionar estrategias cotidianas como la del avestruz, pero llegaba un momento en que sólo el retiro voluntario, aunque fuera en plena ciudad, salvaba la propia conciencia de expresiones populistas como "choque de trenes", "expolio", "unionistas contra soberanistas", "españolistas", "franquistas", "falangistas y falangistillas", "proceso"... El propio Boullosa había compartido el día anterior una última reflexión en su muro de Facebook, quizá tan impopular como George W. Bush el día del inicio de la Segunda Guerra de Irak. Su reflexión decía lo siguiente: "Universo unidimensional, y 2 -la primera entrega del comentario se había referido a 'El proceso' de Kafka y el gag de los hermanos Marx de "la parte contratante", con enlace a un fragmento en YouTube-: si no has leído *Victus*, no tienes cuenta corriente en la caja-grande, no eres del 'equipo' de fútbol (¿hay más?), no tienes una bandera plantada en el balcón, no tienes unas zapatillas deportivas ('bambas', vamos) con una bandera, y no lees/ves los medios que todo el mundo sabe, dicen que te quedas ciego. ¿Será verdad? Yo soy zurdo, así que me da igual. También dicen que hay universos paralelos, y que por aquellos páramos de Carl Sagan corren las mismas habladurías sobre la ceguera". Su última actualización en Facebook era apenas un ejercicio higiénico y una declaración de principios contra el principio de la mayoría y el empuje del gregarismo. El decimoprimer y último principio de propaganda de Joseph Goebbels era el de la unanimidad: convencer a mucha gente de que piensa "como todo el mundo", creando una falsa impresión de unanimidad.

- ¿Te apetece tomar un café?

- Comprobé cuando ibas con tus hijas que llevabas el termo metálico. Me recordaste a los chavales de Estados Unidos y el norte de Europa que acababan el Camino y pululaban unos días por las calles de Santiago, en ocasiones durmiendo al raso. Me hice amigo de uno de ellos, un tal Peter -mientras charlaba, Losada se sentó en el banco individual a cuyos pies había depositado la mochila, invitando a Nicolás a tomar el otro asiento con un educado ademán-. Menudo chalado. Se había criado en una familia numerosa irlandesa, en una de esas casas con cocina y sala de estar en una planta, y un único dormitorio para toda la familia en la parte superior. Su padre les había pegado cuando iba cocido, o sea, casi siempre, y al final la educación estricta de un reprimido con tendencia a la botella logró lo contrario que se proponía. Así que el viejo borracho tenía apenas un par de nietos, además de un montón de hijos resentidos con una aversión clínica al riesgo y la familia. Era de Florida, de un suburbio cercano a San Agustín, ya sabes, la ciudad fundada por los españoles; él me dijo que era la ciudad europea más antigua de los actuales Estados Unidos o algo así. En fin, su español era bueno, con un fuerte acento caribeño, "tú sabe', chico".

- ¿Y?

- No tiene importancia, discúlpame. El tal Peter llevaba consigo una botella de metal como la que te vi esta mañana.

- ¿Te refieres a esta? -Nicolás sacó el termo del café de la mochila y aprovechó para engullir el último trago.

- Eso es.

- No vas desencaminado; es una de las costumbres que he

importado de nuestra vida cotidiana cuando estamos algún tiempo en el país de Kirsten -el autor de *Triskelion* mostró su impaciencia sacándose el móvil del bolsillo y mirando la hora-. Bueno, creo que estoy listo para que me expliques qué fue de los protagonistas de *Triskelion.*

- Como sabes (al fin y al cabo eres el autor de la historia, aunque yo diría algo así como su "voz vehicular"), los tres protagonistas vuelven a la metrópolis para cumplir con la última e inesperada parte de su misión: el soldado de estaño que Mingo hereda de su (y tu) antepasado Pedro da Boullosa resulta ser una llave, una vez derretido el dúctil metal de su superficie. Esta llave resulta abrir el cofre donde se conserva el *Códice Calixtino* de la catedral de Santiago, custodio también de un libro perdido del personaje enterrado en realidad en el lugar, el hereje gnóstico, estoico y panteísta Prisciliano. A ellos les cuesta Dios y ayuda, si un ateo como yo puede usar una expresión tan sacra, llegar hasta el cofre y hacerse con el códice perdido de Prisciliano, aunque sabemos desde hace un par de años que la curia ha dejado de ser tan celosa como antaño con sus reliquias, pues el electricista aquel que salió en los periódicos en el verano de 2011 pudo mangonear el *Códice Calixtino* y guardarlo en casa durante meses, y hasta estuvo a punto de venderlo en el mercado negro; en fin... eso esto es al menos lo que nos ha llegado; yo tengo mis propias teorías que relacionarían el hurto con tu historia, pero a quién importan las maquinaciones de un esquizofrénico. Volviendo a la historia, allí tienes a nuestros tres aventureros, entrando en la catedral por el Portal de la Gloria del maestro Mateo y buscando, más que la voz de la Providencia, su propia voz interior a través de la obra del primer hereje ajusticiado por la Iglesia romana, Prisciliano de Ávila. Recuperan el texto y se dirigen a Barcelona a compartirlo con el maestro azulejero Milà, que a su vez lo comparte con Benjamin Franklin y Thomas Jefferson, adelantándose a quienes, una vez sabida su existencia, querían destruirlo, entre ellos los amigos del tory inglés Samuel Johnson. Las ideas de Prisciliano, basadas en la concepción sobre el sentido de la existencia Séneca, inspirarían la Declaración de Independencia de Estados Unidos. La mano privilegiada de Thomas Jefferson, autor del borrador, y de Benjamin Franklin, uno de sus correctores, es apenas la mano dirigida por una línea sucesoria de custodios del aristotelismo...

- ¿Y los tres personajes? Porque si lo que expones es poco plausible, al menos tiene posibilidades de sostenerse como versión apócrifa y fantasiosa de la historia. Al fin y al cabo, se han escrito centenares de libros con teorías sobre la muerte de JFK, algunas de las cuales sostienen que la orden fue dada (o ejecutada, o ambas cosas) por extraterrestres.

- A eso voy, a nuestros tres amigos. Martín Capelo, el caballero extremeño, se casó en Granadilla con la muchacha de Cambroncino y vivió en Plasencia durante años, hasta de la Corona le llamó para fundar una hacienda en... adivina dónde.

- No sé...

- Junto a la misión de San José, en una demarcación conocida como Los Altos...

- ¡El pueblo de Silicon Valley donde se crió Kirsten!

- En efecto -sentenció Losada, animado con la chispa de quienes tienen cosas que hacer en una existencia no determinista.

- ¿Qué hay de Domingo Antonio Boullosa?

- A diferencia de sus compatriotas, que abandonarían el campo gallego en tromba durante el siglo XIX y el XX, Mingo permaneció en Galicia, se instaló en Vigo y se convirtió en patrón mercante. Sus descendientes acabarían fundando varias ramas de la familia, entre ellas algunas menos fructíferas e ilustres, como la tuya propia, que no salió del terruño de Anceu hasta finales del XIX.

- Esos somos nosotros -bromeó Nicolás.

- ...Y nos queda finalmente el bueno de Mansió Vilalta -anunció Losada-. He tenido menos fortuna con mi investigación sobre Vilalta, pero sé que puedo contar con tu ayuda.

- Y la tienes -respondió Nicolás con una condescendencia algo impostada-, pero lo que creo que te ha ocurrido, si no has encontrado información al respecto, es que el tal Mansió Vilalta es un personaje de ficción que yo inventé y coloqué en una localización que conozco debido a mis lazos familiares con la casa del Pirineo catalán donde lo pongo a nacer, así, como un demiurgo: el caserío de Cal Ros, en Castellar de N'Hug, el pueblecito donde nace el Llobregat.

- No tan rápido cantando victoria, don Nicolás -Losada agarró la mochila y, con esfuerzo y cierto agotamiento, visible en un rostro que había adquirido el color de la cera, extrajo un estuche de cuero con doble cremallera, uno de cuyos compartimentos contenía un documento fotocopiado-. Aquí está la copia de las partidas de nacimiento y defunción de "Mansión" Vilalta, con fuego en Cal Ros, Castellar de N'Hug. No hay nada que se escapara a la Iglesia Católica.

Losada ocultó su satisfacción, buscando complicidad con el autor del libro; al fin y al cabo, sería él quien continuara la pesquisa, ya que se aproximaba el momento de ingresar en el hospital para morir narcotizado. ¿O era morir en paz? En cualquier caso, no emularía a los elefantes caminando hacia el camposanto de sus antepasados y prefería morir junto al creador de la obra que le había devuelto la cordura y añadido un propósito a su vida. La alternativa era molestar a una familia con la que ahora compartía apenas un puñado de deshilachadas tiras de ADN.

- Entiendo... -respondió Nicolás, con un hilo de voz que se desvaneció como el vaho de un cristal.

- Ahora, vayámonos de aquí antes de que vuelva Krzysztof. Nunca me ha gustado despedirme y no voy a cambiar de opinión a última hora. Ha tenido una vida dura y puedes ver las heridas supurantes del dolor acumulado. No hay nada más triste que conocer a alguien que ha sido maltratado con crueldad de pequeño y no ha sido capaz de salir del atolladero mental que otros han creado en él. También es esquizofrénico...

- ¿Te preocupa la enfermedad?

- ¿Te refieres a si me preocupa tener un brote de esquizofrenia justo ahora, antes de morir? -Losada se cerró la cremallera de la chaqueta polar, que en lugar de rejuvenecerle le convertía en un viejo cedro con impecable superficie, pero horadado por la carcoma-. No me preocupa. Aprendí a vivir con mis vivos y mis muertos... La esquizofrenia es algo así como el mal proceso de las percepciones y miedos de cada persona. En Santiago, en la época en que estaba suficientemente cuerdo y aseado gracias a la ayuda de un amigo el profesor, me pasaba las tardes leyendo y tomando apuntes en la biblioteca. Filosofía, antropología, neurociencia, teología, medicina, francmasonería, criptojudaísmo... De vez en cuando reposaba la cabeza con algún artículo de revista divulgativa. Leí uno en que comparaban la mente humana con un ordenador: el cerebro tiene una memoria de trabajo que procesa todo lo que percibimos, desechando la mayoría de asociaciones y subjetividades apreciadas en la interacción entre lo real y lo que pensamos. Así evitamos padecer saturación, alucinaciones o enfermedades como la esquizofrenia, que combinaría los dos fenómenos: demasiada información mal procesada que conduce a alucinaciones. O algo así... La cuestión es que la esquizofrenia hizo mi mundo más rico y mi soledad más llevadera, al menos en la mayoría de las ocasiones. He pensado mucho en la muerte, el sentido de la vida y todos los topicazos que recorren Shakespeare y Calderón y... ¿sabes qué? creo que nada supera la aceptación del fatalismo existencial de los estoicos... -se fijó en el rostro de su interlocutor, como si en función de lo percibido fuera a seguir o interrumpir la alocución-. Los estoicos romanos elaboraron un poco más el pensamiento tosco de los estoicos griegos, que surgieron a la sombra de Aristóteles y todo les quedaba un poco grande. Los estoicos romanos decían: el universo va en una dirección determinada y el individuo afrontará fatalidades, pero su bienestar dependerá de la manera en que éste asuma lo ocurrido. También me interesa su percepción de la existencia. Lo que ha pasado, ya no se puede cambiar, así que más vale no obsesionarse con ello; sí podemos influir en el presente, dicen, y también apreciar las pequeñas victorias de lo cotidiano, como trabajar en algo que nos guste, o conversar con alguien, o leer...; y el futuro es incierto, así que hay que apuntar hacia una dirección, pero sin obsesionarse. ¿Y la Iglesia Católica me dice que el platonismo, con su mística y hechicerismo, es superior a esta poderosamente simple filosofía de vida? No me lo creo. Yo me quedo con Séneca antes que con mil Platones. Así que, con los dos bichos a cuestas, tanto la esquizofrenia como el cáncer, camino aquí y ahora, a tu lado... Y mi hijo queda atrás... Y no puedo devolverle la vida... Y me duele... Pero ahora estoy aquí contigo, y te lo cuento, y levanto esta mano, y la vuelvo a bajar... ¿qué prueba más irrefutable hay de mi libertad?

Nicolás observó cómo la emoción ahogaba la mirada de Pedro Losada, que batallaba como en una tempestad sobre el mar Caribe

-como las que él había descrito en el viaje marítimo de *Triskelion*- por taimar la fuerza natural de los músculos que rodeaban su boca, tratando de desatar el llanto. Losada dominó el barco de su conciencia y salió de la última gran ola, mirando hacia un horizonte con una belleza menos tétrica que las pinturas negras goyescas de la muerte de su hijo, que dejaba atrás. Nicolás percibió la riqueza de matices y crudeza del momento cognitivo que su interlocutor trataba de dominar. Buscó una frase que resumiera la calidad y respeto de su atención.

- ¿Adónde vamos, Pedro?

Habían empezado a caminar sobre el paso elevado que permitía una visión cenital del antiguo camino romano de entrada a la ciudad romana, flanqueado, como se estilaba en las urbes provinciales de la época, de tumbas de notables locales. Las sepulturas, siempre sencillas, eran más o menos elaboradas en función del ciudadano, que en Roma había comprendido sólo a patricios y libertos con posibles, y nunca a sirvientes y otros esclavos. Se preguntó si Lucio Anneo Séneca, oriundo de Corduba, la capital de la provincia Bética en la época de su nacimiento, había visitado Barcino y transitado quizá por aquella carretera, camino de la Via Laietana para acudir a la invitación de algún ilustre ciudadano, encantado quizá de mostrarle los últimos rollos copiados con obras de Musonio Rufo, un joven filósofo etrurio oriundo de la noble localidad de Volsinii, que le había alabado en público durante su última estancia en Roma. El notable de Barcino habría preguntado a Séneca, ya en la madurez, acerca de la calidad de los rollos, pues habrían sido la copia de la copia de la copia de la copia de un comerciante que lo habría mandado copiar del original, surgido del puño de Rufo y donado a la biblioteca de su vecino comerciante. Y Séneca quizá habría alabado el rollo de Musonio Rufo, no echando de menos más que su propio tiempo en soledad. Y, ante la superficialidad y el afán coleccionista del comerciante, enfrascado en poseer objetos más que en disfrutarlos y visiblemente preocupado por su rápido envejecimiento, le habría reconfortado con una última frase antes de partir hacia Caesaraugusta, donde debería atender algún negocio en tres jornadas. "Sabe, mi buen amigo

Layetano, que el momento más delicioso de la vida es el presente, porque es el que uno puede afectar. Nuestros antepasados decían que lo más delicioso de la vida se alcanza cuando ha empezado la pendiente descendiente de la vejez, pero no ha llegado todavía la última caída abrupta. Disfrutemos, pues. Tú, con tus apreciados rollos del joven Musonio Rufo y tantos otros. Yo, con el viaje que me llevará a otros negocios, y que será interesante. Yo me ocuparé de que así sea." Por un instante, él mismo y Losada se habían convertido en Séneca y el tal Layetano. El viaje en el tiempo finalizó a las puertas del paseo interior que conectaba la plaza de la Vila de Madrid con la Rambla bajo el aparthotel Citadines.

- Me voy al hospital, Nicolás. Ahora estoy preparado. Me estoy leyendo un libro y Krzysztof no se ha despegado de mí en los últimos dos días: sería difícil avanzar en la lectura si me quedara por aquí. Me ha cogido aprecio; creo que no está acostumbrado a que le escuchen y respeten, así que le es difícil percibir las sutilezas de la intimidad cuando no hay barreras físicas ni necesidades fisiológicas por medio. Te quería pedir algo. Sé que estás muy ocupado. Ahora mismo, por ejemplo, tienes que volver a recoger a las niñas de la clase de canto coral y pronto tendrán que comer. Además, es fin de semana y no van a la escuela.

Losada le miró con instinto paternal, atisbando en el escritor, quizá, algún gesto de su hijo semienterrado por su atrofiada y esquizoide inteligencia cristalizada, como la neurociencia llamaba ahora al conocimiento surgido del historial de aprendizaje de un individuo.

- Te escucho -respondió Nicolás.
- Sé que conoces a Krzysztof. Me ha explicado tu cabreo con su pillería poco consistente. -Nicolás fue consciente de asistir a, quizá, la última carcajada no flemática de la existencia de Pedro Losada-. Me concederás que, por lo menos, la novela picaresca está vivita y coleando...
- Me preguntaba si estaba en lo cierto. Yo también le recordaba. Solía ponerse cerca de aquí, en el Pla de la Boqueria, justo en la acera de enfrente de la entrada del mercado por la Rambla, en la puerta de

la vieja camisería J. Xancó Cotchet. Le veías en manga corta o en camiseta en pleno invierno, día sí y día también, hablando en inglés con los turistas que se preocupaban por él. Le habían robado nada más llegar a Barcelona, les decía. A mí me parecía un truco obsceno para los vecinos que teníamos que verle tomar el pelo a los turistas. La gente suele mirar hacia otro lado, pero a mí me afectaba la picaresca del centro de la ciudad...

- No lo dudo. Me interesó mucho tu conocimiento de estos callejones, como dejas claro en el capítulo de *Triskelion* dedicado a la existencia de Mansió Vilalta en la ciudad a la que ha venido a trabajar desde su pueblecito del Pirineo...

Losada hizo un alto y miró su reloj digital Casio con cremallera plateada que, a diferencia de los hipsters que malvivían en los cercanos Raval y Born, seguramente había adquirido a finales de los ochenta; parecía el hombre capaz de conservar un reloj digital de escasa calidad durante décadas, con el cuidado y periódico cambio de pila de botón requeridos. Nicolás también vio la hora: las 12:00 en nítidos números digitales.

- Decía que quiero que me hagas un favor. Visita a Krzysztof de vez en cuando. Explícale que el mejor modo de homenajearme será consiguiendo librarse de su pasado como haría un estoico -agarró a su interlocutor del antebrazo izquierdo-. Enséñale. Dile lo que tiene que leer; asegúrate de que lea lo justo para que le pique la curiosidad. Él solito hará el resto, cuando se dé cuenta de que es él quien levanta y baja su brazo, como el personaje de *Guerra y paz*. ¿Me lo prometes? ¿Pacto entre caballeros?

- Pacto entre caballeros.

Losada sacó un papel doblado del bolsillo de la chaqueta. Era una fotocopia.

- Aquí llevo el pasaporte de Krzysztof. Le voy a legar mis posesiones. Él sabrá qué hacer con ellas. Te llamarán a ti para que Krzysztof acuda a que le lean mi testamento. He designado a un testaferro para que realice las gestiones administrativas necesarias y pague todos los gastos. Hay dinero suficiente. Voy a encargar a Krzysztof que esparza mis cenizas al pie de la higuera junto a la que está enterrado mi hijo. Espero que las partículas ya disgregadas de la entidad que me conforma conserven fuerza suficiente como para llamar a la puerta de su ataúd. Si queda algo de él con lo que se puedan fundir, lo harán... -y, sacando hierro al asunto, sentenció-: basta ya de gilipolleces. Me vas a visitar con alguna recomendación literaria, ¿verdad? Pienso acabar *Crimen y castigo* antes de que acabe la semana y voy a dar mucha, pero que mucha guerra.

- Veré qué se me ocurre traerte. Cuenta conmigo -dudó si contarle o no las indagaciones sobre las reliquias-. Te veré el domingo por la tarde para darte algo de presión con ese libro -sonrió-. Ah, lo olvidaba: me tendrás que explicar a quién has encargado la imitación de las antiguallas que enviaste, porque has engañado a los medievalistas de la Universidad de Barcelona, que creen haber encontrado objetos realmente tan antiguos como yo mismo clamo en el libro...

- A estas alturas, ya sabes, o como mínimo intuyes, que no son una farsa. Dejaré que el empirismo en el que tanto confías siga su curso y te permita llegar hasta el fondo de la cuestión. Espero que sea antes de que... Krzysztof tenga que hacer un viaje en el tren Estrella Galicia.

Se abrazaron, emplazándose al día siguiente por la tarde.

- Por cierto -levantó la voz Losada, mientras carraspeaba, llevándose el puño a la tráquea y golpeándose un par de veces, sin demasiado éxito, a tenor de la calidad de la voz que siguió-, ¿sabes que en tu barrio, justo detrás del parque adonde fuimos en el primer encuentro...?; ¿cómo se llamaba? ...el parque del Putxet... Justo detrás del parque hay una calle que me evocó tu libro. *Triskelion* me persigue... Volví al parque en metro, bajando en... Vallcarca se llama, ¿verdad?, y subí por unas escaleras muy cómodas...

- Justo cuando República Argentina describe una curva, ¿verdad?

- Eso es...

- No hace falta que sigas. Ya sé a qué calle te refieres. La calle de Portolá. Calle de Gaspar de Portolá.

Portolá, noble catalán que había sido gobernador fundacional de la provincia de la Alta California, o California Nueva. Tras su fundación, había acompañado a Junípero Serra en las expediciones que habían culminado en la expansión de los franciscanos por las misiones que asegurarían el nuevo Camino Real del Pacífico, después de expulsar a los jesuítas de la Baja California. El alto funcionario, nacido en Ós de Balaguer, Lleida, era más conocido y recordado en el callejero de California que en el español o el catalán, tal y como él mismo había comprobado durante sus viajes por San Francisco, Santa Rosa, San José, Santa Cruz y otras tantas ciudades relacionadas con las misiones franciscanas. En California, las numerosas calles y avenidas Portolá se pronunciaban "Por-tó-la", con la "r" leve americana y una "t" que casi se travestía de "ch", trasladando la sílaba tónica al centro.

- Lo cizañosa que es la realidad azarosa… ¡Hasta mañana por la tarde, Nicolás!

LA REBELIÓN DEL CHARNA

El sitio web marchaba con intermitencias debido al tráfico, que aumentaba, y a su ajustada infraestructura: una "instancia" o servidor virtual grande de Amazon Web Services para la aplicación que hacía que el sitio funcionara; una instancia mediana para la base de datos y una instancia pequeña para la última funcionalidad añadida a la página, un fórum que, de momento, criaba malvas y spammers. Al tratarse de servicios computacionales bajo demanda y "en la nube", no hacía falta comprar servidores físicos y alojarlos en un centro de datos, lo que reducía el coste a una fracción centesimal de lo que habría supuesto una década atrás. Cualquiera que quisiera dedicar el tiempo necesario podía montarse su propia infraestructura en Internet y mantenerla por el equivalente a las juergas de fin de semana que se ahorraría, al dedicar más tiempo a otros quehaceres.

La popularidad del sitio chocaba con la frugalidad de la infraestructura; el nivel de la memoria de proceso de los servidores virtuales que sustituían máquinas físicas por servicios de pago por uso, sobrepasaba a menudo el 70%, generando errores en el servidor de visitas, con un nombre tan romántico como el de otros proyectos web que habían surgido de la colaboración altruista entre hackers: Apache. Ni Apache ni la caché del sitio, o memoria que permitía servir páginas sin necesidad de recurrir constantemente a la base de datos, se habían adaptado al aumento de visitas y ahora afrontaba las consecuencias; asimismo, la base de datos necesitaba una revisión completa, al responder con más errores de lo habitual. Julio, el joven programador cubano de la Universidad de Utah, hacía malabares para labrarse el porvenir que quería para él y su todavía más joven mujer. Había comprado una casa y tenía que pagar facturas, así que trabajaba en la Universidad y en varios proyectos de Internet para distintas empresas, incluida *faircompanies. Un antiguo profesor suyo en Cuba, casi tan joven como él, Luis, acababa su tesis en la Universidad de Toronto, pero su colaboración con *faircompanies había sido más intermitente: especializado en reconocimiento de patrones usando modelos computacionales y experto à la hacker en administración de sistemas y lenguajes de programación orientados a objetos, como Python (usado por *faircompanies), Luis era una valiosa pero menos frecuente colaboración. Las cosas debían cambiar en diciembre por los problemas con la gestión del tráfico y las vacaciones de Julio.

Se alegró al comprobar esa misma mañana que Luis había encontrado finalmente un hueco para crear un robot virtual -"script", le llamaban, un anglicismo en un entorno plagado de ellos- que añadiera potencia a la página cuando aumentaran las visitas, reduciéndola cuando la actividad remitiera. El script se ponía en alerta cuando la unidad de proceso de la instancia permanecía más de cinco minutos por encima del 60% de su capacidad; o bien cuando superaba el 70% de su capacidad durante más de un minuto; en ese momento, el robot-script lanzaba una nueva instancia que repartía el tráfico entre dos máquinas, y así hasta la posibilidad de que el sitio sirviera sus páginas desde cinco instancias distintas; la reducción de las instancias funcionaba a la inversa y se apagaban cuando el servicio de alarmas detectaba que el uso de la unidad de proceso de las máquinas encendidas era inferior al 40% consistentemente, lo que apagaba las instancias de manera escalonada hasta que permanecía de nuevo sólo una. En lugar de pagar siempre más para tener una infraestructura mayor, desaprovechada la mayor parte del tiempo y sólo usada al máximo cuando aumentara el tráfico, como había ocurrido con el anterior modelo, Internet evolucionaba en los últimos años hacia servicios donde se acaparaba lo necesario y se pagaba por lo usado: más valor y servicios a menos coste. La economía y la información se "desmaterializaba". Por trescientos dólares al mes, *faircompanies tenía una infraestructura que una década antes habría costado miles de euros en un centro de datos de Barcelona o la sala informática de alguna empresa, lo que requería a analistas de sistemas, informáticos de mantenimiento, programadores, expertos en arquitectura computacional, etc. Se podía permitir un nivel de sofisticación tecnológica para *faircompanies hasta hace poco sólo disponible para grandes inversiones. Luis usaba en sus apuntes sobre el sitio, compartidos con Julio y con él a través de la aplicación de control de versiones, Github, una retahíla palabros y expresiones indescifrables para cualquiera ajeno al mundillo, y a estas alturas ya no le sorprendía encontrarse como en casa entre aquellos conceptos que exponían los retos técnicos a los que el sitio se enfrentaba. Respondió al último comentario de Luis en Github, servicio donde residían los repositorios con el código fuente de *faircompanies, con la capacidad de síntesis y abstracción de quienes han comprendido los temas para así no tener que memorizarlos. Días después, los acontecimientos se alinearían con su visión. En ese momento, tumbado en la cama a primera hora de la mañana del domingo mientras consultaba cuestiones técnicas de la página desde la pantalla del móvil, se sintió como el equivalente tecnológico de Christopher McCandless, el joven admirador de Thoreau y Emerson que había recorrido Norteamérica como un Walt Whitman de finales del siglo XX, atento a lo que la vida le tuviera que ofrecer; ya fuera en el desierto, los rápidos del río Colorado o los bosques de Alaska, donde moriría envenenado en el interior de un autobús en medio de la naturaleza. A diferencia del McCandless descrito por el ensayo de Jon Krakauer, adaptado al cine por Sean Penn usando a Emile Hirsch como protagonista, él ya no sentía la necesidad emersoniana de buscar en su interior con la mochila de buscavidas al hombro y la perspectiva de concatenar viajes odiseicos como cuentas de un collar vital, o trofeos de presas cada vez más imposibles hasta acabar quizá como el capitán Ahab, enfrentándose a su Moby Dick particular, fuera lo que fuere. Había leído un consejo de los clásicos que le funcionaba. Uno podía escucharse a uno mismo y tratar de acercarse a su ideal de persona en cualquier lugar, sin necesidad de viajar ni perder rutinas diarias que funcionaban y tanto costaba iniciar, por no hablar de la importancia de la lectura, donde se aprendía de los otros, más allá de la hora del día, la estación, el lugar, la postura. Para leer mucho y en profundidad, se requería un cierto sosiego vital.

El bebé y las niñas jugaban en el comedor con Kirsten, que había cerrado las puertas del dormitorio y del pequeño pasillo que lo conectaba con el despacho y el lavabo grande. Dejó el móvil junto a él y alargó la mano derecha para coger de debajo de la cama el grueso tomo de *El conde de Montecristo*. Le apetecía saber un poco de las peripecias y el determinismo universal que parecían conducir a Edmundo Dantés al fatalismo de la existencia tal y como lo habían considerado los estoicos: el universo parecía tener un plan, pero el individuo podía influir sobre las acciones de su propio presente, optando a cada momento por su mejor "yo" o su peor "yo"; la realidad no cambiaba de manera radical, sin importar estación del año, localización, hora del día ni compañía. Lo que cambiaba, en ocasiones con peligrosa radicalidad, era nuestra percepción, ese intangible cognitivo que llamábamos conciencia y tanto los atomistas como las escuelas posteriores inspiradas en el socratismo (incluyendo a los más hedonistas -epicúreos- y los más sobrios -estoicos-), consideraban parte de un ser mortal. Para los atomistas -exponía Lucrecio en *De rerum natura*- el alma era tan propensa como el mismo cuerpo a disgregarse en átomos después de haber conformado una persona. Trató de disuadir a su mente de este pensamiento, para centrarse en el placer inmersivo de disfrutar de la historia del joven Dantés y los efectos que sobre la existencia del protagonista de la novela de Dumas tenían los celos del primo de su amada, por un lado; y la envidia profesional de su contrincante en la carrera por alcanzar el loable puesto de capitán mercante, por el otro. Antes de lograrlo, no obstante, evocó un tweet de uno de los muchos filósofos muertos que seguía en Twitter, la aplicación de Internet donde la gente expresaba lo que quería, siempre que cupiera en 140 caracteres. Así que algunos usuarios anónimos se habían dedicado a crear usuarios de los principales filósofos. Él seguía a Sócrates y a los principales estoicos. El día anterior había leído una cita de extraída de las *Meditaciones* de Marco Aurelio. El emperador estoico parecía haberla escrito tras depositar el rollo con su copia de *De rerum natura* sobre la áspera superficie de su escritorio de campaña, iluminado por la luz de una vela en su tienda de piel de cordero; su pensamiento, ahora apagado como apenas un destello al final del período más fructífero de la Antigüedad, brillando como una luciérnaga en la semipenumbra entre las alineadas tiendas con contubernios de a ocho del campamento del ejército romano destacado en Germania. Le imaginó como le había visto en la película *Gladiator* antes de ser asesinado por su hijo Cómodo: con el rostro de un anciano Richard Harris. El verdadero Marco Aurelio, muerto en el suspiro que constituía la existencia de un hombre, como él mismo recordaría en sus *Meditaciones.* Y la cita de Twitter le repetía en la mente como una fideuá lo haría en la boca. La buscó en el móvil, ya que la reflexión del emperador estoico obligaba a Edmundo Dantés a aguardar con las peripecias alimentadas por la batalla entre determinismo y voluntad individual. Era también la gran pelea filosófica de Occidente entre Platón, el místico determinista que había inspirado el cristianismo; y el racional Aristóteles, gigante de carne y hueso que emplazaba a todo ser humano -como harían los estoicos- a autorrealizarse por sus propios medios, sin más herramientas que la razón, el cultivo intelectual, el trabajo, el tesón, la capacidad para establecer rutinas. La encontró. "Sobre la muerte -aconsejaba Marco Aurelio-: Ya sea una dispersión, o una resolución en átomos, o una aniquilación, se trata de extinción o cambio". O extinción o cambio. Agrupación y dispersión de átomos. Conciencia. Lucrecio y Marco Aurelio. Y de la mano de Edmundo Dantés dejó de pensar "sobre la naturaleza de las cosas", con permiso de Lucrecio y Marco Aurelio, por cuarenta y cinco minutos, los que logró de tregua antes de que el hambre le llamara a reunirse con la familia en el comedor. Ello implicaba el fin del período introspectivo que más apreciaba durante la semana, que ya quedaba atrás. Sin nostalgia. No podíamos influir sobre el pasado, tal y como recordaban los estoicos; o al menos mientras el ser humano no fuera capaz de reproducir los viajes en el tiempo, tan anhelados durante la Ilustración, quizá como antídoto fantástico al fatalismo realista y racionalizante de la filosofía clásica, para él su principal ventaja.

Agradecía a Kirsten el desayuno en familia que habían institucionalizado desde antes de casarse ni tener hijos. Disfrutó de él y percibió instintivamente la batalla de su cerebro para acaparar glucosa y convertirla en glucógeno hasta que llegara la hora de comer. Sin llegar a la obsesión, Kirsten y él eran "hackers" de la alimentación, al ser conscientes de lo que comían y para qué, en función de la tarea y el día; ello les permitía rendir física e intelectualmente cuando lo necesitaban. Sin Kirsten, pensaba, él habría sido incapaz de una planificación alimentaria racional, aunque partía de conocimientos básicos sólidos sobre cómo comer bien sin pasarse, como cualquier persona de mediana edad nacida a orillas del Mediterráneo. Nunca le habrían atraído lo dulce ni la elaboración industrial, lo que contribuía a su apreciación de platos como la pasta sin apenas salsa, la propia avena y los aliños de aceite de oliva, sal y, de vez en cuando, algún "lujo" que los propios Apicio, autor del tratado gastronómico romano, o el estoico Musonio Rufo, habrían apreciado en toda su dimensión, al potenciar el alimento que sazonaban con respeto, sin malograr sus propiedades intrínsecas: pimienta o a lo sumo perejil, orégano, pimentón dulce, azafrán. Y poco más que no estuviera ya presente en el alimento.

Diciembre empezaba sin frío. La luz entraba por el patio trasero y, de forma indirecta, sobre las innumerables ventanas de la fachada. La orgía de fotones y polvo en suspensión, siguiendo los haces de luz de invierno proyectados sobre el centro de la estancia como una catedral de la racionalidad cotidiana, sin baratijas místicas de colores sino bella desnudez iluminada con la naturalidad del cuello de la enigmática mujer del cuadro de Edward Hopper que, sentada en la cama frente a la ventana de la estancia del apartamento de una gran ciudad, siempre le había parecido Kirsten. Podía desgajar la realidad de átomos que le envolvía en el escurridizo presente procediendo con ingeniería inversa sobre los objetos -vivos e inertes- contenidos en el espacio a su alrededor, incluyéndose a él mismo y a su alegre familia. Un conjunto de átomos que se asemejaban a las líneas de código que componían el entorno "virtual" creado por las máquinas que esclavizan a la humanidad en el filme *The Matrix*.

Ahora charlaba, cantaba y emitía sonidos, siguiendo la corriente dialéctica de sus hijos, puro espectáculo a medio camino entre una sesión de "spoken word" y la cantinela de la familia de *Sonrisas y lágrimas*, película tan apreciada por los padres de Kirsten que habían criado a sus hijos tomando algunos de los valores universales mostrados por el filme. Lo habían logrado sin esforzarse debido a una conexión, acaso natural, con la familia austríaca que había inspirado la historia de ficción, los (von) Trapp. La familia von Trapp se había exiliado en Estados Unidos en un entorno similar al de la infancia de los Dirksen, huyendo de la locura de la II Guerra Mundial iniciada con la anexión de su país, Austria, por la Alemania hitleriana. John y Emily habían vivido en plena Guerra Fría en un pueblo bávaro próximo al que él trabajaba para el ejército estadounidense. Allí, cerca de Múnich y de los paisajes del Tirol austríaco de la historia protagonizada por Julie Andrews, habían nacido Emily, hermana mayor de Kirsten; la propia Kirsten; y Jennifer, la tercera. Los restantes tres hermanos habían nacido ya en California.

Meditaba sobre qué lectura llevar a Losada por la tarde al hospital. Se había tomado en serio la petición del entusiasta de *Triskelion*, a estas alturas seguramente un "triskelionófilo", o un "boullosófilo" más ducho en la aventura de los tres jóvenes españoles en su periplo desde la España de Carlos III a los confines septentrionales de Nueva España. En cierto modo -pensó, las conjeturas de Losada sobre los tres protagonistas tenían cierto sentido. Ningún semiótico o historiador con dotes para la novela lo habría hecho mejor. Se dirigió a Kirsten, mientras ésta bregaba con el bebé, que le insistía en que le lanzara una pelota de ping pong que el profesor de piano de Inés había recomendado a la hija mayor para lograr cuanto antes la agilidad de dedos, fuerza y posición necesarias para tocar el piano.

- El otro día no te lo expliqué todo...
- ¿A qué te refieres? ¿Tienes una amante?

Nicolás sonrió:

- No es una broma digna de ti. Me refiero a mi encuentro con Losada junto al Decathlon.
- Ya me dijiste que sospechas que el encuentro no fue fortuito, sino que Pedro sabía que los sábados pasas por ahí para dejar a las niñas en la coral. Yo no me obsesionaría, Nico. Es un hombre triste y enfermo. Es esquizofrénico y siempre hay que estar alerta en estos casos, pero no le veo capaz de hacer ninguna locura, ni contigo ni con el resto de la familia.
- Lo sé...

La vieja cafetera de filtro que le había regalado su madre soltaba el aromático vapor que anunciaba que el café estaba listo. Llenaba el contenedor de agua hasta el equivalente a 6 tazas, que se bebía entre las 10 de la mañana y las 6 de la tarde. Tomar el último café más tarde le mantenía mentalmente activo hasta más allá de las doce de la noche, lo que se traducía en cansancio a la mañana siguiente.

- ¿Te molestó algo que hizo o dijo -insistió Kirsten, tratando de relativizar el pesar de su marido-? A Inés le gustó mucho conocerlo. Me ha dicho hace un momento que le preocupó ver a un amigo de papá tan triste. También me ha preguntado si... -Y dirigiéndose a Inés en inglés, que les escuchaba desde el otro extremo de la mesa, donde jugaba con pequeñas piezas de Lego mientras a la vez las protegía con el codo de su hermana refunfuñante-: ¿Puedo decírselo, Inés?

- ¿El qué? -respondió la niña, también en Inglés, con su neutro acento de nativo de San Francisco trasplantado en Barcelona.

- Lo que decías sobre el hijo del señor de ayer, el amigo de papá.

Inés no estaba conforme, pero se alejó del comedor enfrascada en una rencilla con su hermana de la que no se acordarían un rato después. Nicky les siguió, con sus piernecitas y espinazo erguidos como los de un maestro de artes marciales caminando sobre el agua.

- Inés me decía que no hacía falta que le explicaras, pues sabe que el hijo de Losada está muerto. Creo que ha pensado en ello durante la noche... -Kirsten sonrió con preocupación mirándole a los ojos-. Ya sabes que a mí me ocurría lo mismo cuando era pequeña. Siempre preguntaba a mi padre sobre la muerte y me pasaba un buen rato dándole vueltas.

- Ya recuerdo tu reacción cuando nació Inés y volvimos a casa. ¿Te acuerdas tú? La ponías a tu lado y decías, acariciándole la cabeza mientras le dabas el pecho: "Es tan pequeña...".

- Sí que recuerdo...

Pausa. Ambos se acercaron la taza a los labios mirando de soslayo hacia los generosos ventanales, quizá tratando de saborear el tiempo, o quizá asistiendo a la muerte de lo que justo en ese momento abandonaba el Ahora para convertirse en Antes.

- Me habló de los personajes de *Triskelion*...

- Ya lo había hecho, ¿no? ¿Qué hay de extraño en ello? Cualquier lector curioso entablaría ese tipo de conversación con su autor preferido.

- Me habló sobre el "porvenir" de los personajes como si en realidad hubiera seguido sus biografías... Como si lo explicado sobre ellos en la novela fuera real y congruente con su posterior existencia. Para Losada, los tres muchachos existieron...

Kirsten le recordó que, en efecto, tanto Domingo Antonio Boullosa, Mingo, como Pedro da Boullosa, antepasado de éste, eran a su vez antepasados reales de él mismo, como así atestiguaba el árbol genealógico que el profesor de Santiago casado con una vecina de la aldea había regalado a su padre, tras una seria pesquisa en los archivos de la parroquia de San Andrés y de la diócesis de Tuy, a la que ésta pertenecía.

- Me explicó que Martín Capelo, el joven caballero de Granadilla, volvió para casarse con la moza de Cambroncino, pero le premiaron poco después con tierra para erigir una hacienda en tu pueblo...
- ¿A qué pueblo te refieres? ¿A San Francisco?
- Caliente caliente.
- ¿Palo Alto?
- Te quemas...
- ¡Los Altos! Martín Capelo se fue a vivir a... ¡Los Altos!
- Lo dices como si lo creyeras. No vayamos tan rápido. Es cierto que el nombre de Martín Capelo es plausible, pero poco más. Nadie me envió un manuscrito con la vida anónima de un joven que vivió entre el último tercio del siglo XVIII y el primero del XIX, explicándome su historia real. Es simplemente imposible...
- ¿Cómo sitúa Pedro Losada al extremeño en Los Altos? ¿En qué se basa?
- En documentación, supongo. Está convencido de que yo seguiré con su pesquisa, así que a lo mejor planea legarme las supuestas pruebas documentales. Ha estado pululando por bibliotecas y archivos durante años y desconozco la profundidad y naturaleza del fondo de las facultades de la Universidad de Santiago de Compostela, donde pasó el mayor tiempo de sus intervalos de cordura. Un antiguo compañero de la facultad, ahora profesor, le protegió.
- I see. Interesting... -*Triskelion* no sólo enlazaba con la saga familiar que conectaba a los antepasados de Kirsten de la Costa Este, cuyos

orígenes se remontaban a la época de las Trece Colonias, sino que ahora, uno de los protagonistas de la novela había fundado, quizá, la hacienda que daría el nombre y el primer sentido -para los europeos asentados en la actual California- a Los Altos Hills, ahora una exclusiva zona residencial de Silicon Valley.

- ¿Y qué ocurrió con el gallego y el catalán… Mingo y Mansió?

- Mingo se instaló en Vigo y fundó una familia ilustre que quizá permanezca ligada a la ciudad, o quizá se haya extinguido... Como sabes, una de sus ramificaciones es responsable de que hoy esté aquí, tal y como soy, ante ti. De Mansió, me aseguró que no sabía nada, a excepción de algo que tiene su importancia.

- ¿El qué?

- Existió.

- Important enough...

Al final de la conversación, Nicolás y Kirsten habían elaborado la misma conjetura sin confesársela mutuamente: la especulación de Losada era plausible, como mínimo tan consistente como las elucubraciones sobre la historia del siglo XVIII que se volvían a hacer, con motivo del trescientos aniversario del fin del asedio sobre Barcelona durante la Guerra de Sucesión Española; que más daba que en realidad se hubiera tratado de una auténtica guerra mundial entre los Borbones, los Austrias y sus respectivos aliados oficiales y oficiosos. Faltaba un mes para 2014, año en que los medios recordarían la efeméride, no le cabía ninguna duda. Razón de más para cerrar la temática que inspirara la dichosa nueva novela, que se le resistía. Un proyecto intelectual de envergadura, unido a las tareas del sitio, la dedicación familiar, la lectura y otros momentos de introspección, garantizarían su retiro voluntario entre el ruido y la muchedumbre de la ciudad; el anonimato amable de una ciudad densa y mediana como Barcelona, cuyo mapa cabía en la cabeza, era un escenario plausible para borrarse del mapa y dedicarse a teclear sobre una página en blanco. Pensaba limitar su participación pública a las urnas: votaría, como siempre, en cada elección, fuera local, autonómica, estatal o europea. En cuanto a referéndums que pudieran convocarse, votaría en los que fueran tildados de legales a un lado y otro del Ebro; cualquier otro parche suponía perder el tiempo en discusiones que extraían lo más amargo de la bilis de cada ciudadano ibérico. Cuestiones peligrosas para vientear durante la crisis económica más cruda que la gente recordaba.

Empezó a notar el peso de la recomendación literaria. Llevaría a un moribundo el último libro que leería. Si leer un buen libro era casi como experimentar en primera persona lo acaecido en sus páginas, leer el último libro -y SABERLO- era algo así como embarcarse en la última aventura, la que te debe llevar a caballo, o en barca, o caminando o volando, hacia el lugar en que se produce lo que, según Marco Aurelio y los atomistas, es una dispersión de lo que nos compone, o una resolución en átomos, o una aniquilación de nuestro ser y conciencia: sea como fuere, una extinción o un cambio profundo. Quizá una nueva dimensión. O quizá una nada mucho más vacía que lo más vacío que puede imaginar una conciencia humana, que existe porque forma parte de un todo llamado vida. Nada y todo. El yin y el yang que daba la bienvenida, en el icono de la pestaña del navegador, a quienes se conectaban a la página web que había fundado con Kirsten. Si acceder a http://faircompanies.com aclaraba, o daba esperanzas, o ampliaba conocimientos a quienes querían informarse sobre los aspectos esenciales de la vida, el proyecto estaba cumpliendo con su objetivo. De pronto, *Triskelion* y su amistad con Pedro Losada también formaban parte de su proyecto vital y profesional, ambos fundidos y entremezclados como la simbiosis nerviosa entre micelios de hongos y raíces de árboles mediante la que la planta aportaba carbohidratos de la fotosíntesis y el hongo cedía mayor capacidad de absorción de minerales. Y sí, Losada era quizá su amigo; el amigo adecuado para quien había dejado de relacionarse con personas ajenas a su círculo familiar. Para él era una amistad incipiente y creía que Pedro Losada daba ésta por sentada incluso antes de conocerle en persona. "Un momento", pensó. De pronto, todo parecía más claro: el último libro debía ser una gran novela, una novela río que expusiera la existencia humana de manera magistral, algo así como *Guerra y paz*, o tal vez *Anna Karénina*; o quizá un buen ensayo, uno de esos trabajos que nos hacen mejores al leerlos, como la *Autobiografía de Benjamin Franklin*, que tenía la ventaja de su ligereza, a diferencia de las novelas de Tolstói, que tanto le habían marcado a él mismo por su riqueza de matices, más próxima a la vida animada que cualquier otra cosa que había leído. O, hablando de obras esenciales sobre la naturaleza humana, podía recurrir al Quijote, que seguramente había leído Losada, pero nunca estaba de más volver al caballero de la Triste Figura, sus aventuras y la filosofía de vida, los sainetes, las moralejas, las leyendas e historias de amor que incluía. O un Shakespeare. Sintió un calor incómodo, prácticamente desconocido para él en los últimos años; partía de la ansiedad que crecía dentro de él. Llevar a un moribundo su último libro era más difícil que ser el cómplice de una muerte asistida: no había margen para el error, pero el error no era posible cuando ningún buen libro era comparable con otro buen libro, ni se podía recurrir a un algoritmo (como los usados por Google o por su amigo Otis Chandler en la red social sobre libros Goodreads), que discerniera la recomendación más adecuada para Losada sin poder asomarse a su alma, sin conocer mejor que él su propia experiencia, su estado anímico, su capacidad cognitiva. Era como intentar predecir el próximo gran terremoto de San Francisco usando un puñado de sensores y conocimientos básicos sobre sismología. Cuando Sócrates había recomendado leer para aprender fácilmente lo que otros habían cultivado con esfuerzo, se refería a sus alumnos, quienes, pese a la incertidumbre y transitoriedad de la existencia, se sentían con toda la vida por delante. No era el caso de Losada. Ni siquiera un anciano nonagenario sin más problemas de salud que los causados por el avanzado estado de oxidación de sus células supervivientes, leería con la premura y seguridad de aproximarse al final del trayecto cognitivo convencional, como un enfermo terminal con metástasis en los huesos. Por un instante, le tentó batallar contra la existencia de Losada, ampliando con sus propias manos la dimensión de la representación gráfica de su vida, como si la existencia tuviera lugar en uno de esos diagramas donde Stephen Hawking representa las cuatro dimensiones: las tres que nuestros sentidos evocan... y el tiempo, el mismo que quieren parar la poesía y el recuerdo. No, no era posible salvar una vida cuando todas las células que la componen han decidido atacar en tromba a su huésped, sin compasión, con el gregarismo y la ausencia de reflexión de las peores aniquilaciones entre humanos. El ataque sin compasión de la metástasis era la versión infinitesimal de la gran fractal de la vida, compuesta por una cantidad inconmensurable de bondad y, a la vez, por la crueldad aniquiladora de las leyes naturales. Los estoicos lo habían comprendido y transmitido a sus alumnos con sencillez y determinación, y les admiraba por ello.

Admiraba más que nunca al temerario dominico francés Vincent de Beauvais, quien en el siglo XIII había intentado crear un libro especial con la ingenuidad de quienes se sienten con energía para afrontar cualquier reto sin importar su complejidad. Cuando empezó su obra *Speculum Maius*, realizada con todo el tesón y el rigor a su alcance, quería acumular todo el saber de la humanidad en un único libro enciclopédico, algo así como un recetario del saber occidental. Su celo y capacidad para documentar los distintos aspectos recogidos en el libro lo convirtieron en una valiosa obra de referencia durante la Edad Media, hasta que renacentistas y enciclopedistas demostraron que bastaba con limpiar el polvo superficial de la porción del saber de la Antigüedad que se había salvado (¿una tercera parte de lo esencial?; ¿una quinta parte?; ¿una centésima parte?; ¿acaso una milésima parte?), para comprender la ingenuidad de Beauvais. Ni siquiera Internet lo había logrado, pese a los esfuerzos de Google, Amazon y otros proyectos públicos y privados para digitalizar cuanto más saber humano registrado de forma analógica mejor. *Speculum Maius* habría sido un libro soporífero para Losada, el equivalente a llevarle un compendio proto-enciclopédico; le habrían interesado más, quizá, los ensayos que exponían la idea que había inspirado Internet: la máquina analógica Memex, imaginada por Vannevar Bush en un artículo de 1945 para *The Atlantic Monthly*, una especie de índice del saber accesible por un sistema "neuronal" similar a lo que décadas más tarde sería el hipertexto, y accionable mediante una interfaz analógica similar a los comandos básicos de una computadora moderna. El artículo de Vannevar Bush o los ensayos publicados sobre Memex no servían, en cualquier caso, como última obra de lectura para un moribundo. Tan exótico para Losada como la proto-enciclopedia concebida por el dominico Beauvais en el siglo XIII, serían las obras de los franciscanos Roger Bacon y Ramon Llull -Doctor Mirabilis y Doctor Illuminatus, respectivamente, que en la misma época de

Speculum Maius batallaban por integrar en el dogma católico los secretos de la razón empírica y el aristotelismo, con un éxito parcial pero encomiable en una época en que sólo las abadías cristianas copiaban y conservaban en códices los antiguos rollos de obras clásicas. Muchas de aquellas obras se habían perdido para siempre en la quema de la biblioteca de Alejandría, mientras otras habían sobrevivido gracias a la tarea de los traductores persas y andalusíes, como los polímatas aristotélicos cordobeses del siglo XII Averroes -árabe- y Maimónides -sefardí-, siendo el primero maestro del segundo y ambos maestros de la Escolástica, que florecería en el cristianismo un siglo después. Las raíces de *Triskelion* pasaban por los recovecos desnudos, húmedos e intrincados de la Atenas clásica, la Roma -y la Corduba, y la Barcino, y tantas otras ciudades- de los estoicos, la Gallaecia de Prisciliano y el León que había llevado a los templarios hasta el islote de San Simón, para culminar con los ilustrados y francmasones de finales del siglo XVIII.

No había *Speculum Maius* ni resumen potable de la síntesis del conocimiento humano en Internet para que alguien lo ojeara en la cama, mientras, a falta de algo más adecuado como un canuto de caballo, la morfina narcotizaba su conciencia. Quizá era mejor acudir al otro extremo del espectro del conocimiento en soporte transmitible: una buena conversación, una historia como las que él mismo inventaba cada noche que sus hijas se lo pedían, improvisando sobre el destino de los personajes en cada recoveco de la historia según la reacción observada en el rostro de sus hijas, ya acostadas ante él en la litera que ocupaban. ¿Tal vez una colección de evocadores haikus? Conservaba una buena compilación de ellos, pero temía que su canto panteísta a la existencia y al Ahora amplificara el dolor de Losada, físico y espiritual. ¿Algún ensayo con contenido tan implacable y optimista como la propia naturaleza?; ¿qué tal *El futuro de la vida*, de Edward O. Wilson? Cercano a la angustia, se disponía a repasar, usando Google, alguna lista con los 50 o 100 libros imprescindibles según algún medio o autor de relevancia, cuando recordó la aproximación realista a la idea enciclopédica de Beauvais emprendida por la persona adecuada: en 2008, le habían invitado en calidad de fundador de *faircompanies al posgrado de verano sobre políticas que armonizaran el cuidado del medio ambiente y la propiedad privada que el think tank Property and Environment Research Center, PERC, celebraba junto a su sede en Bozeman, Montana; sus organizadores le habían enviado la documentación relativa al curso, por el que le pagaban -a él, el alumno- dinero por asistir, y no al revés. El curso, llamado Enviropreneur Institute, tenía tantos profesores como alumnos (16 por 15, o una cifra similar) y orientaba a emprendedores medioambientales, sirviéndose de docentes de primera línea en sus respectivas disciplinas. Entre los libros que enviaron como literatura adicional, destacaba uno de ellos: la edición en el inglés original de *Una breve historia de casi todo*, del divulgador Bill Bryson. Confiaba en la capacidad de Bryson para lograr lo prometido en el título; de él había leído el invierno anterior, entre diciembre de 2007 y primeros de enero de 2008, un tan hilarante como bien escrito libro de viajes sobre sus periplos en Australia, *In a Sunburned Country*, como contexto de la reunión familiar de los Dirksen en el país de las Antípodas con motivo de la boda de Emily, la hermana mayor de Kirsten, en Sídney. Bryson no le había defraudado en la segunda ocasión; en efecto, el libro de divulgación peinaba la historia científica del universo y nuestra relación con éste, a partir de un repaso a lo que sabemos y la enumeración de los grandes temas que desconocemos sobre química, paleontología, astronomía, física de partículas y los autores de las principales teorías, refutadas y confirmadas, además de las grandes contradicciones sin solventar. Lejos de ser un peñazo, el autor se las había ingeniado para no perderse en los entresijos de alguno de los centenares de temas, sin sacrificar el equilibrio de cada uno de los bloques que componían el todo. Ya está, pensó. Probaría con el libro de Bryson.

- ¡Mierda! -vociferó desde el despacho, al acordarse de que tenía era en inglés, la versión de bolsillo editada en 2004 por Broadway Books, sello de Nueva York.

- ¿Qué ocurre? -respondió Kirsten desde su silla mientras avanzaba en la edición de los últimos minutos del documental sobre el viaje familiar en autocaravana-. ¿Te puedo ayudar en algo?

- ¿A qué hora cierra la biblioteca Jaume Fuster?

- Es domingo, así que sólo abre hasta las 2 de la tarde.

Se cercioró en el buscador bibliográfico integrado de la Diputación de Barcelona de que la biblioteca en cuestión disponía del ensayo de Bryson en castellano. Dio un pequeño respingo sobre la tosca silla plegable de madera. Se sentó con la espalda recta y acudió a la página web, mientras abría a la vez el editor de texto: quería apuntar algunas ideas que podían inspirar la anhelada segunda novela. Le bastaron unos segundos:

- intriga científica
- átomos, quarks y la posibilidad de unificar teorías de lo pequeño (física de partículas) con teorías del universo (relatividad)
- teoría unificada impedida por un asesinato
- detective (¿periodista?) estira del hilo de un correo electrónico que le llega
- tensión entre éste y su jefe
- personaje misterioso
- al final, hay teoría unificada
- mensaje panteísta
- ¿?
- elaborar...

Si hubiera sido un papel físico, quizá lo habría arrugado y recuperado más tarde, arrepentido o con un sentido crítico menos afectado por el momento. Optó por guardar y cerrar el documento, bajo el título "book.txt" y lo depositó en el borrador de un mensaje de correo, como solía hacer con la documentación importante. Mientras se encaminaba a la biblioteca Jaume Fuster, reflexionó sobre las palabras de Losada el día anterior. Quería ser enterrado bajo el ciprés que daba sombra al nicho de su hijo. Qué gran árbol, el ciprés. Él mismo los dibujaba desde niño, siempre derechos, jugando con el viento desde la colina tras la cual pasaba un tren, siempre de vapor, cruzando un puente con arcos romanos. La idea atomista de descomponerse y reducirse al fin a un puñado de partículas en suspensión y constante cambio, puesta en práctica por un ciudadano anónimo a quien habían tildado de indignado por escaparse del loquero y acabar acampando en el viejo y despoblado islote de un fiordo gallego. Como si citara, pervirtiéndolo en prosa, un pasaje de *De rerum natura*, el físico de Caltech Richard Feynman observó en una ocasión que, si tuviera que reducir toda la historia científica a una importante aseveración, escogería la misma que Demócrito o Lucrecio: "Todas las cosas están hechas de átomos", que en grupos estables de dos o más unidades y sin perder su constante movimiento -como explicaba Lucrecio- conformaban moléculas. Subrayaría a Losada el fantástico pasaje del libro de Bill Bryson en que se exponía la fantástica durabilidad de los átomos: cualquier átomo que nos rodea, evocó, había pasado con casi toda certeza por varias estrellas y había sido parte de millones de organismos de camino a convertirse, en ese instante de la eternidad, en él mismo, o en el propio Losada y sus células enfermas. Ya en la biblioteca, se emocionó al recuperar el pasaje y no haberlo idealizado: tenía la fuerza que recordaba, con la explicación desnuda de unos hechos demasiado fantásticos para ser pasados por alto. El capítulo 9 del ensayo divulgativo de Bryson se refería, por ejemplo, a que un número significativo de nuestros átomos habían probablemente pertenecido alguna vez a Shakespeare, o a Elvis. Él prefería pensar en Sócrates, Aristóteles, Séneca, Giordano Bruno. Somos algo así como reencarnaciones, explicaba Bryson, aunque con una vida fugaz. Tan fugaz como la descripción que de ella hacía Marco Aurelio. Precisamente por eso, decía el emperador estoico, tenía tanto valor la capacidad para discernir las cosas en su desnudez, dividiéndolas entre materia, forma y propósito. Así que el panteísmo desvelado por la ciencia atómica de Richard Feynman, Albert Einstein o Martin Rees era tan radical como el desvelado por *De rerum natura*, o una mera continuación en clave científica del poema de Lucrecio. Cuando morimos, exponía Bryson, nuestros átomos de disgregarán y viajarán hasta asociarse con otros átomos para constituir nuevas moléculas; y éstas, a su vez, crearían nuevas entidades más o menos estables, siempre finitas, que volverían a disgregarse, y así hasta ad aeternum. No podía creerse la exactitud con que Lucrecio había expuesto lo que la ciencia más avanzada conocía de las pequeñas piezas intercambiables que componían la realidad: el LEGO de la vida. Dos capítulos más adelante, las cosas se complicaban algo más en *Una breve historia de casi todo* y su corazonada perdió algo de solidez según su conciencia: el capítulo en cuestión hablaba la subdivisión de las partículas que componían los átomos (y que por tanto dejaban de ser "elementales", si eran divisibles). La subdivisión de todas las partículas subatómicas, con un comportamiento más errático, o menos comprensible por la ciencia al menos en el momento en que Bryson había finalizado el libro, en 2003, recibía el nombre de quarks. El descubrimiento del bosón de Higgs, para él más bien el nombre de una comarca de *El señor de los anillos*, aportaba la pieza que encajaba para explicar por qué algunas partículas tenían masa y otras carecían de ella: según la teoría, un campo de energía impregna el universo y las partículas que interactúan con este se cargan con masa, mientras que las que lo obvian carecen de ella. No pudo resistirse y se emplazó a recomendar en un índice alternativo los capítulos prioritarios del libro para Losada. Su voluntad de sintetizar la recomendación en un solo título se rompió como un grupo de quarks constituyendo un protón y un electrón. Qué mejor atomismo para inspirar la descomposición de su cuerpo junto al ciprés que cobijaba a su hijo que mostrarle, quizá leerle esa misma tarde, los pasajes de *De la naturaleza de las cosas*. El poema de Lucrecio sería un tonificante para su conciencia, mientras sus células enfermas proseguían con la dolorosa metástasis en los huesos. Volvió a casa con ambos libros en préstamo y la intención de almorzar y salir hacia el hospital.

Decidió bajar paseando hacia el hospital. A media tarde de un domingo invernal, se podía respirar en la Barcelona que se encaramaba a Collserola desde la Diagonal; todavía no había empezado el rugido de los vehículos que volvían a casa de la escapada del fin de semana, ni las motos que acercaban a la gente al cine o a tomar un café. Eran casi las cuatro cuando pasó por el WorkCenter de Diagonal con Muntaner y Aribau, la tienda de impresión y papelería donde había gastado más de ciento cincuenta euros en copias de *Triskelion*, auténticos ladrillos con páginas DIN A4 impresas a doble espacio y por una sola cara. No había recibido siquiera el acuse de recibo -o podía ser una carta de empatía con otro ser humano, o de falsa condescendencia, algo- de ninguno de los premios convocados por editoriales con sede en Barcelona y Madrid. Los cinco o seis galardones en cuestión completaban la ristra de normas absurdas con la exigencia de que las obras fueran enviadas por correo certificado, incluso cuando el escritor viviera en la misma ciudad y pudiera, por tanto, acercarse a pie a dejar el tocho, no fuera que los escritores locales consiguieran prebendas al ahorrarse el dinero del envío desde una oficina de mensajería que, a menudo, quedaría más lejos de la sede de la editorial que la propia casa del autor. Muchas editoriales no necesitaban guardar con tanto celo el proceso de envío y revisión de manuscritos, cuando en los últimos años ganaban a menudo autores consolidados, con novelas que, en ocasiones, presentaban a personajes conocidos. Los miembros del jurado del Premio Planeta 2012, por ejemplo, habían concedido el máximo galardón al autor de una historia protagonizada por dos conocidos guardias civiles, Bevilacqua y Chamorro, que carecían del tronío de Pepe Carvalho o el tirón popular de José Luis Torrente, pero se les esperaba y conocía. ¿Cuál era la obra premiada en el último Planeta fallado? Ni lo sabía, ni le importaba. Bastante tenía con la presión de no haber dado siquiera con una temática mínimamente definida para la próxima novela. Al llegar a Francesc Macià, fue consciente de lo mucho que había cambiado su percepción sobre la ciudad después de deambular por otras ciudades, sobre todo estadounidenses. El lugar ya no le parecía tan cosmopolita, ni tan de ciudad grande, ni le hacía gracia pensar en el anuncio luminoso de Danone sobre una de las azoteas de la plaza que tanto le había maravillado de chaval y que, pese a todo, se apresuró a buscar. Recordaba llegar a la plaza desde la Diagonal, en la parte trasera de un Renault 12 amarillo, el primer coche de su padre; o años más tarde, durante sus años de preadolescente, en un Renault 19 rojo (el segundo coche de su padre); y observar el lugar, con la ajardinada rotonda interior en la que una estatua con el busto de una mujer y un pequeño estanque aparecían y desaparecían entre los matorrales. Años después, el mismo anuncio de Danone le daría la bienvenida de manera esporádica, cuando pasara por allí doce o trece años atrás, conduciendo el único vehículo que había poseido, un Golf gris de 1984 hecho trizas al llegar a sus manos; o como copiloto del Renault Clio granate de su ex. Su pasado como habitante de Sant Feliu de Llobregat, cuando no era más que un "caballero del Baix Llobregat", como acostumbraban a decir sus antiguos compañeros de trabajo en la trattoria donde había trabajado los fines de semana durante sus dos últimos años de universidad. No echaba de menos aquella vida; le resultaba tan extraña como los veinteañeros que desembarcaban en tren en Plaza Cataluña procedentes de la zona metropolitana, con intención de comprar o ir de fiesta por el centro, como él mismo y sus amigos de la primera juventud habían hecho. Ahora veía las costuras de la ciudad, el provincianismo de las apuestas urbanísticas de las últimas décadas. Allí estaban representados el noucentisme, cansado de los excesos biomiméticos de Gaudí; así como el optimismo funcionalista del desarrollismo; el feísmo tardofranquista de los edificios Núñez y Navarro de la zona; y el optimismo desmesurado de los años pre y post olímpicos; con la guinda, ya en los estertores del optimismo aglutinador de los alcaldes socialistas, del trambaix, el moderno tranvía que finalizaba su recorrido en la propia plaza. Y el Trambaix le devolvió a Sant Feliu, localidad donde iniciaba su recorrido, hacia el poniente y remontando un poco el Llobregat; un río siempre vigilado por los bloques de pisos que se encaramaban a la ladera de Collserola, justo donde siglos atrás las torres de los señoríos cristianos de la Marca Hispánica habían contenido a la avanzadilla almohade. La primera parada del Trambaix, el Consell Comarcal, le habría dejado a cinco minutos del piso que compartió durante un año con su ex, pero éste había entrado en funcionamiento cuando ya había hecho del Gótico su casa. Su pueblo natal le parecía de repente real, recuperable en la memoria, sin nostalgia ni momentos memorables que recordar; acaso una lucha sorda por "ser", así, a secas; por ir labrándose un camino, sin demasiada ambición pero con destellos propios de quien tiene cierta capacidad y tiene un propósito por defecto, aún careciendo de la autoestima necesaria para sacar el máximo partido a unas buenas cartas de salida en la partida de la vida. Menuda existencia, la de sus amigos. La gente de ese pequeño conglomerado de bloques de ciudad dormitorio al pie de la fábrica de cemento Sanson. O así se había llamado aquel gigantesco complejo "steampunk". Desconocía su nombre actual; le tentó usar el buscador en el teléfono para averiguarlo, pero prefirió seguir con el hilo de la reflexión. La fábrica era una de las dos herculinas moles de humo para fabricar cemento que, como monumentos a la obsesión por construir de las últimas décadas, flanqueaban Barcelona a la altura de Collserola; la Sanson, presente en la lejanía durante dos tercios de su vida, era la mole del poniente, en la ladera que descendía hasta el Llobregat; mientras la otra supuraba roca calcárea en el naciente de Collserola, entre los bloques de la desangelada Ciudad Meridiana y el Besòs. Quizá fueran, pensó, dos dragones agazapados, protectores del charneguismo que poblaba ambos lugares. Guardianes de las dos puertas industriales de una ciudad que estaba dejando de ser suya con la irreversibilidad de las parejas que ya no tienen ningún proyecto común por el que luchar. La Barcelona de las esteladas y los Juegos de Invierno de no-sé-cuándo le importaba un rábano. Al menos, las anteriores orgías de gregarismo y exuberancia habían tenido la virtud de aglutinar no ya a todos los catalanes, sino a todos los españoles, con un cierto orgullo de haber vuelto al Occidente desarrollado por la puerta de los fastos organizados por Manuel Huerga en los que habían sido unos Juegos Olímpicos mesurados y con el buen gusto de los anfitriones con clase; de esos que saben invitar a la gente a casa, sin agasajarlos artificiosamente ni aburrirlos. No reconocía nada de aquella época pasada de guaperas de primero de BUP, un tiempo que le sabía en la memoria a los primeros besos con chavalas de buen ver del instituto con la guitarra de Slash de Guns N' Roses en *Sweet Child of Mine* como sonido de fondo, o acaso con la voz de Eddie Vedder en *Jeremy*. En la tele, claro, *Bola de drac*, pues para los chavales de Cataluña, fuera cual fuera la lengua que hablaran el casa, Son Goku hablaba catalán y no se podía concebir ninguna otra realidad. En aquella misma época se había reído al oír al personaje hablar castellano y gallego (durante la visita veraniega a los pueblos materno y paterno, respectivamente), pese a que la serie se tradujera del japonés y el catalán fuera tan ajeno y exótico al original como las otras dos lenguas románicas. El mismo fenómeno le ocurría a la inversa también por entonces: Humphrey Bogart, Clint Eastwood o Woody Allen "quedaban mejor" hablando castellano. Miserias identitarias surgidas al pervertir los contenidos culturales de masas comprados a granel del extranjero. Portugal, por el contrario, subtitulaba la mayoría de los contenidos audiovisuales que importaba, según había comprobado en Galicia y durante sus primeros viajes a Portugal. En Portugal, había comprobado desde niño, Humphrey Bogart, Clint Eastwood y Woody Allen hablaban inglés.

Bajó por la Avenida de Josep Tarradellas y torció a la izquierda por Viladomat. Al final de la manzana, ya frente a la fachada norte del hospital Sagrat Cor, observó a tres hombres que departían en la terraza de un bar, protegida de la vía contigua por una hilera de jardineras. Hace unos años, pensó, habría sido impensable sentarse en la terraza de un bar a tomar el café de media tarde. A medida que se acercaba, las caras le eran más familiares. No se había equivocado: ante él, charlaban el madrileño -con apartamento en Viladecans- Lorenzo Silva y los barceloneses Paco González Ledesma y Juan Marsé. Decidió sentarse un instante en la mesa contigua. Los dos primeros, según tenía entendido, eran periodistas y escritores de novela negra; se dejaban leer y su aspecto no sugería otra cosa que normalidad. El caso de Marsé era distinto. En su rostro se mezclaban la tosquedad del macho ibérico a lo Paco Rabal interpretando a Juncal, con el intelectualismo no impostado de la gauche divine que había encandilado a los jóvenes maestros latinoamericanos que habían hecho su segunda casa de la Barcelona de los sesenta y setenta, en constante ebullición editorial. El saber hacer de su personaje más célebre, el charnego Pijoaparte, estaba más muerto y defenestrado que los artículos de Maruja Torres y otras plumas progres que los españoles ilustrados -incluidos los catalanes- habían soportado con la paciencia de Séneca durante lustros. Pepe Carvalho, quizá, también estaba en el rostro hormonal de Marsé. De Paco González Ledesma recordaba anécdotas de segunda mano. Su primer trabajo remunerado mínimamente relacionado con el periodismo (en calidad de redactor jefe para la revista tecnológica *Digitalware*, entre 1999 y 2000), le había acercado a un veterano jefe de cierre de *La Vanguardia* en pleno proceso de prejubilación; don Godó se lo estaba quitando de encima, en definitiva. *Digitalware* no funcionó y al año había cerrado, pero le permitió colaborar con profesores de robótica y futurólogos, así como con periodistas de altos vuelos. Entre ellos, con el prejubilado de *La Vanguardia*, un tal Fèlix Pujol, amigo personal y vecino del director de la publicación. Todavía conservaba su mesa y un cierto peso en la redacción que poco antes le había costado el matrimonio, al pasarse el día -y la noche- pululando por la vieja sede de Pelayo, entre el viejo archivo, la gran habitación de los periodistas y la rotativa del sótano; y después encaminando el final de la jornada hacia el Raval. "Ravalejar" era un verbo coloquial en desuso en catalán: hacer el tarambana. El tal Fèlix le dio buenos consejos, algún tirón de orejas profesional en su celosa opinión de entonces demasiado paternalista -Nicolás detestaba la obsesión del viejo por las comas, aunque años después aprovecharía este toque de atención- y varias charlas "de periodista a periodista". Recordaba cómo Fèlix se le había acercado un día para invitarle a visitar *La Vanguardia*. Un periódico de verdad, chaval. Le enseñó el archivo; le presentó los periodistas más ilustres, todos a punto de jubilarse; y le emplazó a que siguiera escribiendo. Al presentárselo a sus compañeros, les decía: "¿véis a éste?; dentro de poco hará cosas, pero no sé lo dispuesto que está a llevar cafés, así que a lo mejor se nos hace escritor". Otro día, Fèlix Pujol le había dado el teléfono de otro ilustre de la casa de Godó, Paco González Ledesma. "Llama de mi parte. Convéncele para que escriba algo en *Digitalware*. El muy hijoputa me debe tantas...". Llamó con respeto, o quizá con pavor, tras buscar -había sido en 1999 o quizá 2000, así que habría usado Altavista en vez de Google- en la Red quién era el tal González Ledesma, que rehusó la propuesta con amabilidad. Pujol, envejecido y quizá arrepentido por haber pasado sus mejores años arrimado a los menos malos de la redacción del periódico más veleta de la historia de la Península Ibérica, que ya era decir, se despidió de él un día con un apretón de manos y, quizá, un número de teléfono que Nicolás perdería poco después. "Sé que eres un tío solitario y no eres tan listo ni tan chupapollas como para entrar chupando rueda en un periódico como éste. Pero sabrás encontrar un hueco". Desde su última conversación con el viejo periodista, Internet había madurado. Y él lo había aprovechado. Ahora, tras pedir un café, se preguntaba si merecía la pena interrumpir la conversación de los tres escritores para preguntar a González Ledesma por su viejo amigo Fèlix Pujol.

La conversación entre Silva, González Ledesma y Marsé había confluido a lo que estaba en boca de todos y nadie quería ni podía solucionar: la intención de los grupos mayoritarios del Parlament catalán de convocar un referéndum para la independencia.

- Yo os digo que hay poco o nada que hacer. Los nuevos cachorros de Convergència no son de fiar -espetó Marsé, con un palillo ladeado en la boca que amplificaba su parecido hormonal con el Juncal de Paco Rabal.

- No estoy tan seguro, Juan... Cómo se nota que has vivido en la España del siglo XX, joder. Estás muy contaminado por lo que aquí ha pasado desde que empezó a haber apertura económica en el franquismo en 1958 -González Ledesma, abrigado hasta las orejas y con gorra inglesa, se esforzaba por mantener la conversación en la racionalidad, sin los mismos fatalismos y maximalismos dogmáticos que precisamente habían conducido al enrocamiento de posiciones.

A Lorenzo Silva le bastaba con estar allí, ante dos ilustres barceloneses que habían visto los mejores tiempos de la gauche divine y el periodismo optimista de finales del franquismo y principios de la Transición, coincidiendo con la ascensión del diario *El País* como el periódico vertebrador de una sociedad que se había propuesto ser laica, moderna, progresista y alejada de los dogmas. Lo que había sido un proceso de décadas en otros países, se asentaba en España en un puñado de años. A trancas y barrancas, sí: con un golpe de Estado; el terrorismo independentista y de izquierdas; o el ruido de sables de la vieja guardia del Movimiento todavía presente en el Ejército hasta mediados de los ochenta. En la mesa de la terraza de Viladomat esquina París, convivían en ese momento la nostalgia y la conciencia de los años de entrada en la Comunidad Europea (y, a regañadientes, en la OTAN), de acercamiento en riqueza y derechos a los países europeos más avanzados, de proyectos colectivos tan faraónicos como provechosos para la imagen del país como los Juegos Olímpicos de Barcelona y la Expo de Sevilla. Después, se había comprobado que los españoles ya no eran tan bajitos y, si se les dejaba entrenar tranquilamente durante un par de generaciones, ganaban hasta en las canicas. El crédito barato de la entrada en el euro y sus consecuencias, así como una legislación que permitía a consistorios municipales y pequeños constructores instalar redes clientelares para convertir suelo rústico -los peores secarrales de cada pueblo y conurbación- en urbanizable, habían contribuido a los efectos de la Gran Recesión. En paralelo, otras historias de desencuentros entre las burocracias de la periferia y el centro habían contribuido a procesos que mezclaban idealismo alemán, antiguas y nuevas demagogias, victimismo y oportunismo. Le bastaron apenas un par de frases sueltas oídas a hurtadillas para notar el peso del país en aquellos tres ciudadanos, escritores y periodistas a ratos; a excepción de Marsé, escritor sobre todo, más centrado en practicar un epicureísmo ilustrado muy de la España progre y a la vez sensata que había desaparecido, barrida por los nuevos vientos de Taifas. Ahora, los gafapastas leían el diario *Ara* o acaso *El Periódico*, o incluso *La Vanguardia* del director José Antich, que iba diciendo por ahí que él no era independentista, sino su mujer, la también "periodista" Marta Lasalas. Y cada vez más gente (de la generación de Marsé y González Ledesma, de la de Lorenzo Silva o incluso más jóvenes, como él mismo), abandonaban lo que había sido una actividad placentera (leer un periódico en papel de pe a pa) para refugiarse en artículos en profundidad con mayor amplitud de miras. Trabajos sin fecha de caducidad ni lazos directos con las rencillas y politiqueos que ahora, una vez evaporado el crédito que había callado a todos con prebendas, implosionaban de manera obscena. Periodistas como el tándem Antich-Lasalas habían agriado el periodismo catalán con la información publicada de líderes de opinión a sueldo que, sin escrúpulos, criticaban la existencia de la "caverna mediática madrileña", conformando ellos la versión catalana de ésta. O el tándem todavía más tóxico conformado por los hermanos Molins, el uno ex-todo en el PSC y el otro ex-todo en el periodismo del Principat, ambos renegados de la órbita socialista catalana -oficialmente, por el giro "constitucionalista" del partido, y en privado porque se les había acabado el chollo-. El país -no el diario, sino España- no se había vuelto corrupto, corporativista y clientelista de repente. Lo había sido siempre. El crédito fácil quizá hubiera agrandado un fenómeno que ya estaba allí. Acaso, por primera vez en la historia salían a la luz todos los chanchullos, desde los que atañían al propio entorno del Rey a los que emponzoñaban todas las administraciones. Había observado otro fenómeno curioso, que ahora comentaban los tres escritores en la mesa contigua: muchos de los más beligerantes que mostraban su indignación con la corrupción habrían actuado de la misma manera si hubieran tenido oportunidad. ¿Cuántos ciudadanos pagaban y cobraban facturas sin IVA?; ¿quién declaraba absolutamente todo? Era cínico y obsceno considerar que políticos y empresarios eran castas ajenas a la sociedad. Formaban parte de ésta. Se levantó a medio café, cuando la conversación contigua había llegado al paro juvenil. Iba a visitar a un enfermo terminal, se dijo; prefería no llegar al Sagrat Cor pensando en las miserias del lugar que había elegido, no tanto tiempo atrás, como el más adecuado para criar a su familia. Entró al bar, tan sucio y descuidado como la chica tras la barra; las tapas no invitaban a ningún humano a probarlas, acaso a insectos y microorganismos. Entró en el lavabo; había papel, así que cagó pensando en lo agradable que aquella taza habría resultado a Renton, el personaje de *Trainspotting* absorbido por el peor váter de Escocia. A falta de algo para leer, sacó el móvil de la chaqueta, evocando los resultados de un estudio realizado en Estados Unidos que había detectado bacterias fecales en la pantalla de uno de cada seis teléfonos inteligentes analizados. Entre la obsesiva lucha contra los gérmenes del magnate Howard Hughes y la dejadez que conducía a pantallas con colonias de bacterias fecales había un razonable término medio. Sonriendo, pensó en lo cafre que había que ser para impregnar de mierda la pantalla de un móvil y no limpiarla. La prensa catalana en particular, y la española en general, era una enorme pantalla de teléfono inteligente impregnada de mierda que nadie quería limpiar. Además de soportar el hedor, los ciudadanos españoles corrían el riesgo de acabar infectados. Una prensa populista en un momento económicamente delicado no ayudaba a calmar la situación. Siempre y cuando "calmar la situación" fuera el objetivo de los principales medios y partidos políticos, cosa que él dudaba.

Nicolás Boullosa, de profesión aspirante a la felicidad eudemónica -acaso estoica- y a escritor, sin más providencias que su propio razonamiento e introspección en lo que el estoico Epicteto llamara "el arte de vivir", pagó en la barra el -decente- café sólo que había tomado. En una décima de segundo y mientras la camarera le devolvía el cambio, se decidió a emprender una gamberrada ilustrada.

- ¿Qué ha tomado la mesa de esos tres caballeros en la terraza?
- ¿Los que estaban junto a usted?
- Sí, la única mesa ocupada afuera, además de la mía.
- ¿Por qué lo quiere saber?
- Déjelo -sonrió, avergonzado-. Supongo que quería asegurarme de que no habían tomado quince whiskies. Les quería invitar.
- Ah, entiendo... A ver... han tomado cafés, una caña y un coñac.
- Coñac... Todavía hay gente que bebe eso en los bares. Me enternece saberlo -se arrepintió al instante de la frivolidad de la frase, pues a estas alturas la anfitriona dudaría de su salud mental, pensó-. Cóbrese, sí.

Antes de abrir la puerta, se dirigió por última vez a la camarera, que había vuelto la mirada a un periódico deportivo sobre la barra:

- Ah. Dígales que el hijo de Pepe Carvalho, el chico que estaba sentado a su lado, ha pagado la ronda. Adéu.

Le dolieron los dieciocho euros y pico. En cualquier caso, pensó, ocasiones como esa no se presentaban a diario. Lo consideraba una manera tan válida como cualquier otra de celebrar lo que había sido, era y podía ser la novela popular española. Eso sí, una celebración en la que él pagaba la factura y se marchaba sin siquiera saludar a los agasajados, de los que no había leído ningún libro ni pensaba hacerlo. En el futuro, se acordaría de su falta de congruencia con el pasado si llegaba a hacerlo. Intuía que, llegado el caso, empezaría por Juan Marsé y su crónica de la gauche divine. *Noches de Bocaccio* o algo así, se llamaba. Para un solitario que disfrutaba más leyendo o trabajando en el despacho de casa que gastándose los cuartos con algún grupo de pseudo-intelectuales o alguna guarrilla, no había mejor modo de saber cómo se habían divertido los bon vivants menos patéticos que leyendo sus memorias. Más que la vida privada del horterismo hollywoodiense, él siempre se había decantado más por los gamberros europeos, con especial predilección por los barceloneses viajados y con algo de sesera, a lo José Luis de Vilallonga, Joan de Sagarra, Juan Marsé. Puestos a divertirse con las peripecias de un golfo, que fuera un golfo homologable. Dieciocho eurazos: para relativizar el gasto, lo contextualizó con una comparativa, como habría hecho un aplicado estudiante de periodismo aplicado. Acudir al cine con Kirsten a ver una película pasable le habría costado lo mismo. Tener hijos les había ahorrado decenas de salidas al cine. En los últimos años, apenas habían acudido cinco veces juntos al cine, contando salas barcelonesas y de Estados Unidos. Vieron *Blood Diamond* el día antes que naciera Inés, acudiendo en bicicleta -Kirsten también, pese al parto inminente- al multicines Yelmo de la Villa Olímpica; en Estados Unidos, habían visto *Inception* (en Healdsburg, California) y *Elysium* (Cloverdale, California). De vuelta en Barcelona, unas semanas atrás, habían visto *Gravity* en versión tridimensional. Las películas restantes -mucho cine negro, clásicos fáciles de encontrar en YouTube, alguna película de estreno a través de iTunes- las habían visto en el ordenador portátil o, en los últimos meses, a través del proyector instalado en el nuevo apartamento. No habían tenido televisión en todos esos años.

Y pensando en los viejos ilustrados de la gauche divine entró en el Sagrat Cor: Beatriz de Moura, Juan Benet, Salvador Pániker, Joan de Sagarra, Pere Garcès, Enric Barbat, Jorge Herralde, Federico Correa, Rosa Regàs, Ana Moix, Pere Gimferrer, Romà Gubern, Oriol Bohigas, Teresa Gimpera, J.M. Castellet, José Manuel Lara padre, Xavier Miserachs, Pere Portabella... Se preguntó si había algo parecido en la actualidad en la ciudad. Una generación autocrítica, abierta, gamberra, cosmopolita, atenta a los mejores más allá de su procedencia o ideas políticas. Los nuevos Gabriel García Márquez y Mario Vargas Llosa, fueran escritores, programadores de páginas web, inventores de robots y drones o lo que fuere, no encontrarían nada equivalente a aquella generación: leída, viajada, cagada y meada antes de salir de su casa, atenta a la buena cultura y la buena literatura, en catalán o en castellano. Ahora, sólo un "constitucionalista", un "unionista" era capaz de mantenerse en la equidistancia del ilustrado. No eran mejores; simplemente, no se habían creído ningún manual ni pretendían aplicar ningún plan eugenésico-costumbrista.

Picó en la puerta de la habitación de Losada, entreabierta. El enfermo dormía, reclinado en la cama y entubado. Unas gafas de lectura, de las que ahora se obtenían en farmacias y supermercados por un par de euros, descansaban con las patillas abiertas sobre un libro: el segundo tomo de *Crimen y castigo*, tapa dura, edición de Orbis. Sobre el sofá, observó un manuscrito impreso: se las había ingeniado para arrastrar a cuestas una edición casera, posiblemente impresa por él mismo, de *Triskelion.* El tomo estaba encuadernado; lo abrió y se quedó maravillado con los marginalia: infinidad de anotaciones, con fechas, diagramas, dibujos, mapas esquemáticos... Se preguntó si alguien ajeno a Losada y a él mismo, observando la copia impresa en DIN A4 con las crípticas anotaciones de un meticuloso y culto esquizofrénico, le concedería valor. En economía clásica, las cosas tenían un valor en función de lo que alguien estuviera dispuesto a pagar por ellas. Recordó que la copia de *De rerum natura* de Lucrecio anotada a mano por Michel de Montaigne había acabado en una parada ambulante de libros viejos, sin que el vendedor tuviera la más remota idea de lo que vendía, ni de a quién había pertenecido, pese a tratarse de uno de los filósofos más importantes del Renacimiento tardío y la primera Ilustración. El precio que su descubridor, Paul Quarrie, entonces bibliotecario de Eton College, había pagado en 1989: 250 libras. La historia del Lucrecio anotado por Montaigne respondía sus dudas. En el poema atomista, Montaigne había escrito que *De rerum natura* era un manual para vivir con propósito y dicha, así como morir con dignidad. Esperaba que las ideas de Epicuro y los que le precedían sosteniendo la teoría según la cual el universo está constituido por combinaciones de pequeñas partículas indivisibles, llegaran al moribundo a través del poema de Lucrecio y el ensayo de Bill Bryson. "¿Cómo eran las anotaciones de Montaigne en su copia del poema?", se preguntó. "Puedo averiguarlo". Sacó su lector electrónico táctil del bolsillo mediano de la mochila Jansport azul marino, lo encendió y accedió a la librería virtual, donde aparecía *The Swerve: How the World Became Modern*, el ensayo del profesor de Harvard Stephen Greenblatt sobre la influencia del redescubrimiento del poema de Lucrecio en el Renacimiento y la Ilustración. Buscó el apartado donde se explicaba el suertudo hallazgo de Paul Quarrie. Escaneando las páginas que pasaba a toque de dedo en el extremo de la pantalla, halló la prueba concluyente, escribía Stephen Greenblatt, que confirmaba que se trataba de la copia del filósofo escéptico de origen sefardí, la siguiente anotación al margen: "No es imposible que los átomos reunidos en una ocasión de una manera, volvieran a hacerlo en el futuro otra vez del mismo modo, concibiendo de nuevo a otro Montaigne".

- ¿Te gusta la copia anotada? Es tuya. La dejé ahí para que te la lleves hoy. Considéralo un obsequio respetuoso de nuestra andanza... Y la aventura no ha terminado. Tú... la vas a concluir.
- ¿Sí?
- Sin duda...

La voz de Losada era débil, susurrante, con la cadencia errática de una conciencia entelada por opioides. Su rostro era todavía más cadavérico que en la jornada anterior, o quizá fuera la fuerte luz artificial de la habitación sobre la piel lívida. Cayó al fin en el porqué de la transformación: Losada se había afeitado y, quizá, reconocido ante el espejo su aspecto de enfermo terminal. El Ian McKellen de *El señor de los anillos* había dado paso al enjuto Vicente Ferrer de los últimos años. En ocasiones, el parecido objetivo no coincidía con el proyectado a los otros por el desapego entre cuerpo y conciencia; había sido así con Losada en la plaza Vila de Madrid, pero el ilusionismo se había esfumado en el aséptico entorno de la unidad de cuidados intensivos del hospital, donde hasta los invitados visitaban a los convalecientes vistiendo bata, gorro, guantes y zapatillas desechables. Nicolás alejó la mirada de Losada y se disponía ya a enseñar los dos libros que había tomado prestados de la biblioteca, cuando el enfermo se dirigió a él:

- ¿Has visto qué obra de arte? -Losada señaló con el índice de la mano izquierda hacia el extremo del cabezal de la cama; había colgado allí el dibujo que Inés le había regalado-. Tu hija Inés me explicó que soy yo con mi hijo -sonrió y entrecerró los ojos, permaneciendo en un limbo de medio minuto, que su visita respetó-. Veo que traes algo para leer. El doctor me ha prometido que mañana por la mañana, después de las pruebas, el desayuno y la medicación, estaré listo para empezar la rutina que me plazca. He decidido exprimir hasta el último minuto, Nicolás. Quiero desintegrarme borracho de ideas, palabras, recuerdos, aprecio... Voy a comprobar si puedo mudar desde hedonista inconsciente terminal a estoico terminal... -miró a Nicolás-. Ríete, coño.

- No me voy a reír de ti. Como mucho, me reiré contigo, pero para ello tendrás que hacerme reír de verdad. No me reiré por pena, si es lo que intentas.

- Sabía que el autor de *Triskelion* no podía ser un niño condescendiente y ligero de cascos. Lo que dices bien dicho está. Dejaremos lo de la risa para otra vida -Nicolás rió-. Uf, menos mal. Estaba por pedirte que me pusieras en el móvil uno de esos vídeos de Eugenio, el humorista catalán, u otros célebres sosos graciosos.

- Como ves, no ha hecho falta.

Le entregó los libros y explicó el marco espacio-temporal que les unía. Conocía el contexto del atomismo. Y sí, estaría encantado de aprovechar lo poco que le quedaba de lucidez en el día, pues los opioides de la tarde que entraban con el suero ya empezaban a surtir efecto, escuchando algún fragmento del libro de Bill Bryson. Nicolás eligió los capítulos referentes a los átomos y a los quarks, respectivamente. Al escuchar la referencia de Bryson a Shakespeare, exponiendo que los átomos eran tan perdurables que todos teníamos algunos que habían conformado con anterioridad estrellas, rocas, organismos vivos en general y personas del pasado en particular, Losada pidió a Nicolás que parara, levantando la mano con lentitud. Losada citó a *Guerra y paz*, su homenaje particular al libre albedrío, pese a que su vida acumulaba todos los retruécanos necesarios para recurrir al fatalismo de los deterministas, una actitud victimista tan propia de los ibéricos:

- He alzado y bajado mi brazo. Todo el mundo entiende que esta respuesta ilógica es una prueba irrefutable de libertad.

- Conozco la frase...

- En efecto, no es mía, es de Tolstói. Pero nunca había creído tanto en ella como ahora. Creo que has acertado con los dos títulos. No me muero sin leérmelos -trató de reír, pero apagó la carcajada con la mente, acaso tratando de no desmontarse.

- Me alegro. Lo he hecho lo mejor que he podido.

- Además -respondió Losada con ojos de gato asustado-, me alegro de que hayas pensado en lo que me quedaba y obrado en consecuencia. No te los reclamarán de la biblioteca hasta que mis cenizas prueben la humedad de la tierra bajo el ciprés en el cementerio de Marín... -ambos rieron, confirmando su amistad con la mirada de respeto mutuo.

- En la copia que te llevas de tu libro encontrarás anotaciones valiosas para seguir con la pesquisa, ahora que concedes cierta credibilidad a lo que te explico. Al menos, sabes que la caja, la llave y el libro existieron y se adecúan a tu descripción.

- ¿Y...? Insisto, Pedro. Es una novela histórica y me informé de la manera más concienzuda que pude para escribir cada palabra, pasaje, referencia. Lo inventado debía ser verosímil... Así que, a lo mejor, acerté en más de una ocasión sin proponérmelo.

- ¿Sabes, Nicolás? Persiguiendo a tus personajes, intenté destilar el significado de la existencia. Me he salido con la mía... casi del todo. Me faltan fragmentos. Creo que la vida del Mansió Vilalta adulto esconde algo digno de ser recuperado.

- ¿Como por ejemplo...?

- Tengo la sospecha de que Vilalta fue llamado por la Corona para trabajar como funcionario. A diferencia de Martín Capelo, que acabó instalado en la hacienda de Los Altos, en la California Nueva, Mansió se fue a Madrid -miró de soslayo a su interlocutor, con la expresión de pillo buscavidas en que se había convertido al final de su existencia-. ¿Sabes? Guardé un detalle para contarte hoy -de pronto, su acento sonó a gallego pontevedrés-: ¿Recuerdas a Antonia Bernaus?

- ¿Quién?

- De hecho, tú sólo hablas de una tal Antonia.

- Antonia... déjame pensar... ¿la criada de la casa Maldà?

- La misma. La criada de la Casa Cortada de Rafael d'Amat, de la que nuestro Mansió anda encaprichado.

- El nombre me salió al tuntún. Digo yo. ¿Cómo iba a conocer a una criada de Rafael d'Amat? Si es una referencia de su *Calaix de sastre*, o aparece mencionado en algún sitio, puedo conceder que quizá leyera la anotación en alguna entrada de Internet y la usara porque el nombre me hiciera gracia, pero nada más. ¿Qué se yo de criadas barcelonesas del siglo XVIII? -Sí sabía algo de criadas charnegas venidas a deslomarse en las mejores casas barcelonesas, entre ellas su madre, que había trabajado de niñera en la casa de unos amigos íntimos de los Godó. Así que el actual conde, el cuello-tuerto, estaba relacionado al fin y al cabo con él; a saber si alguna vez había babeado por su madre, de buen ver en sus años de doncella.

- Antonia Bernaus existió, trabajó en la Casa Cortada en la época en que nos referimos y más tarde se marchó a Madrid, donde aparecen su registro de matrimonio y defunción. Creo que se casaron, pero tú mismo lo tendrás que confirmar.

- Acabas de decir que existe una partida de matrimonio de la susodicha... ¿no aparece el nombre del marido?

- Desgraciadamente, la partida es ilegible. Pero tengo buenas noticias: en la Biblioteca Nacional aparece la ficha de un tal "don Mansión" Vilalta, en Madrid durante las dos últimas décadas del siglo XVIII y las dos primeras del XIX. Que me parta un rayo si no es el mismo. Que me parta un rayo, sí, pues ayudaría con la quimioterapia.

- Estás en racha con las ocurrencias, Pedro. Me vas a hacer reír de nuevo antes de palmarla.

- No me tientes. Antes de venir a Barcelona hice los deberes. En 1771, Carlos III decretó, a petición de su secretario de despacho, un italiano que se había traído de la época como monarca en Nápoles, don Jerónimo Grimaldi y Pallavicini, marqués de Grimaldi...

- Alias "Gio".

- El mismo... decía que Grimaldi convenció al Rey para fundar el Real Gabinete de Historia Natural, para cultivar allí el estudio de la naturaleza. El decreto se firmó todavía en 1771, estando presente el fiscal Pedro Rodríguez de Campomanes, un asturiano afrancesado experto en francmasonería y caballeros templarios, atento a las ideas más avanzadas sobre ciencia, filosofía, ética, leyes... Defensor, aunque fuera por lo bajinis, del libre albedrío, ya sabes... Poco después, empezaron las obras, coincidiendo con el retorno a Madrid de José de Gálvez, el funcionario en Nueva España que se había encargado, siempre en la sombra, de que nuestros tres amigos llegaran a la misión de San Carlos Borromeo del Río Carmelo, en la Alta California, para encontrarse con fray Junípero Serra. Gálvez confirmó el éxito de la misión al entorno del Rey, asegurando que los tres muchachos habían vuelto a la Península y se encontraban en Santiago de Compostela. Aprovechando la construcción del Real Gabinete de Historia Natural, enrolaron al menos a Mansió Vilalta en el proyecto y ofrecieron protección a Martín Capelo para asentarse en la Bahía de San Francisco. Mingo permaneció en Vigo con sus propios negocios, pero resulta sospechoso que se convirtiera de la noche a la mañana en uno de los notables de la ciudad, tanto en la sociedad como en los negocios. Eso simplemente no ocurría en la España de Carlos III.

- ¿Y el papel de los tres en la independencia de Estados Unidos?

- Confirmado. Como también lo está que los textos del hereje Prisciliano recuperados por ellos fueran usados luego en la redacción de los borradores de la Declaración de Independencia y la Constitución de Estados Unidos...

- Pedro...

- Dime...

- ¿Eres consciente de que si entran el doctor o alguna de las enfermeras mientras decimos todas estas sandeces te sedan hasta las cejas con tu medicación para esquizoides cancerígenos, y a mí me atan a la pata de la cama?

- Qué vamos a hacerle. La historia es historia. Suena muy fantasioso, pero es así como ocurrió. Te recomiendo un libro para profundizar sobre el tema.

- ¿Cuál?

- *Triskelion*, de Nicolás Boullosa.

- Vete a la mierda. Mejor dicho... vete a la mierda y prosigue.

- Ya sabes lo que ocurrió en los últimos años de Carlos III. Su hijo Carlos IV le sucedió en el trono... y todo se fue al carajo. Su padre había sido capaz y todo lo protestante, o mejor dicho, jansenista, que podía ser un monarca católico. Al hijo le traía todo sin cuidado, así que delegó en su valido, Godoy, y quemó a los mejores, qué digo, los únicos ministros ilustrados que ha dado este país. Floridablanca, Cabarrús, Jovellanos, Campomanes... todos los afrancesados acaban rindiendo cuentas a la Inquisición. Luego viene el desastre estratégico que acaba en la invasión francesa y después la guerra... Nada que no conozcamos en esta península cíclicamente, después de cada tres o cuatro buenas décadas. Así que lo poco que hubo del pabellón que albergaría el Real Gabinete de Historia Real saltó por los aires durante y después de la invasión napoleónica... hasta reanudarse con Fernando VII. Al final, el pabellón abrió en 1819, pero su cometido había cambiado: de institución científica a pinacoteca real. Así que nuestro Mansió Vilalta contribuyó a alumbrar el Museo del Prado.

- ¿Haciendo qué?

- Te dije que quería que me ayudaras... Yo ya no tengo fuerzas, Nicolás.

- Quizá te haga caso. Me apetece ir a Madrid. Kirsten quiere grabar unos vídeos en la ciudad. Mantenemos el contacto con varias personas haciendo cosas interesantes.

Losada estaba visiblemente cansado. Su huésped había asistido a un ejercicio encomiable de resistencia cognitiva y fuerza de voluntad. Instó a Nicolás a que guardara la copia anotada de *Triskelion*, mientras el autor se conjuraba para conservar la copia con la devoción y escrupulosidad demostradas por el bibliófilo Paul Quarrie con la edición de 1563 de *De rerum natura* anotada por su celoso primer propietario, el mismísimo Michel de Montaigne.

- Pedro... veo en ti serenidad y clarividencia. No me pareces un bala perdida, de esos que van de bar en bar. He visto de cerca lo débiles que son. No aprecio nada de eso en ti.

- Estamos en el Ahora, Nicolás. Recuerda el fatalismo de los estoicos... Yo nunca pude resignarme a dejar pasar lo ocurrido porque no podía cambiarlo, como aconsejan los estoicos. Siempre he tenido presente la muerte de mi hijo. Perdí a mi mujer, familiares y amigos por lo mismo. Ellos no me dieron de lado, fue al contrario.

El enfermo miró hacia la ventana, triste y sereno. Ya había anochecido.

- Todavía hoy llevo conmigo a la muerte. No hablo de mi propia muerte, sino de la de mi hijo. Soy como un pino decapitado. Y los pinos no regeneran su copa cuando se pierde una vez, sino que sobreviven retorciéndose, tullidos de por vida.

A Nicolás le fascinaban los árboles. Conocía la estrategia de supervivencia de las coníferas. Al despedirse, prometió a Losada volver pronto, pero ambos decidieron aguantarse la mirada, disfrutar del instante que quedaba atrás y no volvía. Habían celebrado la tarde y sus corazones estaban hinchados de la dicha del intelecto. Los átomos de ambos refundarían en el futuro nuevos cuerpos, quizá inertes, o quizá no. Quizá alguna persona. Quizá acabaría conociendo a fragmentos inconexos de la agrupación de átomos que había conformado al pequeño Elías. Quizá padre e hijo se fundieran en un abrazo etéreo, inconsciente y universal como el pensamiento de una planta.

Desde la puerta, se volvió y, emocionado, retomó las últimas palabras de Losada:

- Con respecto al pino decapitado... los pinos decapitados crecen a lo ancho e inspiran la admiración del superviviente.

Y, señalándole los libros que le dejaba en la mesita, salió de la habitación.

10
LA REBELIÓN DEL CHARNA

- Es la segunda vez que llamo al hospital y me dicen que no puedo hablar con él. Dicen que todo está bien, o todo lo bien que puede estar dada la situación, pero duerme y mejor no molestarle.
- ¿Has probado con su móvil?
- Sí. No lo coge.
- ¿Cuántos días han pasado desde tu última visita?
- Ayer hizo una semana.

Kirsten cogió a Nicky en brazos, que demandaba el pecho como un pollito en busca de un gusano introducido por su madre en el gaznate. Empezaban a darle leche de vaca, pero todavía no existía una rutina sólida alternativa que el bebé reconociera. Kirsten, cansada con el último esfuerzo creativo para acabar su documental sobre el viaje familiar en autocaravana con paradas para grabar casas pequeñas por el Pacífico Noroeste, se resistía a pedir ayuda a su marido. Además de cocinar la cena diaria y limpiar, Nicolás había estado más presente en el día a día de sus tres hijos, pese a que las festividades no ayudaran precisamente. El calendario escolar tenía muchos huecos en diciembre y ello se traducía en menos horas de trabajo e introspección. Pese al último puente de tres días y a la proximidad de las fiestas, tanto sus artículos en *faircompanies como el documental de Kirsten marchaban según lo previsto.

- ¿Por qué no le haces una visita? -preguntó Kirsten, siguiendo la conversación-. Seguro que lo agradecerá.
- Es una buena idea... Además, a estas alturas no la estaría haciendo por caridad. El domingo pasado tuve la sensación de que se puede aprender hablando con Losada. Ya sabes que esta sensación no la tengo a menudo con mis escasas relaciones sociales. La conversación no gira en torno a su sufrimiento, dolores, muerte, sino sobre temas que le afectan a él, a mí, a ti, a todos... Por ejemplo, tu tema recurrente desde la infancia siempre está presente, pero de manera serena...
- ¿Hablas de la muerte? -respondió Kirsten, de repente melancólica. Nicky bebía del pecho mientras ella acariciaba su grande y bien formada cabeza rubia, todavía casi calva.
- ¿Qué, mama, qué dices? -Inés interrumpía desde el otro extremo

del espacio común de la casa, junto al sofá.

- El amigo de papá. Está muy enfermo, pero papá dice que no está triste. O no está todo lo triste que podría estar.

- Ah...

- Papá, ¿podemos ver un vídeo de YouTube en el proyector? -Las niñas se habían habituado a explorar los vídeos educativos y de dibujos animados que sus padres añadían a una lista de reproducción, accesible desde el proyector a través de Apple TV, aparato conectado a Internet a través de la red doméstica "Gigabit Ethernet".

- Ya sabes que sólo vemos vídeos los sábados y domingos después de comer, mientras Nicky duerme...

Cuando Nicky se despertaba a media tarde, los tres salían un rato al parque, normalmente con Kirsten. Su marido esperaba liberarla de estas cargas cotidianas hasta que el documental estuviera listo.

- Además, es hora de bañarse y dormir, que mañana hay cole.

Sobre la mesa de ping pong, había cinco potes de yogur casero vacíos, así como restos de miel, yogur y comida en los lugares que las niñas habían ocupado. Sobre el amplio mostrador de contrachapado de la cocina, detrás de las sillas que ocupaban, estaban apilados los platos vacíos que habían contenido la pasta casera, sin salsa para las niñas y con la salsa habitual para los padres, el sofrito universal de la familia: cebolla, tempé (en ocasiones, tofu o seitán) con una cucharada sopera de semillas de sésamo y otra de linaza, sal, pimentón dulce, ajo y perejil, aceitunas y, una vez todo lograba un tono dorado, unas rodajas de tomate. El plato solía ir acompañado de una cabeza de brócoli cortada, cocinada al vapor y servida todavía crujiente, con un chorro de aceite de oliva virgen y una pizca de sal. Sabores básicos que cada día aportaban nuevos matices. Al oír la expresión mágica, "let's have a bath", "vamos a bañarnos", el pequeño Nicky se separó del pecho de su madre, se deslizó hasta el suelo con la agilidad de un joven mamífero que descubre el poder de su psicomotricidad, y lideró a sus hermanas hacia el lavabo grande, donde empezaron a desvestirse. Kirsten les siguió y, en el momento en que él empezaba a llenar el lavavajillas, se encendió el calentador de gas, escondido junto a la nevera en el extremo corto de la "L" mayúscula invertida descrita por la cocina abierta. Ambos electrodomésticos, así como la cocina y la lavadora, eran de acero inoxidable y ocupaban huecos precisos en el mueble de contrachapado y sin puertas que ocupaba todo el perímetro de la cocina. El conjunto era sencillo, rozando la áspera tosquedad del diseño minimalista escandinavo o el wabi-sabi japonés. Acondicionar la estancia después de su uso cotidiano era uno de sus -no confesados, ni siquiera a sí mismo- momentos de placentera introspección, en los que la mente divagaba sin la presión de escribir algo ante el ordenador ni el esfuerzo de plasmar en palabras lo pensado, al no haber más interlocutor que su conciencia relajada.

Las reliquias, como así llamaban Kirsten, él mismo y la egiptóloga al cofre con el libro y la llave, habían suscitado interés entre dos medievalistas que colaboraban con el CSIC español. Los dos medievalistas, con los que había intercambiado una conversación por correo electrónico, eran amigos de Irene, que los había conocido a raíz de su relación con la institución Milà i Fontanals. Nicolás se había ofrecido a llevar los objetos personalmente: la familia viajaría a Madrid en apenas una semana, al acabar la escuela; como de costumbre, había alquilado un Volkswagen Golf en la oficina de Sixt de la calle Aragón, más barata que la que la misma empresa de alquiler de vehículos tenía en la más céntrica y cercana oficina de Rambla de Cataluña con Valencia; dormirían en el parador de turismo de Alcalá de Henares, en el antiguo Colegio Mayor de San Gerónimo y hostería de los estudiantes hasta el siglo XVIII, el mismo escenario donde había comido a diario durante su estancia en la ciudad uno de los personajes secundarios de *Triskelion*, el apuesto y expeditivo malagueño José de Gálvez, de casta funcionarial. Como amigo personal del ministro "Gio" Grimaldi y Visitador del Virreinato de Nueva España, Gálvez ayudó a fray Junípero Serra y al militar Gaspar de Portolà a fundar los asentamientos franciscanos y el Camino Real que los había unido a lo largo de la costa del Pacífico del territorio remoto de la Alta California, en un intento de incrementar la presencia española en un área frecuentada por buhoneros procedentes de las Trece Colonias, Canadá, las antiguas colonias francesas y Rusia. Dormir en el escenario donde se había formado el funcionario que le había dado el nombre a la ciudad estadounidense de Galveston les reconectaba, aunque fuera remotamente, con una de las novelas históricas menos leídas de la historia. Pocos lectores... ¡Pero qué lectores! Si conseguía cinco como Pedro Losada en la siguiente novela, le sabrían a cinco millones, o a presencia destacada -con foto de la portada del libro y del autor- en la lista de superventas de *The New York Times*. Nada de listas locales.

Llamó de nuevo a Losada para tratar de comunicarle su viaje a Madrid. Le interesaría saber que, por un lado, las reliquias serían examinadas por los medievalistas hispánicos más reconocidos, que dormitaban en sus despachos a falta de alegría económica en la máxima institución española de investigación pública; al fin y al cabo, eran funcionarios, catalogados no por el número de artículos firmados en publicaciones especializadas, sino en función de la pulcritud de su aspecto y caballerosidad. Como en la época de Carlos III, que había querido reformar la mentalidad parasitaria de la hidalguía ibérica con ministros extranjeros -italianos, irlandeses- y se había topado con revueltas como el motín de Esquilache. En Francia, una revuelta similar daría lugar a la toma de la Bastilla y la Revolución Francesa. En España, la situación fue controlada apelando al determinismo; las cosas eran como eran, y era inútil intentar cambiarlas. El fatalismo racional de los estoicos, siempre respetuoso con el libre albedrío personal, había sido pervertido por el fatalismo determinista que la Iglesia había copiado con la torpeza de un hechicero de Platón. Ni siquiera los escolásticos, los más aristotélicos de entre los sabios cristianos, habían podido desterrar el determinismo fatalista de la doctrina católica. Y no había un animal más católico que un hidalgo español. En lugares como Asturias, había más hidalgos que ciudadanos sin prebendas ni abolengo, lo que explicaba el atraso de la Península desde la Contrarreforma.

El teléfono estaba desconectado.

Al día siguiente, la ascensión corriendo a Collserola mientras amanecía le fue especialmente placentera. La luna menguante retrasaba el amanecer. Desde el camino de Barcelona a Vallvidrera a través de la carretera de las Aguas, a la altura de la estación de bomberos, la ciudad parecía una dragona gaudiniana durmiendo plácidamente, con la cola enroscada en las colinas del Putxet y el parque Güell; su piel tenía los matices de las luces de la ciudad que despertaba: luciérnagas y lentejuelas. Ya tenía cita para entrevisarse con uno de los conservadores de la Biblioteca Nacional, gracias a una gestión de Irene y sus dos amigos del CSIC. El viaje a Madrid serviría también para averiguar la trayectoria de Mansió Vilalta en la capital durante los años de construcción y destrucción del Real Gabinete de Historia Natural. Por un instante, mientras descendía de la montaña tras dar la vuelta ya en Vallvidrera, a la altura de las primeras casas, imaginó su vida en otro lugar. El presidente de la Generalitat había anunciado, flanqueado por los líderes de los partidos firmantes, la fecha y preguntas de la convocatoria del referéndum de autodeterminación, que el gobierno español impediría, con el apoyo del principal partido en la oposición. La guerra de legitimidades, apelativos de "demócrata" y "antidemócrata", así como la ristra de interminables informaciones sobre el conflicto institucional, seguiría hasta noviembre de 2014 y mas allá. A él le interesaban su proyecto personal y familiar, pero ambos estaban muy relacionados con Barcelona. Su vivienda echaba raíces en la ciudad que ahora observaba y amaba, pero que también estudiaba desde la lejanía, oxigenando su punto de vista con cada vez más reticencias. Días atrás, se había topado en la calle con un antiguo amigo de Sant Feliu, que también había trabajado en la trattoria “La Bambola”. El chico, a quien llamaba -cariñosamente y sin que él lo supiera- "Little Casanova" cuando se refería a él ante Kirsten, era un guapo y menudo chaval con buen fondo y orígenes ibéricos ajenos a Cataluña, como la mayoría de sus amigos de la juventud. Little Casanova le había asegurado que él observaba la mayor radicalidad a favor de la independencia entre su hermano y otros amigos, ninguno de los cuales había crecido en un entorno de especial catalanidad. La mayoría de ellos tenía dificultades, explicaba Little Casanova, incluso para hablar en catalán. El movimiento tectónico en la sociedad catalana había causado una fractura hasta ahora inédita en el Principado, que ya conocían en lugares como el País Vasco o Irlanda del Norte: la división entre Unos y Otros. La supuesta transversalidad catalana se había desnortado, cuando personas informadas como él mismo carecían de conexión con el movimiento a favor de la independencia. Ya nadie leía *El País*, nadie votaba al PSC, nadie sabía quiénes eran los supuestos intelectuales vertebradores de la España laica y moderna. A cambio, había una legión de charnegos desesperados por no perder el último tren, la bala de plata que garantizara que su vida, que en muchos casos superaba la treintena y la cuarentena, había merecido la pena. Sí, fue su respuesta; su familia podía vivir en otro lugar. En otro sitio donde leer la prensa o escuchar la radio locales no causaran el dolor de quien observaba un fenómeno que partía de la dificultad y la visceralidad… aspirando a la racionalidad.

Apenado por su ciudad, se esforzó por que el descenso hasta casa, realizado a toda velocidad, sonara a viento y al balsámico piano imaginado por Claude Debussy para su 'Claro de luna' de la *Suite bergamasque*. Amanecía cuando llegó a la Avenida Tibidabo y sólo podía pensar en su vida concebida en función de su propósito personal y familiar. No lucharía en ninguna estéril batalla de banderazos y supuestas legitimidades colectivas enfrentadas. Reivindicaba su egoísmo racional, su aristotelismo, y renegaba de todo lo platónico -que era mucho- existente en su formación, cultura, entorno inmediato. Él era un representante de John Galt, el individuo que renuncia a que el colectivo se aproveche de sus capacidades mientras le desdeña. *La rebelión de Atlas*, nombre de la novela de Ayn Rand que reivindicaba a quienes habían explorado dentro suyo la fortaleza racional del espíritu humano, se convertía en ese momento en la rebelión de él mismo. Un charnego que buscaba con ahínco su propósito existencial, sin hechiceros ni médiums impostados, sino con socratismo y esfuerzo interior.

La rebelión del Charna, pensó. Sonrió, mientras comprobaba la velocidad en el reloj GPS.

Tenía un título que proponer a Kirsten para su documental. *Summer of (family) love*. Sin importar las circunstancias, estaba en sus manos continuar con el apacible verano existencial, fuera en Barcelona, Madrid, Nueva York, San Francisco o un pueblo perdido en las Montañas Rocosas. Una aldea intemporal, ancestral y futurista a la vez, pura y enérgica como el poblado que sirve de refugio a los exiliados rescatados por John Galt de los mandatos colectivos de una sociedad distópica demasiado parecida a la suya.

Y anunciaría a Pedro ese mismo día que empezaba una novela, aunque tuviera que susurrárselo al oído mientras éste se debatiera entre la plena conciencia y el desapego producido por la morfina. Más bien, un relato de Nuevo Periodismo, una historia con vocación de realidad, que empezaría con Losada picando al timbre del apartamento de la Avenida República Argentina. Propondría a Kirsten acabar el documental cuanto antes para estrenar el "rough cut" en la habitación de cuidados intensivos del Sagrat Cor donde Losada perdería la conciencia para siempre y se fundiría con el universo, buscando a tientas los átomos de Elías. Sabía dónde encontrar a Krzysztof para que no se perdiera el estreno.

Así lo intentaría, porque así se lo había propuesto. Una celebración de la voluntad individual por encima del determinismo, proviniera de la genética, la Providencia o El Colectivo "X", "Y" o "Z". En su vida, Aristóteles ganaría la batalla a Platón. Era el mejor homenaje a los Pedro Losada del mundo.

* * * * *

Trilogía del Largo Ahora

Y hasta aquí el segundo libro de la Trilogía del Largo Ahora por Nicolás Boullosa.

Los dos títulos restantes son:

- *Triskelion: Historia verdadera de la conquista de la felicidad* (primera entrega de la trilogía; novela histórica);
- *El valle de las adelfas fosforescentes* (tercera entrega de la trilogía; ciencia ficción ambientada en el futuro).

La rebelión del charna se sitúa en el centro de la tríada del aprendizaje, que es la tríada de las edades del hombre, así como la trinidad del tiempo: pasado, presente y porvenir.

Cada uno de los tres títulos puede leerse como un relato en sí mismo, completo y autónomo; conjugando su lectura con uno o los dos restantes relatos, nace la Trilogía del Largo Ahora. El tiempo de esta trilogía es escurridizo e intercambiable, se percibe desde distintos puntos de vista y viaja a su antojo por líneas de realidad que existieron, quizá se produzcan mientras lees esto, o quizá existan en el espacio-tiempo. "Mutato nomine et de te fabula narratur": cambia sólo el nombre y esta historia es sobre ti.

Mientras tanto, los arroyuelos imaginados por Knut Hamsun cantan sin que nadie se detenga a oír su música humilde y, sin embargo, no se intranquilizan y prosiguen su suave canción, armonizada con el ritmo de todos los mundos.

La voz de Marco Aurelio se confunde con el tintineo del agua: "El mundo no es más que transformación, y la vida, opinión solamente".

Agradecimientos

Si has llegado hasta aquí, el libro ha cumplido con su objetivo.

Primera edición (9 de marzo de 2014).

Agradezco a mi mujer Kirsten Dirksen la lectura de la obra, así como la sugerencia de que la publicara yo mismo. Esta es la segunda entrega de la *Trilogía del Largo Ahora* (el primer título es *Triskelion: Historia verdadera de la conquista de la felicidad*).

- Título de la obra: *La rebelión del charna.*
- Autor: Nicolás Boullosa Guerrero (para cualquier cuestión, escríbeme a nicolas.boullosa@faircompanies.com).
- ISBN de la edición electrónica: 978-0-9960327-1-1
- ISBN de la edición impresa: 978-0-9960327-4-2

- Diseño de portada: Alexander Probst (visita su portfolio: http://alexprobst.prosite.com/).
- Ilustraciones de inicio de capítulos: Alexander Probst.

Si deseas averiguar más cosas sobre mí, visita:

- Mi sitio web: http://faircompanies.com
- Twitter: https://twitter.com/faircompanies
- Facebook: http://www.facebook.com/nicolas.boullosa
- *faircompanies en Facebook: https://www.facebook.com/faircompanies
- Flickr: http://www.flickr.com/photos/faircompanies/
- LinkedIn: http://www.linkedin.com/in/nicolasboullosa
- Goodreads Author Page: https://www.goodreads.com/nicolasboullosa

www.ingramcontent.com/pod-product-compliance
Lightning Source LLC
Chambersburg PA
CBHW022110040426
42450CB00006B/647

* 9 7 8 0 9 9 6 0 3 2 7 4 2 *